lonely planet

SINGAPUR

Der Norden & das Zentrum S. 115

Der Westen & Südwesten von Singapur S. 142

Orchard Road S. 87

Little India & Kampong Glam S. 72

Der Osten von Singapur S. 100

Colonial District, Marina Bay & die Quays S. 36

Holland Village, Botanischer Garten & Dempsey Hill S. 130

Sentosa Island S. 152

Chinatown, Tanjong Pagar & der CBD S. 59

Ria de Jong, Nellie Huang, Jaclynn Seah

Löwentanz, Chinatown (S. 59)

Inhalt

TILT PHOTOGRAPHY/SHUTTERSTOCK ©

Marina Bay Sands (S. 42)

Reiseplanung

Reiseziele

Praktisches

Storybook

Shophouses an der Koon Seng Road (S. 103)

WILLKOMMEN IN SINGAPUR

Dass gerade die kleinen Dinge einen besonderen Zauber entfalten, lässt sich an der winzigen Inselnation Singapur gut beobachten. Singapur ist gerade einmal etwas mehr als doppelt so groß wie Bremen und lässt sich gern „kleiner roter Punkt“ nennen (weil es auf vielen Karten nur als ein solcher Punkt erscheint) – und ich reise immer wieder sehr gern dorthin. Die Stadt ist ein Ort faszinierender Kontraste, und oft weist sie weit in die Zukunft, etwa mit ihrer futuristischen Architektur, der unglaublichen Effizienz und einem makellosen Image.

Und doch kann man ein paar Schritte abseits der vielbefahrenen Hauptstraßen eine reiche Geschichte und Kultur entdecken: gut besuchte dörfliche Märkte, ein wenig echten Urwald, mit Rauch gefüllte Tempel und ganze Straßenzüge mit traditionellen Shophouses. Und dann gibt es auch noch das Essen: Von den Kreationen berühmter Chefköche bis zu köstlichem Streetfood ist das Speisen auf der Insel immer ein Genuss.

Meine Lieblingserfahrung in Singapur ist ein Frühstücksgedeck. Zum Frühstück kann ich nie Nein sagen, nicht einmal nachmittags. Die Art, wie zähflüssige Eier sich mit süßer *kaya* (Kokosmarmelade), salziger Sojasauce und knusprigem Toastbrot verbinden, ist einfach unvergleichlich.

Ria de Jong

@ria_in_transit

Ria ist Reisebuchautorin und lebt seit 14 Jahren in Südostasien, neun Jahre davon hat sie in Singapur verbracht. Dieser Band ist Rias vierte Auflage von Singapur für Lonely Planet.

LIEBLINGSPLÄTZE

Hier schlägt für unsere Autorinnen und Expertinnen das Herz Singapurs.

TRAVJES23/SHUTTERSTOCK ©

Eisenbahnbrücke (S. 118)

Der **Rail Corridor** (S. 118), eine historische Bahnstrecke, ist eines der ehrgeizigsten Naturschutzprojekte Singapurs. Ziel war es, die Natur wieder in die Stadt zu holen – auf einem 24 km langen Wegenetz, das die Insel von Nord nach Süd durchzieht. Einige Strecken liegen wirklich außerhalb, man hört dort nur den Gesang der Vögel und das Zirpen der Grillen. Mit etwas Glück entdeckt man sogar Makaken oder Warane; mir ist das jedenfalls schon passiert.

Nellie Huang

@wildjunket

Nellie ist Reisebuchautorin, in Singapur geboren, und eine abenteuerlustige Mutter, der es besonders das Streetfood angetan hat.

E W BROWN/ALAMY STOCK PHOTO ©

Chilli-Krabben

Was den meisten Besuchern der Stadt lange in Erinnerung bleibt, ist das fantastische Streetfood, das sie hier an den Straßenständen bekommen. Ich jedenfalls gehe mit meinen Gästen immer in ein *hawker centre* und freue mich dort an der Fülle der Angebote, von Chilli-Krabben bis zu gebratenen Reisnudeln vom Wok. **East Coast Lagoon Food Village**, direkt am Meer, und **Old Airport Road Food Centre** (S. 110) sind meine Favoriten.

Jaclynn Seah

theoccasionaltraveller.com

Jaclynn ist eine Reisejournalistin aus Singapur. Ihr ist es gelungen, Beruf und Reiseleidenschaft unter einen Hut zu bringen.

DSCHUNGEL-WANDERUNGEN

Entgegen seinem Ruf als urbane Metropole ist Singapur stolz auf seine Naturreservate und Grünflächen, die eine Vielzahl schöner Wanderungen für all diejenigen bieten, die Zuflucht vor dem rasanten Lebensstil der Stadt suchen. Ob Dschungelpfade, Küstenrouten oder Stauseewege – alle sind für unterschiedliche Fitnesslevel geeignet und nicht zu anstrengend. Die Wege sind in gutem Zustand und garantieren ein Wandererlebnis für all jene, die die Natur außerhalb der Stadt erkunden wollen.

Tierwelt

Sicheren Abstand zu Vögeln und Tieren halten, bitte nicht füttern – wer erwischt wird, zahlt ein Bußgeld bis zu 10 000 $.

Sicherheit

Nicht von den ausgeschilderten Wegen abweichen; bei Unwetter Schutz in der Nähe suchen, bis es vorüber ist.

Ausstattung

Empfehlenswert sind bequeme, atmungsaktive Bekleidung sowie Sportschuhe oder Wanderstiefel. Unerlässlich sind Sonnencreme, Mückenschutz und Wasser.

VON LINKS NACH RECHTS: SULTONYOHE/SHUTTERSTOCK ©, OLIVER FOERSTNER/SHUTTERSTOCK ©, NATE HOVEE/SHUTTERSTOCK ©

MacRitchie's Baumkronenwanderung (S. 126)

SCHÖNE WILDPFADE

Southern Ridges ❶ Benutzerfreundliche Wanderwege zu den Baumkronen mit eindrucksvoller Architektur und Panorama-Aussicht (S. 144)

MacRitchie Reservoir ❷ Sechs Wanderwege von 3 bis 11 km Länge, jede Menge Tiere und der 250 m lange, spektakuläre Hängebrücken-Pfad zu den Baumkronen (S. 126)

Rail Corridor ❸ Nichts für schwache Nerven – der 24 km lange Inselweg ist in drei Abschnitte unterteilt, der Hauptweg (4 km) ist am beliebtesten (S. 118).

Sungei Buloh Nature Reserve ❹ Das Naturreservat umfasst 200 ha, von Wattflächen und Mangroven bis zu Teichen und Wäldern, ein Paradies für Vogelbeobachter und Tierfreunde (S. 150).

Pulau Ubin ❺ Rustikale Insel, die sich gut mit dem Fahrrad oder zu Fuß erkunden lässt. Nicht verpassen sollte man den Holzpfad bei Chek Jawa Wetlands, der an der Küste entlangführt (S. 189).

Buddhastatue, Asian Civilisations Museum (S. 45)

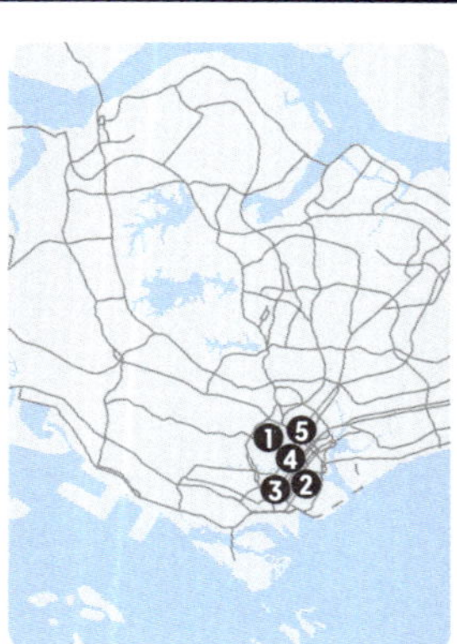

HISTORISCHE ATTRAKTIONEN

National Museum of Singapore ❶ Das älteste Museum Singapurs, eine kulturelle und architektonische Sehenswürdigkeit, erzählt die ereignisreiche Geschichte des Landes auf lebendige und eindrucksvolle Weise (S. 49).

Asian Civilisations Museum ❷ Das faszinierende Museum zeugt von den historischen Verbindungen zwischen den Kulturen Asiens (S. 45).

Chinatown Heritage Centre ❸ Das Museum bietet einen umfassenden Einblick in die chaotische und oftmals skandalöse Vergangenheit Chinatowns (S. 62).

Peranakan Museum ❹ Faszinierende Sammlung historischer Artefakte und interaktive Exponate über die Kultur der Peranakan (S. 51)

Indian Heritage Centre ❺ Das moderne Museum präsentiert die Geschichte und das Erbe der indischen Einwohner Singapurs anhand von Artefakten, Karten, Archivaufnahmen und Ausstellungen (S. 77).

Bei lonelyplanet.com gibt es nähere Infos über den Besuch eines Peranakan-Hauses.

VON LINKS NACH RECHTS: SAIKO3P/SHUTTERSTOCK ©, CARLINA TETERIS GETTY IMAGES ©, RICHIE CHAN/SHUTTERSTOCK ©

HISTORISCHE STÄTTEN

Singapur war ursprünglich ein Fischerdorf und Zentrum für malaiische, thailändische, javanesische, chinesische, indische und arabische Händler. Die günstig gelegene Insel entwickelte sich gut. 1819 unterzeichnete Sir Stamford Raffles einen Vertrag mit dem damaligen Herrscher und gründete einen britischen Handelsposten. Nach der japanischen Besatzung im Zweiten Weltkrieg und einem gescheiterten Zusammenschluss mit Malaysia erlangte der „Little Red Dot" 1965 die Unabhängigkeit.

Tolle Mitbringsel

Anstelle von billigen T-Shirts und schrillen Magneten verkaufen Singapurs Galerien und Museen jetzt trendige, designorientierte Kuriositäten, die lokal hergestellt werden.

Gratistouren

Zahlreiche Museen in Singapur bieten kostenlose, geführte Rundgänge in verschiedenen Sprachen. Es empfiehlt sich, frühzeitig zu buchen, denn es gilt das Prinzip: Wer zuerst kommt, mahlt zuerst.

Vorwärts, Singapur!

„Majulah Singapura" (Vorwärts, Singapur) ist die Nationalhymne Singapurs und wird auf malaiisch gesungen. Sie wurde 1958 von Zubir Said komponiert.

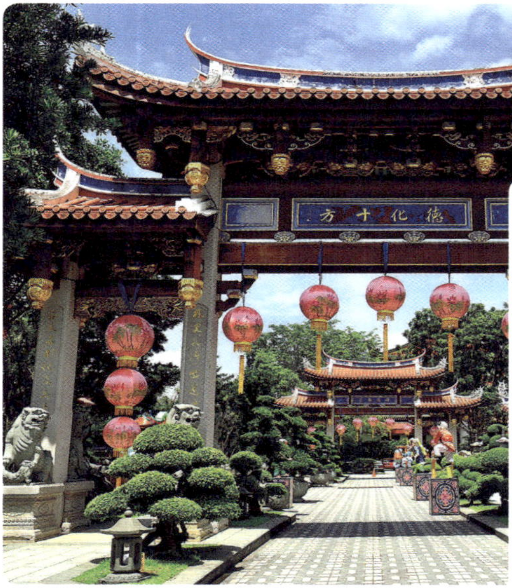

Lian Shuang Lin Monastery (S. 129)

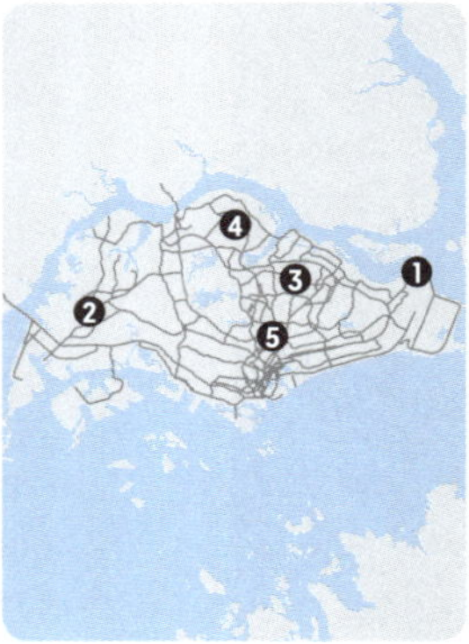

UNTER DEM RADAR

Kultige Attraktionen wie das Marina Bay Sands und Gardens by the Bay sind zwar durchaus beeindruckend, bieten aber nur einen flüchtigen Einblick in das Leben dieser Stadt. Wer authentische Erfahrungen machen möchte, steigt am besten in den MRT, um die weniger bekannten Teile der Stadt zu erkunden. Singapur hat mehr zu bieten als die typischen Touristenpfade.

Die Kerngebiete

Zu den lebhafteren Gegenden gehören Tampines, Jurong, Bishan, Toa Payoh und Ang Mo Kio.

Die Inseln

Die Südinseln Singapurs lassen sich in einem Tag erkunden. Alle drei sind mit der Fähre leicht zu erreichen.

SCHÖNE ERFAHRUNGEN

Changi Village ❶ Der dörfliche Stadtteil mit entspannter Atmosphäre bietet dem Großstadtbewohner einen stressfreien Zufluchtsort (S. 112).

Thow Kwang Pottery Jungle ❷ Hier gibt es den letzten verbliebenen Drachenofen Singapurs sowie handgefertigtes Porzellan und Peranakan-Töpferwaren (S. 151).

Lorong Buangkok ❸ Letztes verbliebenes *kampong* (Dorf) auf der Insel, das sich immer noch dem Ansturm moderner Entwicklungen widersetzt (S. 122).

Sembawang Hot Spring ❹ In dem Park mit einer natürlichen heißen Quelle kann man sogar Eier kochen (S. 128).

Lian Shuang Lin Monastery ❺ Das atemberaubende Kloster wurde dem Xi Chang Shi-Tempel in Fuzhou, China, nachempfunden (S. 129).

GRATIS

Obwohl Singapur zu den teuersten Städten der Welt gehört, bietet es eine Vielzahl an kostenlosen oder erschwinglichen Aktivitäten, die für jeden zugänglich sind: üppige Gärten, kulturelle Viertel, einheimische Küche, faszinierende Lichtshows – es gibt eine ganze Reihe von Möglichkeiten, sich dem Charme der Stadt hinzugeben, ohne den Geldbeutel zu strapazieren.

Unterwegs vor Ort

Fahrten mit der MRT sind extrem preisgünstig (hol dir den Tourist Pass oder die EZ-Link-Karte); es ist die schnellste, sauberste und einfachste Art, in der Stadt herumzukommen.

Die Viertel der Stadt

Entdecke die vielfältigen, farbenfrohen Stadtviertel, wo das alltägliche Leben die beste Show in der Stadt ist.

Grünflächen

Singapur kann mit einer Vielzahl kostenloser Grünflächen aufwarten, von erstklassigen Gärten über Küstenparks bis hin zu Wanderwegen. Alle bieten eine entspannende Auszeit vom Trubel der Großstadt.

SINGAPUR GRATIS

Religiöse Stätten ❶ Überall in Singapur gibt es Tempeln, Moscheen und Kirchen (S. 171).

Gardens by the Bay ❷ Während die Kuppel-Gewächshäuser und der OCBC Skyway kostenpflichtig sind, ist der Besuch des restlichen Gartens gratis. Sehenswert ist die zweimal am Abend stattfindende Supertree Sound-and-Light-Show (S. 40).

Singapore Botanic Gardens ❸ Der botanische Garten gehört zu den Hauptattraktionen der Stadt und bietet kostenlose Rundgänge und Aufführungen (S. 134).

Haw Par Villa ❹ Der etwas gruselige, skurrile Themenpark erinnert an den Tourismus der 1950er-Jahre (S. 147).

Singapore City Gallery ❺ In der Stadtgalerie erfährt der Besucher eine Menge über das Stadtbild und die städtebauliche Entwicklung Singapurs im Laufe der Jahrzehnte (S. 63).

Weitere Gratis-Erlebnisse auf lonelyplanet.com

BLICK AUF DIE SKYLINE

Singapur hat Verwandlungen erlebt mit glitzernden Wolkenkratzern und architektonischen Meisterwerken, die das Panorama der Stadt neu gestalten. Das ikonische Marina Bay Sands wird von innovativen Sehenswürdigkeiten wie den futuristischen Gardens by the Bay und den Esplanade – Theatres on the Bay geformt. Um dem Thema Nachhaltigkeit Ausdruck zu verleihen, hat Singapur grüne Elemente in seine städtische Landschaft integriert und der Modernität einen Hauch von Natur verliehen. Singapurs sich ständig verändernde Skyline zeugt von seiner Zukunftsorientierung.

VON LINKS NACH RECHTS: 2P2PLAY/SHUTTERSTOCK ©, MATYAS REHAK/SHUTTERSTOCK ©, KANUMAN/SHUTTERSTOCK ©

Perfektes Timing

Reserviere eine Stunde vor Sonnenuntergang einen Platz, von dem aus du den Wechsel der Stadtsilhouette vom Tag zur Nacht beobachten kannst. Reservierung ist ein Muss.

Heller Nachthimmel

Die Event Plaza am Marina Bay ist Schauplatz der kostenlosen, allabendlichen Licht-und-Wasser-Show Spectra.

Spend Wisely

Atemberaubende Ausblicke *plus* ein Cocktail im CE LA VI, der ähnlich viel kostet wie der Eintritt zum SkyPark

Gardens by the Bay (S. 40)

ERLEBNISSE IN DER HÖHE

Smoke & Mirrors ❶ Raffinierte Cocktails und atemberaubende Ausblicke über Padang bis zum Marina Bay Sands (S. 54)

Singapore Flyer ❷ 30-minütige Fahrt mit dem Riesenrad und spektakulärem Panoramablick über die Stadt (S. 43)

SkyHelix Sentosa ❸ Die offene Gondel dreht sich langsam 12 Stockwerke über dem Boden und bietet einen traumhaften Panoramablick über Sentosa und darüber hinaus (S. 161).

LeveL 33 ❹ Selbst gebrautes Bier aus der „höchsten urbanen Mikrobrauerei der Welt" mit fantastischer Aussicht auf Marina Bay (S. 54)

ION Sky ❺ Aussichtsplattform 218 m über der Orchard Road. Die Aussicht ist (gerade noch) den Aufwand wert, sich ein Ticket zu sichern (S. 99).

Maxwell Food Centre, Chinatown (S. 68)

DIE BESTEN HAWKER-CENTRES

Chinatown Complex ❶ Dieses Labyrinth mit mehr als 260 Ständen ist das ultimative Hawker-Erlebnis (S. 68).

Maxwell Food Centre ❷ In diesem Food Centre liefern sich zwei stadtbekannte Stände, die Huhn mit Reis verkaufen, einen harten Wettbewerb (S. 68).

Tekka Centre ❸ Das beste Street Food der Insel bekommt man in Little Indias lebhaftestem Hawker-Zentrum (S. 83).

Amoy Street Food Centre ❹ Neben vielen klassischen Gerichten gibt es hier auch eine Reihe kulinarischer Neuheiten. Beliebter Ort zum Mittagessen (S. 68).

East Coast ❺ **Lagoon Food Village** In dem luftigen Strandlokal im East Coast Park kommen leckere Satay und Meeresfrüchte auf den Tisch (S. 110).

VON LINKS NACH RECHTS: JOHN SEATON CALLAHAN/GETTY IMAGES ©, BOYCATALYST/SHUTTERSTOCK ©, VACLAV UHLIR/SHUTTERSTOCK ©

HAWKER-TREFFPUNKT

Die Geschichte der Hawker-Zentren reicht bis in die 1800er-Jahre zurück, als Straßenverkäufer schnelle Mahlzeiten verkauften. Nach dem Zweiten Weltkrieg wandten sich arbeitslose Menschen dem Straßenverkauf zu, was zu einem Boom in der Branche führte, aber auch Probleme im Hinblick auf Hygiene, Verkehr und Verschmutzung verursachte. In den 1970er-Jahren gründete die Regierung eigens dafür errichtete Hawker-Zentren; sie sind integraler Bestandteil der Esskultur Singapurs.

Platzreservierung

Leg ein Paket Taschentücher an deinem Platz auf den Tisch, um ihn zu *chopen* (reservieren). Es ist üblich, Tische mit Fremden zu teilen.

Qual der Wahl

Stell dich in die längste Schlange für ein garantiert gutes Essen. Merk dir die Tischnummer, falls das Essen gebracht wird, ansonsten stellst du dich an.

Abräumen

Nach dem Essen müssen Tablett und Geschirr an eine Spülstation zurückgebracht werden. Wer das nicht tut, muss mit einer Geldbuße rechnen.

Universal Studios, Sentosa Island (S. 154)

MIT KINDERN

Singapur ist eines der besten asiatischen Länder für Reisen mit Kindern. Dank seiner sauberen, sicheren Umgebung und des effizienten öffentlichen Transportsystems ist es ein einfaches und bequemes Reiseziel für Familien. Kinder sind überall herzlich willkommen, und die Stadt bietet eine Vielzahl von Einrichtungen und Annehmlichkeiten für Kinder jeden Alters.

Unterwegs vor Ort

Singapur lässt sich mit Kindern ausgezeichnet erkunden dank seiner ausgezeichneten Wanderwege, seines leicht zugänglichen MRT-Systems und seiner Busse.

Essen gehen

Auch für wählerische kleine Esser gibt es in Singapur eine Vielzahl unterschiedlicher Gerichte. Hochstühle und Kindermenüs sind fast überall vorhanden.

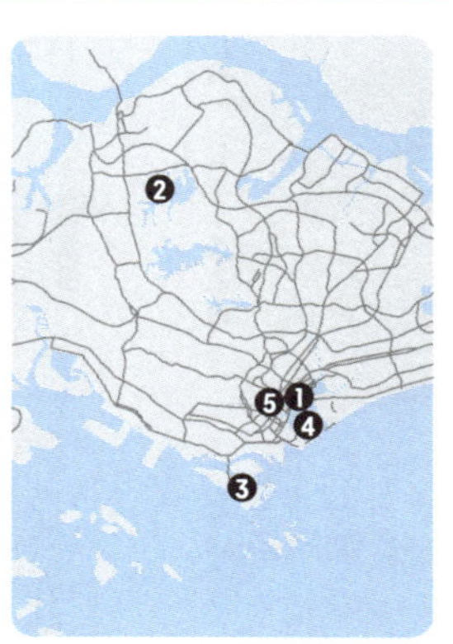

TOLLE ERLEBNISSE FÜR KINDER

Singapore Duck Tours ❶ Spaßtour durch Marina Bay in einem knallbunten Amphibienfahrzeug (S. 51)

Mandai Wildlife Reserve ❷ Die Organisation betreibt den Zoo von Singapur, Night Safari sowie das Vogelparadies (S. 123).

Sentosa ❸ Singapurs sorgfältig geplante Vergnügungsinsel bietet eine Weltklasse-Auswahl an Themenparks, Vergnügungen, Stränden und abendlichen Shows (S. 152).

Gardens by the Bay ❹ Der weitläufige futuristische Garten umfasst einen Kinderbereich mit Wasserspiel-Zonen und riesigen Baumhäusern (S. 40).

Children's Museum ❺ Singapurs erstes Kindermuseum (am besten für Kinder unter 12 geeignet) bietet immersive Shows und interaktive Ausstellungsobjekte (S. 51).

Weitere Aktivitäten mit Kindern in Singapur auf lonelyplanet.com

HEILIGE STÄTTEN

Singapur ist in Sachen Religionsausübung ein Schmelztiegel verschiedener Kulturen. Es gibt eine Vielzahl an Glaubensrichtungen wie z. B. Buddhismus (31 %), Christentum (19 %), Islam (16 %), Taoismus (9 %), Hinduismus (5 %). Die unterschiedlichen Religionen sind in Form von exquisiten Bauwerken auf der ganzen Insel vertreten.

Angemessene Kleidung

In religiösen Stätten wird sittsame Bekleidung erwartet. Möglicherweise musst du deine Schuhe ausziehen. Das Tragen von Hüten und Sonnenbrillen ist innerhalb des Gebäudes nicht gestattet.

Keine Kamera

Ohne Erlaubnis bitte keine Fotos machen, insbesondere nicht von Gläubigen beim Gebet. Sei rücksichtsvoll gegenüber deiner Umgebung, wenn du Bilder in sozialen Medien veröffentlichen möchtest.

RELIGIÖSE ERFAHRUNGEN

Buddha Tooth Relic Temple ❶ In dem fünfstöckigen buddhistischen Tempel wurde angeblich eine Zahnreliquie des Buddha gefunden, die in Myanmar entdeckt wurde (S. 61).

St. Andrew's Cathedral ❷ Singapurs berühmteste Kirche, ein weiß getünchtes, elegantes neogotisches Bauwerk, wurde mithilfe indischer Sträflinge erbaut (S. 44).

Sultan Mosque ❸ Die beeindruckende Moschee mit der goldenen Kuppel im Kampong-Glam-Distrikt erinnert an eine Szene aus einem Märchen (S. 75).

Sri Veeramakaliamman Temple ❹ Hypnotische Energie verbreitet Little Indias farbenprächtigster und schönster Hindu-Tempel, der der grausamen Göttin Kali geweiht ist (S. 78).

Thian Hock Keng Temple ❺ Das wunderschön restaurierte Gebäude – der älteste und wichtigste Hokkien-Tempel in Chinatown – besticht durch seine Steinlöwen und kunstvollen Schnitzereien (S. 65).

Perfekte Tage

Dank der geringen Ausdehnung Singapurs und des effizienten Transportwesens kann man in kurzer Zeit alle Ecken erkunden und überall interessante Restaurants ausprobieren.

Cloud Forest, Gardens by the Bay (S. 40)

I VIEWFINDER/SHUTTERSTOCK ©

TAG 1

Colonial District, Marina Bay & die Quays

Der Vormittag beginnt mit einem Spaziergang am Fluss durch die **Quays** (S. 48) und zurück zum **Colonial District** (S. 51). Kulturelles Highlight ist ein Besuch im **Asian Civilisations Museum** (S. 45), dem **National Museum of Singapore** (S. 49), dem **Peranakan Museum** (S. 51) oder der National Gallery (S. 44).

Mittags fährt man mit dem MRT nach Little India und probiert im **Tekka Centre** (S. 83) die tollen Garküchen aus.

Little India & Kampong Glam

Ein Bummel durch die Straßen mit Geschäften voll Gewürzen und Saris und Goldhändlern. Der **Sri Veeramakaliamman Temple** (S. 78) beeindruckt mit bunten Farben, das **Indian Heritage Centre** (S. 77) informiert über die Geschichte des Viertels. Weiter nach **Kampong Glam** (S. 81) mit der märchenhaften **Sultan Mosque** (S. 75), dann locken Straßenkunst in der **Gelam Gallery** (S. 79) und tolle Shopping-Möglichkeiten in **Haji Lane** (S. 81) und **Arab Street** (S. 82).

Abends Bei **Mexican Piedra Negra** (S. 82) stehen die Tische auf der Straße.

Colonial District, Marina Bay & die Quays

Wenn es leerer wird, besucht man die Gewächshäuser Flower Dome und Cloud Forest im **Gardens by the Bay** (S. 40), dann weiter zur Show **Garden Rhapsody** (S. 40) in der Supertrees Grove. Der Tag endet mit einem Cocktail in der Rooftopbar Smoke & Mirrors (S. 54) und einem fantastischen Ausblick auf Marina Bay Sands.

TAG 2

Chinatown, Tanjong Pagar & der CBD

Ein singapurisches Frühstück mit Toast mit *kaya* (Kokosnussmarmelade), weichen Eiern und *kopi* (Kaffee) im **Ya Kun Kaya Toast** (S. 69) liefert Energie für den Besuch des **Chinatown Heritage Centre** (S. 62), **Thian Hock Keng Temple** (S. 65) und des **Buddha Tooth Relic Temple** (S. 61). Vielleicht entdeckt man einige Wandgemälde des singapurischen Künstlers **Yip Yew Chong** (S. 70). Der Blick auf Singapur von oben bietet sich vom **Pinnacle@ Duxton** (S. 63), Wissenswertes erfährt man in der **Singapore City Gallery** (S. 63).

Mittags Im **Amoy Street Food Centre** (S. 68) wartet man in einer Schlange für Ramen à la Singapur bei A Noodle Story.

Der Osten von Singapur

In Joo Chiat taucht man in die Peranakan-Kultur ein, ein Muss ist der Fotostopp in der **Koon Seng Road** (S. 103) mit ihren Shophouses. Der Besuch im **Changi Chapel & Museum** (S. 105) zeigt die Geschichte der Überlebenden der japanischen Okkupation. Dann eine Fahrradtour entlang des Wassers am **East Coast Park** (S. 111).

Abends genießt man Krebse mit weißem Pfeffer und Chili im **No Signboard Seafood** (S. 104).

Der Osten von Singapur

Anschließend lockt **Geylang** (S. 110), ein zahmer Rotlichtbezirk mit Tempeln, Moscheen und köstlichem singapurischem Essen. An einem Imbissstand probiert man **Durian** (S. 113), die Königin der Früchte; manche sagen, sie schmeckt wie Mandelpudding.

TAG 3

Der Norden & das Zentrum

Wer früh aufsteht, kann mit den Orang-Utans im **Singapore Zoo** (S. 123) das *Breakfast in the Wild* genießen. Mit der Bahn findet man alle Attraktionen, nützlich sind auch die Fütterungszeiten. Ein **"Park Hopper" Kombiticket** (S. 123) gewährt auch Eintritt in einen anderen Park im **Mandai Wildlife Reserve** (S. 124). Alternativ lockt das **MacRitchie Reservoir** (S. 126) mit seiner Dschungelatmosphäre.

Mittags gibt es Reis mit Huhn oder Laksa im **Ah Meng Restaurant** (S. 123) im Zoo.

Sentosa

Nach der wilden Natur ist es Zeit für wildes Vergnügen auf der Insel **Sentosa** (S. 48), Singapurs Vergnügungsinsel! Zum Abkühlen locken die familienfreundlichen Rutschen im **Adventure Cove** (S. 159); wer Fahrgeschäfte und Shows sucht, geht in die **Universal Studios** (S. 154). Und für einen ordentlichen Adrenalinschub sorgen der **Mega Adventure Park** (S. 159) sowie der **Skypark Sentosa by AJ Hackett** (S. 159).

Abends Im **Ola Beach Club** (S. 160) am **Palawan Beach** (S. 160) gibt es hawaiianisch angehauchtes Essen.

Sentosa

Spätnachmittags lohnt sich ein Sundowner in einem der Strandclubs – dazu gehören der **Ola Beach Club** (S. 160) für Wassersportfans oder der lauschige, oh-so-trendy **Tanjong Beach Club** (S. 160). Krönendes Ende ist die tolle Licht-und-Laser-Show im **Wings of Time** (S. 160).

BESTE REISEZEIT

Singapur ist ein ideales Ganzjahresziel. Wegen des warmen tropischen Klimas liegen die Tagestemperaturen zwischen 28 und 31 °C.

Singapur liegt nur 137 km nördlich des Äquators und hat keine ausgeprägten Jahreszeiten, sondern es ist ganzjährig warm und feucht. Es regnet fast täglich, aber die Schauer sind kurz und erfrischend. Singapur hat zwei Monsunzeiten: den Nordost-Monsun (Dezember bis März) und den Südwest-Monsun (Mitte Juni bis September). Februar bis April ist die beste Reisezeit, denn es regnet wenig und die Luftfeuchtigkeit ist gering. Auch in den Übergangsmonaten September und Oktober ist das Wetter angenehm. Von Mai bis August kann es wegen der Brandrodungen in den Nachbarländern oft dunstig sein.

Unterkunft

Singapur ist nicht günstig, am besten vermeidet man die Hauptsaison. Während der Schulferien im Juni und Dezember ist es voll, ebenso zum chinesischen Neujahr. Und bei jedem wichtigen Sport- oder Veranstaltungsevent, wie einem Konzert oder Formel-1-Rennen, gehen die Preise nochmals in die Höhe.

LOCAL TIPP

MARATHONLAUF

Urvi Shah ist eine Web-Analystin in Bukit Timah. Die passionierte Läuferin startet in ganz Asien, so auch beim Singapore Marathon.

Als ich mit dem Laufen in Singapur begann, fand ich es sehr hart: Die Feuchtigkeit war so hoch, dass meine Sachen schon vor dem ersten Kilometer nass waren. Inzwischen bin ich daran gewöhnt und laufe gerne schon vor Sonnenaufgang. Im gemäßigten Klima ist Laufen einfacher und der erste Lauf dann wieder zu Hause schafft mich.

Seletar (S. 126)

SCHAUER IN SINGAPUR

Singapur hat im Durchschnitt 171 Regentage im Jahr. Das hört sich viel an, aber viel Regen fällt nachmittags bei plötzlichen Gewittern, die nur etwa eine Stunde dauern.

Reisewetter

JANUAR	FEBRUAR	MÄRZ	APRIL	MAI	JUNI
Temp. Max: **25,8°C**	Temp. Max: **26,2°C**	Temp. Max: **26,7°C**	Temp. Max: **27,1°C**	Temp. Max: **27,4°C**	Temp. Max: **27,3°C**
Regentage: 13	Regentage: 9	Regentage: 12	Regentage: 15	Regentage: 15	Regentage: 13

HAUPTSTADT DER BLITZE

Mit etwa 163 Blitzen pro Kilometer besitzt Singapur die weltweit höchste Dichte an Blitzen. April, Mai und November sind wegen des herrschenden Monsuns die Monate mit den meisten Blitzen.

Religiöse Feste

Die Straßen in Chinatown (S. 59) füllen sich mit Laternen und Löwentänzern im Vorfeld des **Chinesischen Neujahrs**. Kunden strömen in das Viertel, um für das Neujahrsfest einzukaufen.
Januar/Februar

Little India (S. 72) steht während **Deepavali**, dem Lichtfest, in Flammen – dabei wird der Sieg Ramas über den Dämonenkönig Ravana gefeiert. Das Fest gipfelt in einem riesigen Straßenfest am Vorabend des Feiertages.
Oktober/November

Hari Raya feiert das Ende des Fastenmonats Ramadan. Abendliche Feiern gibt es besonders am Basar in Geylang Serai in Ost-Singapur (S. 105) oder in Kampong Glam (S. 81).
März/April

In der **Weihnachtszeit** bieten die Orchard Road (S. 86) und die Gardens by the Bay (S. 40) spektakuläre Festbeleuchtungen.
November/Dezember

Lichter, Tanz und los!

Überall gibt es staunende Gesichter während **Chingay**, Singapurs größter multikultureller Straßenparade mit Löwentänzern, Festwagen und Künstlern. Tickets sind unbedingt erforderlich.
Februar

Die Nächte werden zum Tag während des spektakulären **Singapore Night Festival** – Gebäude werden zu Leinwänden für bunte Projektionen und für die Besucher gibt es interaktive Installationen, Aufführungen und Comedyshows.
August

Die Nacht durchtanzen beim legendären nächtlichen Musikfestival **ZoukOut** auf der Partyinsel Sentosa (S. 48). Es gibt wummernde Beats von erstklassigen lokalen und internationalen DJs.
Dezember

Das Gebiet der Marina Bay (S. 42) wird für das einzige Nachtrennen der Formel 1 in eine Rennbahn umgewandelt. Das ganze Ereignis dauert drei Tage und bietet Nonstop-Rennsport und erstklassiges Entertainment.
September

LOCAL TIPP

IM FERIENORT

Amy Tan, eine Finanzanalystin, wechselte ihren Wohnsitz von River Valley in der Stadt zum Strandleben auf Sentosa.

Das Leben auf Sentosa ist wie Wohnen im Ferienort zwischen Golfwagen und Strandclubs. Es ist immer heiß, aber der Wind vom Meer bringt etwas Kühlung. Zwischen Dezember und Januar sorgen die kühleren Abende für fantastische Sonnenuntergänge in der Marina in Keppel Bay und ich genieße sie draußen gerne mit einem Drink in der Hand.

Sentosa Island

ARCADY/SHUTTERSTOCK ©

DUNSTIGE TAGE

Die dunstige Jahreszeit, normalerweise von Mai bis Oktober, wird vom Wind verursacht, der Ascheteilchen von den Buschfeuern der Region anweht. Die Bauern in den Nachbarländern nutzen Brandrodung zur Landgewinnung.

JULI	**AUGUST**	**SEPTEMBER**	**OKTOBER**	**NOVEMBER**	**DEZEMBER**
Temp. Max: **27°C**	Temp. Max: **26,9°C**	Temp. Max: **26,9°C**	Temp. Max: **26,7°C**	Temp. Max: **26,3°C**	Temp. Max: **26°C**
Regentage: 14	Regentage: 14	Regentage: 13	Regentage: 15	Regentage: 19	Regentage: 19

LINKS: LECHATNOIR/GETTYIMAGES © RECHTS: EVERETT COLLECTION INC/ALAMY STOCK PHOTO ©

Chinatown (S. 58)

BESTENS VORBEREITET AUF SINGAPUR

Nützliches zum Vorbereiten und Einstimmen

Kleidung

Lockere, leichte Kleidung In Singapur ist es ganzjährig heiß und trocken. Leichte, und luftige Kleidung ist ein Muss. Ordentliche lässige Kleidung ist für Aktivitäten in Ordnung, wer aber Tempel besucht, muss sich angemessen anziehen. Für gehobene Restaurants und Clubs sollte man ein schickes Outfit einpacken, viele haben einen Dress-Code. Viele Restaurants und Einkaufszentren sind klimatisiert und oft stark gekühlt (besonders Kinos), eine dünne Jacke oder ein Tuch leisten gute Dienste.

Schuhe Flip-Flops sind meistens ausreichend, wer in den Naturparks unterwegs ist, sollte Sneaker oder Wanderschuhe tragen.

Hut und Schirm Die Sonne kann sehr stark sein, deswegen braucht man eine Kopfbedeckung. Ein Regenschirm bietet nicht nur Schutz vor der Sonne, sondern auch vor plötzlichen Regenschauern, die spätnachmittags häufig sind.

REINHÖREN

Genesi
(JJ Lin; 2014)
Preisgekröntes Album von einem der bekanntesten Mandopop-Künstler Singapurs.

Life Story
(Dick Lee; 1974)
Debüt-Album, mit dem Lee seine Karriere als „Vater des Singapur-Pop" begann.

Home
(Kit Chan; 1998) Patriotischer Hit, der 1998 zum Nationalfeiertag veröffentlicht wurde. Lässt bei fast jedem Singapurer die Augen feucht werden.

Improm2
(Louis Soliano; 2004)
Solo-Album einer Ikone der Jazz-Gemeinde von Singapur. Ihm zu Ehren fanden mehrere große Konzerte statt.

LESEN

Singapore Story (Lee Kuan Yew; 1999) Die Geheimnisse von Singapurs Erfolg, erzählt von dem Mann, der alles federführend plante.

Singapore: A Biography (Mark Ravinder Frost und Yu-Mei Balasingamchow; 2010) 450 wunderschön illustrierte Seiten über die Geschichte Singapurs.

This Is What Inequality Looks Like (Teo You Yenn; 2018) Eine Sammlung von Essays, die hinter die glamouröse Fassade Singapurs blicken.

Tanamera (Noel Barber; 1981) Mischung aus Geschichtsunterricht und Liebesroman, spielt im Singapur der 1930er-Jahre.

Sprechen

Wer sich mit einem Singapurer auf Englisch unterhält, ist häufig völlig verwirrt. Singlish, Singapurs Version des Englischen, ist eine umgangssprachliche Mischung aus Englisch und einheimischen Sprachen wie Hokkien, Tamilisch und Malaiisch. Die Zeitformen der Verben werden oft vereinfacht oder durch Anzeiger, wie „lah" zur Betonung, ersetzt. Die letzte Silbe von Phrasen wird betont, das führt zu synkopierten Konsonanten und zu geänderten Vokallauten. Pronomen und Präpositionen werden häufig weggelassen, die Wortfolge kann unkonventionell sein. Manche sehen Singlish als kulturelles Zeichen, das Identität und Zugehörigkeit fördert, andere sehen darin ein Hemmnis für die Beherrschung von Standard English. Trotz aller Kontroversen setzt sich Singlish erfolgreich in Alltagsgesprächen, Literatur und Medien durch.

„lah" kann mit „okay" übersetzt werden, hat aber keine Bedeutung, sondern wird zur Betonung am Ende fast jedes Ausdrucks verwendet
„can?" Ist das okay?
„can!" Ja, sehr gut!
„alamak!" (ah-lah-mak) Ausruf von Zweifel oder Frust, „Oh mein Gott!"
„aiyo" (ai-yo) Ausdruck von Enttäuschung, Ärger oder Sympathie, „*aiyo*, warum so bestürzt?"
„makan" (mah-kahn) heißt „essen"
„shiok" (she-oak) „sehr gut", „dieser Hähnchenreis ist *shiok*"
„dabao' (dah-bao) „zum Mitnehmen", „Hähnchenreis *tabao*"
„chope" (joh-pe) einen Platz reservieren
„die, die, must try" köstliches Essen, probieren
„atas" (ah-tahs) snobistisch, erstklassig, „*he is so atas*"
„kaypoh" (kay-poh) ein Wichtigtuer
„kiasu" (kee-ah-soo) Angst haben zu verlieren
„lepak" (leh-park) entspannen und abschalten, „*let's go lepak at the beach*"

ANSCHAUEN

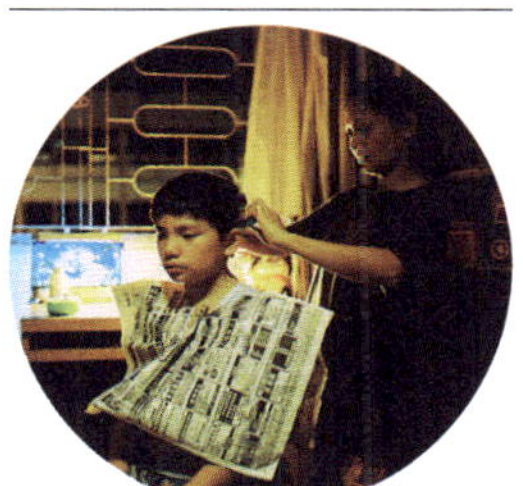

Io Ilo (Anthony Chen; 2013; Foto oben) Bewegende Geschichte über einen aufgewühlten chinesisch-singapurischen Jungen und sein philippinisches Kindermädchen. Gewann 2013 die Caméra d'Or in Cannes.

12 Storeys (Eric Khoo; 1997) Tragikomödie über Menschen, die in einem Wohnblock mit Sozialwohnungen leben.

Apprentice (Junfeng Boo; 2016) Gefängnisdrama über Singapurs umstrittene Todesstrafe und die Vollstrecker des Urteils.

Ah Boys To Men (Jack Neo; 2012) Der erste Film einer Satire-Reihe über eine Gruppe von Rekruten beim National Service.

Crazy Rich Asians (Jon M. Chu; 2018) Ein Blick in das Leben der superreichen Familien Singapurs. Nach Kevin Kwans Bestsellerroman.

Etikette

Spucken oder Vermüllen in der Öffentlichkeit ist verpönt und illegal.

Plätze werden reserviert (*choped*) indem man ein Paket Taschentücher auf Tisch oder Stuhl legt.

Geschirrabräumen nach dem Essen ist ein Muss in Garküchen und öffentlichen Essbereichen.

Ältere als Onkel oder Tante anreden ist ein Zeichen von Respekt und allgemein üblich.

Chinatown (S. 59)

ESSEN WIE DIE LOCALS

Von einfachen Garküchen bis zu Fünf-Sterne-Restaurants – in Singapur ist alles vorhanden. Herzlich Willkommen zum Schlemmen!

In Singapur wird *makan* (Essen) sehr ernst genommen. Die Singapurer lieben Essen, stellen sich in Warteschlangen, posten bei Instagram und diskutieren leidenschaftlich, ob es „die, die, must try" ist – Slang für „wert dafür zu sterben". Und warum sollten sie es nicht lieben? Singapurs kulinarische Landschaft erfreut den Gaumen mit einer Vielfalt an Aromen und Küchen, die das reiche kulturelle Erbe des Landes spiegeln, das durch Chinesen, Malaien, Inder und die Tradition der Peranakan geprägt wurde. Den Kern der kulinarischen Vielfalt findet man in den Garküchen, hier warten köstliche, günstige Speisen auf neugierige Gourmets. Aber das ist nur der Anfang! Die Stadt pulsiert mit einer angesagten kulinarischen Szene, mit einer Fülle an Cafés, Restaurants und Bistros. Dazu kommt eine sich rasant entwickelnde Fine-Dining-Szene, die zu den besten Asiens gehört.

Die Zukunft der „Hawker"

Singapurs Kultur der Garküchen ist so wesentlich für die Identität des Landes, dass sie 2020 von der Unesco mit dem Titel „Immaterielles Kulturerbe" ausgezeichnet wurde. Aber all das ist gefährdet, denn die alten „Hawker", die jahrzehntelang ihre Kochkunst perfektioniert haben, gehen in den

Singapurs Top-Gerichte

CHICKEN RICE
Zartes, pochiertes Huhn mit Duftreis in Hühnerbrühe.

CHILLI CRAB
Krebse in dicker Chilisoße mit *mantou* (gebackenen oder gedämpften Brötchen).

NASI LEMAK
Reis mit Kokosmilch und gebratenem Fisch oder Huhn, Eiern, Anchovis und Chili.

Ruhestand. Die Jüngeren ziehen mehrheitlich Büro-Jobs dem Handwerk vor. Erfreulicherweise unterstützt die Regierung diese Branche und mittlerweile folgt eine neue Generation von „Hawkern", die Tradition mit Moderne mischt. Wer die Küche der zukünftigen Superstars der Garküchen probieren möchte, sollte das Amoy Street Food Centre oder Timbre+ besuchen.

Vom Labor auf den Markt

Wer über die Märkte Singapurs bummelt, wird fasziniert sein von den Ständen, die übervoll sind mit einer Vielzahl von Obst, Gemüse, Meeresfrüchten, Fleisch und Kochzutaten. Angesichts Singapurs geringer Größe – nur 734,3 km², davon sind gerade einmal 1 % Ackerland – mag man sich wundern, woher all diese Lebensmittel kommen. Tatsächlich ist Singapur in hohem Maße auf Importe angewiesen, über 90 % der Lebensmittel stammen daher und machen Singapur anfällig für Knappheit und Preisschwankungen.

Um diese Schwachstelle anzugehen, hat die Regierung von Singapur eine „30 bis 30"-Strategie ausgearbeitet mit der Zielvorgabe bis 2030 30 % des Nahrungsbedarfs der Insel lokal und nachhaltig zu produzieren. Dieser Ansatz konzentriert sich darauf, die Obst- und Gemüseproduktion durch Landwirtschaft im städtischen Raum zu steigern. Dazu gehören Hydrofarmen auf Gebäuden, lokale Nachbarschaftsfarmen und mehrstöckige, LED-beleuchtete Indoor-Gemüsefarmen. Singapurs Hi-Tech-Industrie spielt eine zentrale Rolle bei der Entwicklung alternativer Eiweißprodukte und will das Land als weltweiten Marktführer in diesem Bereich positionieren. Auch die Regierung fördert Innovationen und Unternehmertum in diesem Sektor und wenigstens 36 alternative Eiweißproduzenten in der Stadt haben gemeinsam über 213 Mill. US$ Fördergelder erhalten.

Durch diese gemeinsamen Anstrengungen sollte es Singapur gelingen, die Lebensmittelversorgung, Stabilität und Nachhaltigkeit zu stärken – bis 2030 und darüber hinaus.

FOOD- & WEINFESTE

Singapore Food Festival Ein Schaukasten der Esskultur Singapurs – das Fest im Juli stimmt alle glücklich, mit Festival Village, Führungen und Meisterkursen.

Singapore Cocktail Festival Im Mai treffen sich die besten Barkeeper der Insel zu einer Party. Die teilnehmenden Cocktailbars mixen einen Festival-Drink, der während des dreiwöchigen Festes überall erhältlich ist.

Brewnanza Fest im August mit einzigartigen Schöpfungen von einheimischen und internationalen Brauereien.

Geylang Serai Ramadan Bazaar Essen und feiern in farbenfroher Umgebung und Musik.

Moon Cake (Herbstmitte) Festival Findet bei Vollmond des achten Mondmonats statt.

Chinesisches Neujahr Man sichert sich Wohlstand, wenn man mit Stäbchen die Zutaten von *lo hei* (einem bunten Salat mit rohem Fisch) in die Luft wirft.

Geylang Serai Ramadan Bazaar (S. 105)

LAKSA
Reisnudeln, Huhn und Meeresfrüchte in würziger Kokosbrühe.

CHAR KWAY TEOW
Pfannengerührte Nudeln mit Muscheln, chinesischer Wurst und dunkler Soße.

SATAY
Gegrillte Fleischspieße in würziger Erdnusssoße.

BAK KUT TEH
Schweinerippchen in einer Brühe aus Kräutern und Gewürzen gekocht.

ROTI PRATA
Südindisches Fladenbrot, perfekt zum Dippen in Currysoße.

PAULHARDING00/SHUTTERSTOCK ©

Long Bar, Raffles Hotel (S. 53)

BAR GEÖFFNET

Wenn die Nacht anbricht, vergisst Singapur die Geschäfte und stürzt sich in eine lebhafte Bar- und Feierszene.

Von einfachen Kneipen über Bierstände bis zu kunstvollen Kaffeeröstern, Singapur hat eine einzigartige Trinkkultur entwickelt. Wer eine atemberaubende Aussicht möchte, besucht die Dachterrassenbars im Colonial District und Marina Bay; ein Besuch vor Sonnenuntergang lockt mit günstigeren Preisen, denn die super Aussicht ist meist mit super Preisen verbunden. Viele der angesagten Bar befinden sich in Chinatown, besonders rund um Amoy Street, Club Street, Duxton Hill und Keong Saik Road. In Chinatowns Neil Road gibt es einige lockere Treffpunkte für LGBTIQ+. Andere beliebte Bars befinden sich im Künstlerviertel Kampong Glam, der denkmalgeschützten Emerald Hill Road (nahe Orchard Road), den Expat-Vierteln Dempsey Hill und Holland Village sowie den touristischen Boat und Clarke Quays. Die Club- und Tanzparty-Szene trifft sich in Marina Bay und den Quays, hier locken DJs Feierlustige an, die die Nacht in schicken Clubs durchtanzen. Wer es etwas entspannter möchte, besucht die Beach Clubs auf Sentosa – die Partys an den Wochenenden sind legendär.

Von Kopi zu Kaffee

Schon seit ewigen Zeiten gibt es die traditionellen *kopitiams* (Kaffeehäuser), die

Lonely Planets Top-Tipp

LONG BAR
Die Institution im Raffles Hotel – Heimat des berühmten Singapore Sling.

MANHATTAN
Von New Yorker Persönlichkeiten inspirierte Cocktails im Treffpunkt in der Orchard Road.

THE OTHER ROOM
Versteckte Schenke in der Lobby vom Singapur Marriott.

Generationen mit köstlichem *kopi* (Kaffee) versorgt haben, aber dann kamen – erst langsam, später im Sturm – Singapurs Kaffeespezialitäten. Inspiriert von der australischen handwerklichen Kaffeekultur beginnen immer mehr Cafés, ihre eigenen Bohnen zu rösten – lohnenswert sind **Chye Seng Huat Hardware** (S. 85), **Alchemist The Heeren** (S. 98), **Brawn & Brains Coffee** (S. 85) und **Common Man Coffee Roasters** (S. 112). Egal, wie man seinen Kaffee gerne trinkt, ob aus der Espressomaschine, Filterkaffee, Aeropress oder Siphon, man findet leicht den perfekten Kaffee.

Die Cocktail-Revolution

Singapurs Cocktail-Szene hat sich in den letzten Jahren verändert. Während früher der ikonische, zuckerwattebunte Singapore Sling als das Höchste galt, bietet der Stadtstaat heute ein globales Angebot. In klassischen Einrichtungen, Rooftopbars und versteckten Kneipen in engen Gassen – überall auf der Insel experimentieren Barkeeper mit exotischen Zutaten und innovativen Techniken und schaffen köstliche Drinks. Diese Entwicklung zeigt sich beim **Singapore Cocktail Festival** (S. 25), wo Barkeeper mit ihren Kreationen faszinieren und Liebhaber und Neulinge gleichermaßen ins Cocktail-Koma versetzen. Grenzen verändern sich, aber Singapurs Cocktailkultur steht fest und feiert mit jedem Schluck Kreativität und Innovation.

Let's Party!

Singapurs Club-Szene litt während Corona, Alkohol wurde nur bis 22.30 Uhr ausgeschenkt und Tanzflächen verwandelten sich in Restaurants. Glücklicherweise wurden die Tische und Stühle inzwischen wieder entfernt und die DJs kehren geballt zurück. (Während der Woche ist es allerdings immer noch recht ruhig.) Clarke Quays Super-Club **Zouk** (S. 48) bietet mehrere Tanzflächen mit unterschiedlichen Musikrichtungen. Erlebnishungrige treffen sich im **MARQUEE** (S. 43) in Marina Bay Sands, hier locken u. a. auch ein Riesenrad und Rutsche die Feierwütigen. Straßenfeste und Tanzpartys füllen langsam wieder die Kalender – bei timeout.com/singapore finden sich alle Informationen.

EDWARD LIN/GETTY IMAGES ©

GUT ZU WISSEN

Zusatzkosten

Normale Bars erhöhen die Rechnung um 19 %: das sind 10 % Bedienungszuschlag und 9 % MwSt. Das erkennt man an den Zeichen „++" auf der Getränkekarte. Zusätzliches Trinkgeld ist nicht üblich.

Kosten

Ausgehen kann in Singapur teuer werden, denn auf Alkohol liegen hohe Steuern und die Mieten für Gewerbeflächen sind sehr hoch.

Öffnungszeiten

Bars haben normalerweise sonntags bis donnerstags ab 17 Uhr bis mindestens Mitternacht geöffnet, freitags und samstags bis 2 oder 3 Uhr nachts.

Eintrittspreise

Wenn man nicht den Türsteher kennt oder von einem Mitglied mitgenommen wird, muss man sich in die Warteschlange stellen. Wer früh kommt, muss in einigen Bars und Clubs keinen Eintritt bezahlen.

NATIVE
Überraschende lokale Zutaten und clevere Mischungen in der schicken Amoy Street.

ATLAS
Elegante Cocktail-Lounge aus den 1920er-Jahren mit einem 12 m hohen Gin-Turm.

LEVEL 33
Höchste Craftbier-Brauerei der Welt mit atemberaubendem Blick über die Marina Bay.

NO SLEEP CLUB
Das einstige Pop-up ist inzwischen eine feste Adresse in Singapurs Bar-Szene.

SAGO HOUSE
Immer neue Erfindungen in einer Straße, in der früher die Sterbehäuser waren.

JEROME QUEK/SHUTTERSTOCK ©

Chinesische Oper, Chinatown (S. 59)

SHOWTIME

Wer sich in Singapur abends amüsieren will, findet eine Fülle an Angeboten. Das ganze Jahr werden Livemusik, Theater und Adrenalin ausschüttende Aktivitäten angeboten. Zu bestimmten Zeiten explodiert die Stadt in einer Welle von Sportereignissen, Kulturfestivals und Hot-Ticket-Konzerten.

Konzerte & Theater

Singapur besitzt mehrere erstklassige Veranstaltungsorte, die große internationale Künstler und Bands anlocken sowie beliebte Broadway Musicals. Aber es sind nicht nur internationale Stars, die sich im Scheinwerferlicht Singapurs sonnen – es gibt auch viele Eigengewächse. Dazu gehören u. a. das Singapore Repertory Theatre mit dem bejubelten „Shakespeare in the Park" und das nachdenklich stimmende Produktionshaus Wild Rice, über dessen Inszenierungen die ganze Insel spricht. Auch das Singapore Dance Theatre und das Singapore Symphony Orchestra sind ein Grund, stolz zu sein.

Publikumssport

Das absolute Highlight in Singapurs Sportkalender ist der Formel-1-Grand-Prix im September. Er bringt nicht nur die Spit-

Die besten Events

ESPLANADE – THEATRES ON THE BAY

Nonstop-Programm mit internationalen und lokalen Aufführungen sowie kostenlosen Outdoor-Shows.

SANDS THEATRE

Das Theater in Marina Bay Sands (S. 42) bietet lokale und internationale Musicals, Konzerte und Aufführungen.

zen-Rennfahrer in die Stadt, sondern zusätzlich auch ein Top-Unterhaltungsprogramm, das eine echte Konkurrenz zum Geschehen auf der Piste bietet.

Auch wer kein Fan röhrender Autos ist, kommt auf seine Kosten, denn es gibt viele andere spannende Sportereignisse, wie z. B. Rugby Sevens und Asiens wichtiges Tischtennisturnier Singapore Smash. Neu dazugekommen sind 2023 das Profi-Golfturnier LIV Golf Open und das Singapore Football Festival, bei dem vier berühmte Erstligavereine um den Sieg kämpfen.

Festivals & Freiluftkino

Die Wärme Singapurs lässt sich wunderbar beim Anschauen von Filmstars unterm Sternenhimmel genießen. Am Tanjong Beach lockt das spektakuläre Sunset Cinema (sunsetcinema.com.sg), DJs mischen Beats während die Sonne hinterm Horizont versinkt. Man sinkt in einen Liegestuhl, setzt schnurlose Kopfhörer auf, spürt den warmen Sand unter den Füßen und erlebt Kino-Kassenschlager wie nie zuvor. Wer lieber die Stadt spürt, geht zu Films at the Fort (filmsatthefort.com.sg), vor der historischen Kulisse von Fort Canning genießt man nicht nur Filme, sondern auch Gourmet-Häppchen und Luftsessel.

Zu den Events, die man bei der Reiseplanung berücksichtigen kann, gehören das **Singapore Fringe Festival** (singapore fringe.com; Januar), das **Singapore International Festival of Arts** (Mai–Juni), **Jazz in July** (esplanade.com/jazzinjuly), **Baybeats** (esplanade.com/baybeats; Oktober), das **Singapore International Film Festival** (sgiff.com; November–Dezember) und **ZoukOut** (zoukout.com; Dezember).

UNTERHALTUNG NACH STADTVIERTELN

Colonial District, Marina Bay & die Quays	Das Zentrum für Entertainment-Angebote aller Art. Im Marina Bay Sands kann man Broadway-Musicals erleben, klassische Kunst lockt das Publikum ins Esplanade – Theatres on the Bay, und Cover-Bands oder Standup-Comedians unterhalten ihr Publikum an den Quays. Für Sportfreunde bietet Singapur ein Formel-1-Rennen und weitere Großveranstaltungen.
Chinatown, Tanjong Pagar & der CBD	Die jahrhundertealte Chinesische Oper wird in Chinatown gepflegt, und zwar sowohl in Häusern als auch auf den Straßen, vor allem während des Hungry-Ghost-Festivals. Achten sollte man auf die Angebote von Chinese Theatre Circle und Kreta Ayer People's Theatre.
Little India & Kampong Glam	Little India fasziniert besonders während des Lichterfests Deepavali mit Shows und Musikveranstaltungen. Zentrum für Livemusik und Comedy ist die Bali Lane in Kampong Glam.
Holland Village, Botanic Gardens & Dempsey Hill	Holland Village mit seinen vielen Expats präsentiert eine lebendige Musik-Szene, vor allem in den Bars entlang der Lorong Mambong und im Start Theatre mit seinen fast 5000 Plätzen; dort finden regelmäßig Events statt. Die Shaw Foundation Symphony Stage im Botanischen Garten bietet eine grandiose Outdoor-Kulisse.
Der Westen & der Südwesten von Singapur	Unmittelbar vor den Toren der Stadt bilden Tanjong Pagar Distripark und Pasir Panjang Power Station originelle Orte für Konzerte, Kino und Modeschauen.

SIMPLY JAZZ BY TIN BOX
Kuratierter Jazz im CHIJMES (S. 55), dazu köstliches Essen und Getränke.

BLUJAZ CAFÉ
Durchweg guter Jazz und Blues in Kampong Glam, gelegentlich auch Comedy.

COMEDY MASALA
Standup-Comedy mit internationalen und lokalen Comedians in Hero's Bar, Robertson Quay.

THE PROJECTOR
Das Retro-Theater zeigt Indie- und ausländische Filme, dazu gibt's Snacks, Bier und Live-Comedy.

2P2PLAY/SHUTTERSTOCK ©

Bugis Street Market (S. 72)

SCHATZSUCHE

Einkaufszentren auf Weltniveau, bunte Märkte und ein breites Angebot an Designern machen Singapur zu einem Ziel für Shopping-Fans.

Nachdem man beim leckeren Essen zugeschlagen hat, ist ein Einkaufsbummel ein beliebter Zeitvertreib. Bekannteste Einkaufsstraße ist die Orchard Road, ein glamouröser Boulevard mit opulenten Malls, in denen sich die Modegiganten präsentieren, schicken bekannten Marken und ein paar Discountern – jeder findet hier etwas. Wer es etwas exotisch liebt: Chinatown bietet billige Kleidung und Souvenirs, dazu kommt ein gutes Angebot an Antiquitäten. Währenddessen lockt Little India Shopper mit aromatischen Gewürzen, erlesenem Goldschmuck, leuchtenden Saris und dem Einkaufsgiganten Mustafa, der bis 2 Uhr nachts geöffnet hat. Wer einheimische, eigenständige Boutiquen sucht, wird in der Haji Lane und Umgebung fündig; eine Schatztruhe ist Joo Chiat, wo man Peranakan-Artikel findet. Marktliebhaber, die Mode oder Elektronikartikel suchen, sollten auf dem Basar in Bugis nach Schnäppchen jagen; freundliches Handeln ist möglich. Neben diesen Zentren warten auch in anderen Vierteln Geschäfte auf einen Besuch.

Die besten Independent-Läden

BEYOND THE VINES
Kompetentes Designstudio, ein Inbegriff für Mode made in Singapur.

DESIGN ORCHARD
Die schönsten Marken aus Singapur unter einem Dach.

IN GOOD COMPANY
Modelabel für Männer und Frauen.

Einheimische Designer

In den letzten Jahren haben junge Designer aus Singapur eine Menge neuer Marken entworfen, viele mit regionalem Flair. Einen Besuch wert ist Design Orchard (S. 92) in der Orchard Road, in dem sich viele Designer unter einem Dach präsentieren. Falls die Reise gerade auf den Termin einer der Boutique Fairs (boutiquefairs.com.sg) fällt, kann man sich glücklich schätzen!

Tourist Refund Scheme

Als Tourist in Singapur bekommt man u. U. die Steuer (GST) durch das elektronische Tourist Refund Scheme (eTRS) erstattet.

Im Geschäft

Vor einem Kauf sollte man nach dem Logo für Tax-Free Shopping suchen, denn nicht alle Geschäfte nehmen an dem System teil. Man muss 100 S$ in einem einzigen Geschäft an einem Tag ausgeben – bis zu drei Kassenbons des gleichen Tages können eingereicht werden, um die Mindestsumme zu erreichen. Vor dem Bezahlen muss man den Kassierer informieren, seinen Pass zeigen – Kopien gelten nicht – und den ePass, den man per E-Mail von der Einwanderungsbehörde nach der Einreise bekommen hat. Nach dem Kauf sollte man den Beleg aufbewahren. Man bekommt keinen eTRS-Beleg ausgehändigt, kann aber mit der eTRS Singapore App oder unter touristrefund.sg den Vorgang überprüfen.

Im Flughafen

Mit den Einkäufen geht man zum eTRS Selbsthilfeautomaten. Käufe, die man einchecken möchte, muss man, bevor man das Gepäck aufgibt und man durch die Immigration geht, am eTRS Selbsthilfeautomaten in der Check-in Halle am Abflug angeben. Wer die Einkäufe mit an Bord nehmen möchte, muss hinter der Immigration in der Transitlounge beim Abflug zum eTRS Selbsthilfeautomaten. Das Ergebnis des Antrags wird auf dem Bildschirm am Automaten gezeigt – man muss es aufmerksam lesen und erfährt, ob die Einkäufe am Zoll angegeben werden müssen. Dann wählt man, wie man die Erstattung erhalten möchte und man hat es geschafft!

SHOPPEN IN DEN STADTVIERTELN

Colonial District, Marina Bay & die Quays	Verbundene Malls, schöne Museums-Shops sowie Mode, Bücher und Kunst.
Chinatown, Tanjong Pagar & der CBD	Chinesische und andere Antiquitäten, Lebensmittel, Medizin und regionale Kunst.
Little India & Kampong Glam	In Little India Gewürze, Weihrauch und Saris; in Kampong Glam Teppiche, Parfüm und Boutiquen.
Orchard Road	Singapurs Shopping-Zentrum mit Luxus-Malls.
Der Osten von Singapur	Traditionelle Waren – von Peranakan-Kleidung, Pantoffeln, Porzellan und Batik bis zu Speisen aus Malaysia und Indonesien.
Holland Village, Botanic Gardens & Dempsey Hill	Hochwertige Kunst und Antiquitäten in der ehemaligen Kaserne von Dempsey Hill; Expats kaufen gerne in Holland Village und Cluny Court.
Der Westen & der Südwesten von Singapur	Mega-Malls in Harbour Front und Jurong East, mit MRT-Anschluss.

NANA & BIRD
Luxuriöse Mode für Frauen und Lifestyle.

BYND ARTISAN
Personalisierte Schreibwaren und handgefertigte Lederwaren.

ANTHONY THE SPICE MAKER
Hier kauft man die traditionellen Gewürze Singapurs.

ATELIER ONG SHUNMUGAM
Damenmode mit modernen Interpretationen.

SUPERMAMA
Moderne Designerstücke zum Thema Singapur.

REISEZIELE

In jeder Regionen starten wir mit dem perfekten Standort, um die Umgebung zu erkunden. Entdecke einzigartige Erlebnisse, Tipps unserer Autorinnen und Experten, Hintergründe und Empfehlungen.

Chinatown (S. 59)

STÄDTE & REGIONEN

Entdecke Dein Sehnsuchtsziel

Der Westen & Südwesten von Singapur

WILDE WUNDERWELT

S. 142

Holland Village, Botanischer Garten & Dempsey Hill

GARTENPRACHT UND EIN VORNEHMES STADTVIERTEL

S. 130

Sentosa Island

FERIENINSEL MIT UNGEWÖHNLICHER VERGANGENHEIT

S. 152

Little India & Kampong Glam

FARBENFROHE ENKLAVEN MIT REICHER GESCHICHTE

S. 72

Der Norden & das Zentrum

DIE GRÜNE LUNGE DER STADT

S. 115

Orchard Road

WELTBERÜHMTE SHOPPING- UND AMÜSIERMEILE

S. 87

Der Osten von Singapur

PERANAKAN-KULTUR UND WASSERSPORT

S. 100

Colonial District, Marina Bay & die Quays

DAS HERZ DES STADTSTAATS

S. 36

Chinatown, Tanjong Pagar & der CBD

FANTASTISCHE MISCHUNG AUS ALT UND NEU

S. 59

Colonial District, Marina Bay & die Quays

DAS DYNAMISCHE EPIZENTRUM DES STADTSTAATES

Hier pulsiert das Herz von Singapur – eine Mixtur aus britischer Kolonialarchitektur, futuristischen Wolkenkratzern, Museen von Weltrang, internationalen Hotelketten, tropischen Parks und Restaurants und Bars am Flussufer.

Singapurs Herzstück eignet sich hervorragend, die Vergangenheit und Gegenwart des Stadtstaates kennenzulernen.

Ein guter Ausgangspunkt für die Erkundungstour ist die City Hall, der zentrale Umsteigebahnhof, an dem die meisten MRT-Linien (Mass Rapid Transit) zusammenlaufen. In dessen Umgebung liegen sehenswerten Bauwerke aus der britischen Kolonialzeit, z. B. das historische Raffles Hotel, die National Gallery und die St Andrew's Cathedral. Nun geht es in südlicher Richtung übers Padang (Feld) zum Kulturzentrum Esplanade – Theatres on the Bay und zum gigantischen Riesenrad Singapore Flyer. Von hier aus führt die Helix Bridge über die Marina Bay zum lotusförmigen ArtScience Museum, zum futuristischen Marina Bay Sands und zu den Gardens by the Bay.

Der Singapore River verbindet Boat Quay, Clarke Quay und Robertson Quay miteinander. An den Quays zeigen sich Singapurs Veränderungen im Lauf der Zeit: Vergangenheit sind die einst schmutzigen Wasserstraßen. Gegenwart ist der Finanzdistrikt aus Stahl und Glas. Büros säumen die Quays, die tagsüber voller Menschen sind, die dort arbeiten. Am Abend bilden die Quays ein pulsierendes Vergnügungsviertel. Am Boat Quay gibt es neben den touristischen Hafenkneipen auch einige gute Trinkhallen. In den Clubs am Clarke Quay wird bis spät in die Nacht Party gemacht. Am Robertson Quay dagegen genießt ein reiferes Publikum das üppige Restaurant- und Weinangebot. Hinter dem Clarke Quay erhebt sich der Hügel mit dem Fort Canning Park. Hier erinnern Relikte an den Zweiten Weltkrieg und im Battlebox-Museum wird die Entstehungsgeschichte Singapurs erzählt. Außerdem laden schattige riesige Bäume und fotogene Baumtunnel zum Spaziergang ein.

Oben: St Andrew's Cathedral (S. 44) ; rechte Seite: Skyline von Singapur

NICHT VERSÄUMEN

GARDENS BY THE BAY
Futuristischer botanischer Garten mit ökoenergetischen Kuppeln, Superbäumen und Wasserfällen.
S. 40

MARINA BAY SANDS
Wahrzeichen und Resort mit Aussichtsplattform, Einkaufszentrum, Museen und weltberühmten Restaurants.
S. 42

NATIONAL GALLERY
Nationalgalerie und Singapurs größter Schauplatz für bildende Kunst mit südostasiatischer Kunst.
S. 44

ASIAN CIVILISATIONS MUSEUM
Historisches Museum mit Südostasiens bester Sammlung panasiatischer Kunst-Kulturschätze.
S. 45

TOP TIPP

Singapurs Zentrum lässt sich am besten zu Fuß oder mit der MRT erkunden. Der Umsteigebahnhof City Hall ist über unterirdische Einkaufszentren mit der Esplanade verbunden. So sind die meisten Attraktionen zu Fuß erreichbar. Bei manchen Orten geht's schneller mit der Downtown Line, z. B. Gardens by the Bay (MRT-Station Bayfront) und Fort Canning (Fort Canning Station). Die North-East-Line fährt zu den Quays (Clarke Quay Station).

LOCAL TIPP: LIEBLINGSORTE IM COLONIAL DISTRICT

Jolene Chew, Stadtplanerin in Singapur, empfiehlt versteckte Orte und beliebte lokale Treffpunkte.

Southbridge
Geheimtipp: Die Bar auf der luftigen Dachterrasse eines *Shophouse* mit tollem Rundumblick auf die Skyline von Singapur.

Fort Canning Lighthouse
Seit 1903 steht das Fort Canning Lighthouse auf dem Fort Canning Hill (kein Zutritt für Besucher).

Mama Diam
Diese gelungene Mixtur aus Kneipe und traditionellem *mama diam* (einem familiengeführten Gemischtwarenladen) nimmt mit auf eine nostalgische Reise in das vielfältige kulturelle Erbe Singapurs.

Synthesis
Mit seinen einzigartigen Cocktails und Gerichten verleiht dieses hochmoderne Restaurant mit Bar Elementen der Traditionellen Chinesischen Medizin eine moderne Fasson.

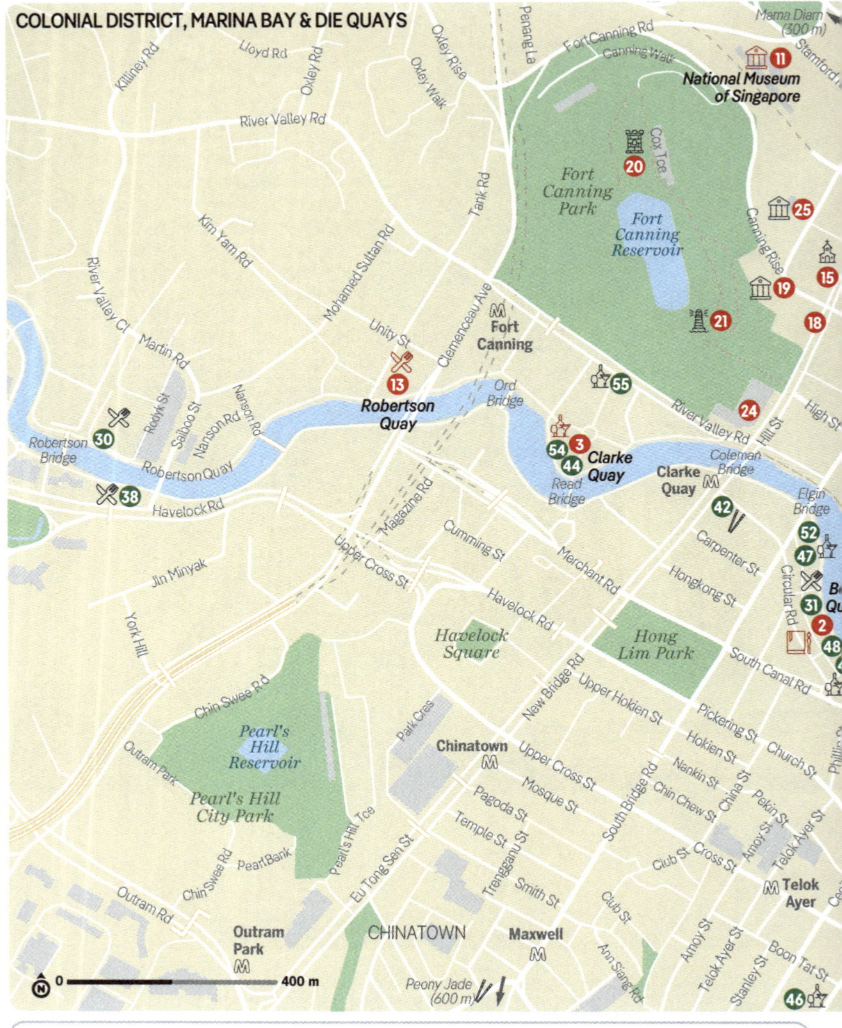

HIGHLIGHTS

1 Asian Civilisations Museum
2 Boat Quay
3 Clarke Quay
4 Clifford Pier
5 Esplanade – Theatres on the Bay
6 Fullerton Hotel
7 Gardens by the Bay
8 Marina Bay Sands
9 Merlion
10 National Gallery
11 National Museum of Singapore
12 Padang
13 Robertson Quay
14 Singapore Flyer

SEHENSWERTES

15 Armenisch-apostolische Church of St Gregory the Illuminator
16 Arts House
17 ArtScience Museum
18 Central Fire Station
19 Children's Museum
20 Fort Canning
21 Fort Canning Lighthouse
22 MINT
23 National Library
24 Old Hill Street Police Station
25 Peranakan Museum
26 Raffles Hotel
27 St Andrew's Cathedral
28 Victoria Theatre & Concert Hall

ESSEN
29 Boiler, The
30 Botany
31 Braci
Siehe 11 Food for Thought
32 Glasshouse
33 JAAN
34 Jumbo Seafood
35 Labyrinth
36 Makansutra Gluttons Bay
Siehe 10 National Kitchen by Violet Oon
37 New Ubin Seafood
Siehe 10 Odette
38 Pó
39 PS.Cafe at One Fullerton
40 Putien Marina Bay Sands
41 Rasapura Masters
42 Song Fa Bak Kut Teh

AUSGEHEN & FEIERN
43 1826
44 Capital
45 CÉ LA VI
46 Cherry Discotheque
47 Dragon Chamber
48 JU95
49 Lantern
50 Level 33
51 MARQUEE
Siehe 10 Smoke & Mirrors
52 Southbridge
53 Supply & Demand
54 YIN at The Riverhouse
55 Zouk

UNTERHALTUNG
56 CHIJMES

SHOPPEN
57 Basheer Graphic Books
58 Cat Socrates
59 Marina Square
60 Suntec City

TICKETS
QR-Code scannen, um auf gardensbythebay.com.sg im Voraus Tickets zu kaufen. Auch Kombi-Tickets sind erhältlich.

FUUTAMIN/SHUTTERSTOCK ©

Supertree Grove

PRAKTISCHES

Fahrt bis MRT-Halt Baystation (Thomson East Coast Line) oder Bayfront (Downtown Line) – Ausgang B, dann Brücke am Marina Bay Sands überqueren.

Garten frei, für Gewächshäuser unterschiedliche Eintrittsgebühr.

Floral Fantasy
Erw./Kind 20/12 S$; 10–18 Uhr

Supertree Observatory
Erw./Kind 14/10 S$; 9–20 Uhr

OCBC Skyway
Erw./Kind 12/8 S$; 9–20 Uhr

Cloud Forest & Flower Dome
Erw./Kind 53/40 S$; 9–20 Uhr

HIGHLIGHT

Gardens by the Bay

Mit ökoenergetischen Glaskuppeln, Supertrees („Hightechbäume“) und modernen Skulpturen eröffnet der avantgardistische botanische Garten einen Blick in die Zukunft. Auf 101 ha, dem Meer abgewonnenen Land erstreckt er sich im Stadtzentrum. Der Bau dieses ehrgeizigen Meisterwerks der Stadtplanung hat 1 Mrd. S$ gekostet. Das Ergebnis: eine atemberaubende Ausstellung gartenbaulicher und architektonischer Kunst, die das Stadtbild komplett verändert hat.

Supertree Grove

Die kolossalen Supertrees sind senkrechte Gärten und das Herzstück der Gardens by the Bay. Ihr Geäst wirkt wie eine Art bionisches Science-Fiction-Holz. Auf den Stahlbetonkonstruktionen wachsen 162 900 Pflanzen aus über 200 Arten. Sieben der 18 Supertrees erzeugen Solarstrom für die Beleuchtung und Kühlung der Gewächshäuser, wobei ihre riesigen Baumkronen Wärme absorbieren und verteilen.

Den Supertree-Hain zu durchstreifen und sich die Licht- und Sound-Show **Garden Rhapsody** anzusehen, ist kostenlos. Die Show findet jeden Abend um 19.45 Uhr und 20.45 Uhr statt. Einen herrlichen Blick auf die Skyline von Singapur ermöglicht die Dachterrasse des **Supertree Observatory** (Gewächshaus). Im klimatisierten Innenbereich in der Ebene darunter beeindruckt eine digitale Präsentation zum Thema Klimawandel. Atemberaubend sind die Ausblicke auf dem 22 m hohen **OCBC Skyway**, der sechs Supertrees miteinander verbindet. Tickets für das Supertree Observatory und den Skyway werden an der Kasse am Supertree Grove verkauft.

Planet Sculpture & Heritage Gardens

Südlich des Supertree Grove prangt die gigantische Skulptur *Planet* (2008) des britischen Künstlers Marc Quinn. Das außergewöhnliche Kunstwerk zeigt ein schlafendes Baby, das scheinbar über dem Boden schwebt. Modell für diesen 7 t schweren Bronze-Bubi war Quinns Sohn.

Gleich neben der Skulptur liegen die **Heritage Gardens** mit vier Themengärten. Es sind Gartendenkmäler mit Pflanzen, die eng mit der Kultur der drei wichtigsten ethnischen Gruppen und der kolonialen Vergangenheit Singapurs verbunden sind.

Flower Dome & Cloud Forest

Im Norden des Geländes wachsen im **Flower Dome** mehr als 217 000 Pflanzen aus 800 Arten. Seine spacige, asymmetrische, ökoenergetischen Kuppel überspannt ca. 1,2 ha (75 olympische Schwimmbecken). Damit hält der Flower Dome den Guinness-Rekord als weltweit größtes Gewächshaus. In dem innovativen Megagebilde herrscht ein trockenes Mittelmeerklima mit 23–25 °C. Kostenlose Führungen finden jedes Wochenende von 14 bis 17 Uhr statt. Empfehlenswert ist hier das prämierte Restaurant **Marguerite** (marguerite.com.sg); Küchenchef ist der Australier Michael Wilson.

Im **Cloud Forest** (Nebelwald) prägt tropisches Gebirgsklima der Höhenlagen zwischen 1500 und 3000 m das Milieu. Hier rauscht einer der weltweit höchsten Indoor-Wasserfälle (35 m) nach unten. Eine bergähnliche Konstruktion weist üppig bewachsen mit Pflanzen aus aller Welt auf. Bei einem Gang über den luftigen Cloud Walk sind z. B. Venusfliegenfallen, grazile blaue Ölfarne und bizarre Moose gut zu sehen.

Floral Fantasy

Das 2019 eröffnete **Floral Fantasy** verbindet florale Kunst und Technologie. Highlight ist der **Flight of the Dragonfly**, ein simulierter 4D-Flug, der auf eine Augmented-Reality-Reise mitnimmt (Teilnahme ab einer Körpergröße von 100 cm). Vier Landschaften gibt es zu bestaunen: „Dance" ist geprägt von einem Meer an blühenden Pflanzen. Im „Float" plätschert ein Bach. „Waltz" ist eine Regenwaldoase mit einem Vivarium voller Giftfrösche. Im höhlenartigen „Drift" wachsen 50 Pflanzenarten, deren Heimat terrassierte Felsformationen sind.

Kingfisher Wetlands

Das geschützte Süßwasserrefugium beherbergt über 200 einheimische Mangrovenarten, Wasserkaskaden, Felstümpel und eine Aussichtsplattform zum Beobachten von Vögeln und Reptilien.

NICHT VERSÄUMEN

- Supertree Observatory
- OCBC Skyway
- Cloud Forest
- Flower Dome
- Floral Fantasy
- Heritage Gardens
- Kingfisher Wetlands

TOP TIPPS

- Highlight für Kinder: der Children's Garden mit Abenteuer- und Wasserspielplatz, riesigem Baumhaus, Dusche und Umkleide.
- Im Besucherzentrum gibt es Schließfächer (2–6 S$), leihweise Kinderwagen (2 S$) und Audioguides (4 S$).
- Zur vielfältigen Gastronomie vor Ort zählt das Hawker-Center Satay by the Bay (11–22 Uhr) mit Singapurer Favoriten wie Chilikrabben und Saté.
- Schön für den Tagesausklang: Marina Barrage, ein beliebter Treffpunkt von Singapurer Familien und Drachenfans, besonders bei Sonnenuntergang.
- Shuttles verkehren zwischen der MRT-Station Bayfront und den „Gardens" (9–21 Uhr tgl.; 3 S$ hin und zurück).

UNTERWEGS VOR ORT

Der Colonial District, Marina Bay und die Quays sind mit dem MRT gut erreichbar. Die MRT-Station City Hall ist der Knotenpunkt, der von den meisten Zuglinien angefahren wird. In Fußnähe sind hier die National Gallery, das Padang, Raffles Hotel und CHIJMES. Die Downtown Line fährt zum Marina Bay Sands (Bayfront Station). Zu den Gardens by the Bay führt die Thomson East Coast Line; die North East Line zu den Quays und zum Asian Civilisations Museum (Clarke Quay Station). In der City-Hall-Gegend sind Touren zu Fuß gut möglich, trotz Hitze: Viele Attraktionen sind über unterirdische Einkaufszentren und schattige Wege erreichbar.

Marina Bay Sands

KARTE 8

Singapurs hoch gefeierte Ikone

Marina Bay Sands (marinabaysands.com), 2010 eröffnet und seither Wahrzeichen der Stadt, prangt am Südufer der Marine Bay. Entworfen hat den 5,6 Mrd. US$ teuren Komplex der Architekt Moshe Safdie. Das Bauwerk umfasst ein Hotel, Casino, Theater, Einkaufscenter, Ausstellungszentrum und ein Museum.

Highlight der Anlage ist das **Marina Bay Sands Hotel** mit drei 55-stöckigen Türmen, die aneinandergestützten Spielkartenstapeln ähneln. Der SkyPark, ein 1,2 ha großer, durchgehender Dachgarten, verbindet die Türme miteinander. Zutritt zu seinem weltberühmten Infinity-Pool haben nur Hotelgäste. Öffentlich zugänglich ist die Aussichtsplattform (Erw./Kind 23/17 S$) mit einem spektakulären Blick über die Skyline von Singapur. Tipp: diesen Ausblick bei einem Drink in der SkyPark-Bar **CÉ LA VI** (celavi.com) genießen.

Das dem Hotel vorgelagerte Bauwerk, das aussieht wie eine riesige weiße Lotusblüte inmitten eines Lilienteichs ist das **ArtScience Museum**. Mit 21 Galerien auf drei Etagen und einer Fläche von 4600 m² zeigt es u.a. Ausstellungen, die Grenzen von Wissenschaft und Technik überschreiten. Ein Muss ist die Dauerausstellung „Future World: Where Art Meets Science" des japanischen Digitalkunst-Kollektivs teamLab.

Jeden Abend ist am Marina Bay Sands die **Spectra** (Mo–So 20–21 Uhr, Fr & Sa bis 22 Uhr) kostenlos zu bestaunen. Die Show zeigt Fontänen, Video- und Laserprojektionen mit Musik.

Marina Bay Sands Hotel

Singapore Flyer

HIGHLIGHTS: MARINA BAY SANDS

Rain Oculus
In der 22 m breiten Acrylschale wird das Regenwasser gesammelt, das den Indoor-Kanal in dem umweltfreundlichen Einkaufszentrum füllt.

Sampan Ride
Fahrt auf dem Indoor-Kanal im Sampan-Boot, das traditionell auch auf den Wasserstraßen Südostasiens verwendet wird.

KOMA
Den 20 m langen Weg zur Tür des modernen japanischen Restaurants säumen rote Torii-Tore, die an die ähnlichen Tore am Schrein Fushimi Inari in Kyoto erinnern.

MARQUEE
Singapurs größter Nachtclub verfügt über drei Etagen, sehr hohe Räume und ein echtes Riesenrad.

Singapore Flyer

KARTE 14

Rund geht's mit spektakulärem Ausblick!

Der 165 m hohe Singapore Flyer (singaporeflyer.com) an der Marina Promenade war das höchste Riesenrad der Welt,bis ihm 2014 der High Roller in Las Vegas den Titel stahl. Das schmälert jedoch nicht den sensationellen Ausblick. An klaren Tagen reicht der Blick über den Colonial District, den CBD (Central Business District), die Marina Bay bis hin zum Südchinesischen Meer. Die Fahrt dauert eine halbe Stunde. Schlange stehen kommt selten vor, da die 28 klimatisierten Kabinen jeweils Platz für 28 Passagiere haben. Der Clou: das „Sky Dining", ein Vier-Gänge-Menü in einer eigenen Kabine.

Esplanade – Theatres on the Bay

KARTE 5

Kunst, Musik und Theater am Wasser

Am Nordufer der Marina Bay prangt das 600 Mio. S$ teure Esplanade – Theatres on the Bay mit Konzertsaal (1800 Sitzplätze), Theater (1940 Sitzplätze) und Freilichtbühne. Um Kunst jedermann zugänglich zu machen, gibt es kostenlose Kunstausstellungen, aber auch Konzerte und Indie-Kino. Ticketbuchung auf esplanade.com oder an der Abendkasse.

Die beiden kuppelförmgen Glasbauten sind mit Aluminiumplatten überzogen, die markante Spitzen bilden. Als der Komplex 2002 enthüllt wurde, spöttelten Kritiker, er sehe aus wie umgestülpte Hälften einer Durian (Stinkfrucht). Doch diese Bauweise ist genial: Sie lässt sehr viel Tageslicht in die Gebäude, dämmt aber gleichzeitig die tropische Hitze.

Im Gebäudeteil an der Flussseite sind gute Restaurants und Bars. Im **The Boiler** (theboiler.com.sg) gibt es köstliche gegrillte Meeresfrüchte. Die Dachterrassenbar **Supply & Demand** (supplydemandsin.business.site) bietet raffinierte Drinks. Mit Hawker-Klassikern, serviert in edler Atmosphäre, punktet das **Makansutra Gluttons Bay** (makansutra.com).

National Gallery

KARTE 10

Moderne Kunst und noch viel mehr

Rund 10 Jahre gedauert und 530 Mio. S$ gekostet hat es, das ehemalige Rathaus und den Old Supreme Court zur National Gallery (nationalgallery.sg) umzufunktionieren und dabei wunderschön zu restaurieren. Insgesamt umfasst sie nun eine Fläche von 64000 m².

Mit mehr als 8000 Werken besitzt die National Gallery die weltweit größte öffentlich zugängliche Sammlung südostasiatischer moderner Kunst. Die Dauerausstellung „Between Declarations and Dreams" zeigt ca. 300 Kunstwerke, in denen sich die Kunstgeschichte Südostasiens seit Mitte des 19. Jhs. widerspiegelt. Im Kunstpädagogikzentrum Keppel werden Kinder ermutigt, mit Kunstwerken zu interagieren und eigene Meisterwerke zu schaffen. Die **National Kitchen by Violet Oon** (violetoon.com), bietet Peranakan-Gerichte (malaiisch-chinesische Küche), z. B. *laksa* (Kokossuppe) oder *rendang* (Rindfleisch). Tischreservierung nötig.

Tickets: online buchen oder am Visitor Services Counter (Level 1, Eingang Coleman Street oder Padang) kaufen. Themenführungen finden regelmäßig statt. Die Back-of-House-Tour führt in Teile des Old Supreme Court, die sonst nicht für die Öffentlichkeit zugänglich sind.

Padang

Padang

KARTE 12

Umgeben von Zierden kolonialer Architektur

Seit 2021 ist das 4,3 ha große Padang (Feld) Nationaldenkmal. Es war Zeuge vieler historischer Ereignisse, z. B. der Siegesparade nach der Kapitulation Japans im Zweiten Weltkrieg.

Die neugotische **St Andrew's Cathedral** (cathedral.org.sg) wurde von indischen Sträflingen erbaut, von schottischen Kaufleuten finanziert und 1838 fertiggestellt. Nach massiven Blitzschäden wurde sie abgerissen, aber 1862 komplett wieder aufgebaut. Vor Kurzem wurde das Kirchenschiff restauriert.

Das 1827 als Privatvilla erbaute **Arts House** (arts houselimited.sg) ist Singapurs ältestes Regierungsgebäude. Bevor es Parlamentssitz wurde, nutzten es andere Behörden. Heute ist es ein Kunstzentrum. Nebenan steht die königliche **Victoria Theatre & Concert Hall**, die früher mal das Rathaus war.

Asian Civilisations Museum

KARTE 

Auf den Spuren alter Schätze

Das Asian Civilisations Museum (nhb.gov.sg/acm) am Ufer des Singapore River ist Museum und Kunstgalerie zugleich. Es widmet sich der Geschichte der asiatischen Völker und Kulturen. Seine beeindruckenden drei Galerien umfassen die größte Sammlung panasiatischer Schätze Südostasiens. Die ausgestellten Objekte erzählen u. a. Geschichten vom Ideenaustausch, der aus dem internationalen Handel hervorging.

Im Erdgeschoss geht es um die Handels- und Seewege Asiens. Es beginnt im 9. Jh. mit der Tang Shipwreck Collection, der Ladung eines Schiffes, das vor über 1000 Jahren vor der Küste Sumatras sank. Sie umfasst exquisite Objekte und über 60 000 Keramiken der Tang-Dynastie und gibt heute faszinierende Einblicke in die Geschichte des regionalen Handels.

Die Galerie im 1. Stock widmet sich asiatischen Religionen und Ritualen, angefangen von ihrer Entstehung über ihre Verbreitung auf dem Kontinent bis hin zu ihrer weiteren Entwicklung. Die Ancient Religion Galerie verfolgt den Weg großer Religionen Indiens – Buddhismus, Hinduismus und Jainismus – über Handelsrouten von Indien nach China.

Der 3. Stock schwelgt förmlich in Kunsthandwerk. Mit Keramiken, Schmuck und Textilien werden asiatische Ästhetik und Handwerkskunst zelebriert. Besonders beeindruckend ist die chinesische Keramikkollektion. Dazu zählt z. B eine Teekanne in Form einer Ingwerwurzel, die aus der Erde wächst.

Asian Civilisations Museum

HISTORISCHER SCHATZ

Das Asian Civilistions Museum befindet sich im **Empress Place Building**. Das klassizistische Gebäude wurde von dem britischen Architekten John Frederick Adolphus McNair entworfen, von indischen Häftlingen gebaut und 1867 fertiggestellt. Über 100 Jahre lang residierten darin koloniale britische und dann singapurische Regierungsbehörden. Westlich des Gebäudes steht eine Marmorstatue von Sir Stamford Raffles, dem britischen Ostindien-Administrator. An dieser Stelle soll er 1819 gelandet sein. In der Geschichte Singapurs spielte Sir Raffles die entscheidende Schlüsselrolle.

Fullerton Hotel

PAULHARDING00/SHUTTERSTOCK ©

Fullerton Hotel

KARTE 6

Typisch für die Stadt

Erbaut wurde das Gebäude 1928 im palladianischen Stil mit geriffelten dorischen Kolonnaden und aufwendigen Ornamenten. Bis 1996 befand sich darin das Hauptpostamt. Im Lauf der Zeit war es Zeuge vieler wichtiger Ereignisse in der Geschichte Singapurs. So diente es z.B. im Zweiten Weltkriegs der japanischen Armee als Krankenhaus, Bunker und Quartier. Der monolithische **Singapore Stone**, einer der berühmtesten Nationalschätze des Landes, wurde auf dem Hotelgelände ausgegraben. Er trägt eine Inschrift aus dem Jahr 1230 n. Chr., die bisher noch niemand entschlüsseln konnte.

Merlion

KARTE 9

Singapurs Fabelwesen

Am Esplanade Drive gegenüber vom Fullerton Hotel steht ein Maskottchen der Stadt: der Merlion. Der fischähnliche Körper des Merlion symbolisiert die Ursprünge Singapurs als Fischerdorf. Sein Löwenkopf verkörpert den ursprünglichen Namen der Stadt: Singapura, was im Sanskrit „Löwenstadt" bedeutet. Der Merlion ist 8,6 m hoch, wiegt 70 t, kostete 165 000 S$ und wurde am 15. September 1972 enthüllt. Anfangs stand die Statue an der Mündung des Singapore River, wurde später aber an ihren heutigen Platz versetzt. Neben der vielleicht nicht ganz so sehenswerten Statue ist die Aussicht auf die Marina Bay auf jeden Fall einen Besuch wert.

Merlion

TANATPONI3P/SHUTTERSTOCK ©

Clifford Pier

KARTE 4

Östliches Vintage-Flair

Wer auf der Uferpromenade Richtung Süden schlendert, lernt im **One Fullerton** die piekfeine Seite der Stadt kennen. In dem Center locken etliche eleganter Bars und Nobelrestaurants. Hinter dem Gebäude befindet sich der **Clifford Pier**, ursprünglich ein Anlegeplatz für Schiffe mit Einwanderern und anderen Passagieren. Später diente das Piergebäude eine Zeit lang als Terminal für Ausflügler, die mit der Fähre zu den Südinseln übersetzten.

Der Pier war leicht an der roten Öllampe zu erkennen, die nachts als Warnung für Schiffe leuchtete. Die Einheimischen nannten ihn daher *ang theng beh thow* (Rotlichthafen). Von außen betrachtet hat sich am Clifford Pier kaum verändert. Das Gebäude wurde jedoch zu einem anspruchsvollen Restaurant umgebaut, das Teil des Hotels Fullerton Bay ist.

Boat Quay

KARTE 2

Wo Altes auf Neues trifft

Der Singapore River schlängelt sich durch die Stadt und bildet eine natürliche Grenze zwischen dem Colonial District und dem CBD. An diesem Flussabschnitt liegen der Boat Quay, Clarke Quay und Robertson Quay. Alle drei sind markante Gebiete, die sich von trostlosen Geschäftsvierteln in das heutige glanzvolle Finanzzentrum verwandelt haben.

Der Boat Quay ist eines der ältesten historischen Viertel der Stadt. Über 150 Jahre lang säumten *godowns* (Lagerhäuser) und umtriebige Bumboote (motorisierte Sampans) seine Ufer. Mit der Zeit nahm die Wasserverschmutzung jedoch ein Ausmaß an, das die Regierung veranlasste, den Frachtdienst in eine neue Anlage in Pasir Panjang zu verlegen. Eine große Reinigungskampagne zwischen 1977 und 1987 machte den Singapore River zu einem heute sauberen Fluss.

Die Regierung erklärte den Boat Quay zur Naturschutzzone. Viele der alten chinesischen Shophouses (Ladenhäuser) im Art-déco-Stil wurden samt der überdachten Gänge vor den Läden restauriert. Das Gebiet entwickelte sich zum Vergnügungsviertel mit Touristenbars, schäbigen Läden und Restaurants, die Leichtgläubige mit windigen Menüpreisen ködern. Günstiger, authentischer und seriöser sind die Pubs und Trinkbuden abseits vom Fluss, z. B. in der Circular Road.

Boat Quay

BEST OF BARS IM BOAT QUAY

1826
Bar-Restaurant im kolonialen Stil in einem restaurierten historischen Shophouse. Serviert werden Peranakan- und Fusion-Gerichte. **$$**

JU95
Eine feuchtfröhliche *izakaya* (Kneipe) mit verspielter japanisch-europäischer Menükarte und digitalem Cocktail-Generator, der für einzigartige, maßgeschneiderte Drinks sorgt. **$**

Dragon Chamber
Fernöstlich inspirierte Kneipe mit Kühlregal als Eingangstür zum halbdunklen Gastraum mit 93 Sitzplätzen und sexy Flair. **$$**

Clarke Quay

KARTE 3

Party, Party!

Nirgendwo in Singapur spiegelt sich sein markanter Wandel besser wider als im Clarke Quay. Seit dem 19. Jh. steuerten Frachtkähne das Gebiet an, das im Teochew-Dialekt *cha jung tau* (Hafen für Schiffe mit Feuerholz) genannt wurde. Nach der Verlegung des Frachtverkehrs, inkl. der Bumboats, in die neue Anlage in Pasir Panjang schlossen auch die Lagerhäuser und Shophouses. Der Clarke Quay verstummte!

Turbulentes Leben zog wieder ein, als der Clarke Quay 1989 zum Kulturerbe und zugleich zum größten Naturschutzprojekt am Singapore River erklärt wurde. Historische Lagerhäuser erhielten einen Anstrich in Regenbogenfarben und die Gegend entwickelte sich zu einer Fußgängerzone voller Nachtclubs, Hip-Hop-Lokalen und Salsa-Bars.

Eine Bumboot-Flussfahrt (Erw./Kind 28/18 S$, 40 Min.) führt entlang der Kais und der Marina Bay. Die Tickets gibt es am Clarke-Quay-Pier. Abends locken chinesische Tapas und raffinierte Cocktails im **YIN at The Riverhouse** (yinyang.sg/yin). Das Lokal befindet sich in Singapurs ältester chinesischer Villa. Lust auf eine durchtanzte Nacht macht der **Zouk** (zoukclub.com), Singapurs bekanntester Club mit Action pur auf zwei Ebenen.

Clarke Quay

Robertson Quay

KARTE 13

Essen und Wein vom Feinsten

Weiter stromaufwärts liegt der Robertson Quay, ehemaliges Lagerhausviertel und größter Quay. Hierher zieht es Menschen, die Wein, Essen und gepflegte Unterhaltung mehr schätzen als durchzechte Nächte. Westlich der Saiboo Street sind am Flussufer einige gute Restaurants, z. B. das **Botany** (botany.com.sg). Die köstlichen veganen Speisen und der Brunch schmecken genauso gut wie sie aussehen. Das **Pó** (po.com.sg), das hauseigene Restaurant im Warehouse Hotel, serviert lokale Hausmannkost wie Porridge mit Meeresfrüchten, *rendang* (Rindfleisch) und *popiah* (Frühlingsrollen). Der Name Pó kommt aus dem Chinesischen und bedeutet „Großmutter".

National Museum of Singapore

KARTE 11

Ein tiefer Blick in Singapurs Geschichte

Mit seinem Baujahr 1887 mag es das älteste Museum in Singapur sein, aber es ist alles andere als verstaubt. Ganz im Gegenteil, hinter seiner kolonialen Fassade aus dem 19. Jh. gibt Hightech den Ton an. Multimedia-Technologie entführt auf eine Reise durch Singapurs kurze, aber actionreiche Geschichte.

Über eine Zeitspanne von sechs Jahrhunderten reicht die Fülle der Exponate der **History Gallery**. Ausstellungen erzählen die Geschichte der Insel von ihrer Entdeckung als Singapura über ihre Rolle als Kronkolonie bis hin zur zeitweisen Umbenennung in Syonan-To im Zweiten Weltkrieg. Im Erdgeschoss lassen z. B. nachgebaute Opiumhöhlen erschütternde Schicksale unter der japanischen Besatzung erahnen. Sogar der Gestank des alten Singapore River liegt in der Luft. In der 2. Etage geht es um Momentaufnahmen des Alltags in den letzten 100 Jahren – von der Kolonialzeit bis hin zu den Überlebenden des Krieges. **Voices of Singapore** nimmt die moderne Identität der Insel anhand von kulturellen Artefakten und darstellenden Künsten unter die Lupe.

Die Installation **Story of the Forest** in der 16 m hohen Glasrotunde hat das japanische Kollektiv teamLab kreiert: Sie verwandelt 69 Zeichnungen aus der William Farquhar Collection of Natural History Drawings in dreidimensionale Animationen, eingebettet in Laub aus dem Fort Canning Park.

Kostenlose Führungen (60 Min.) durch die History Gallery finden täglich um 11 und 14 Uhr statt (Sa, So auch um 15 Uhr).

SCHRITT IN DIE MODERNE WELT

An den Start ging das Gebäude 1887 als Raffles Library and Museum. Doch seit über 120 Jahren ist das elegante neopalladianische Bauwerk das majestätische Zuhause des Nationalmuseums. Eine aufwendige Restaurierung (2003–2006) verlieh dem Komplex seinen früheren Glanz. Wunderschön ist die Rotunde mit 50 Buntglasscheiben in dem prächtigen neoklassizistischen Seitenflügel.

TUANANHVU/SHUTTERSTOCK ©

National Museum of Singapore

GÜNSTIG ESSEN IM COLONIAL DISTRICT & AN DER MARINA BAY

Makansutra Gluttons Bay Hawker-Center, Esplanade Mall, große Auswahl, z.B. Saté-Spieße und gegrillter Rochen. $

Satay by the Bay Gardens by the Bay's Hawker-Center, etwas zu teuer, aber tolle Lage am Ufer und perfekt, um lokale Hausmannskost auszuprobieren. $

Song Fa Bak Kut Teh Kettenrestaurant, *bak kut teh* (Schweinerippe in pfeffriger Brühe gegart) hat Kultstatus. $

Rasapura Masters Klimatisierter Food-Court, Untergeschoss der MRT-Station Marina Bay Sands. Große Auswahl. $

MEHR IM COLONIAL DISTRICT & DEN QUAYS

Schutzbunker am Fort Canning

KARTE 20

Rückblick auf die Kriegsgeschichte

Mit seiner Vielfalt gibt der Fort Canning Park einen guten Einblick in das vorkoloniale Singapur. Er erstreckt sich auf dem Hügel, auf dem vor langer Zeit der Palast der malaiischen Könige stand, die 14. Jh. über die Insel herrschten. Als die Briten die Insel übernahmen, baute Sir Raffles hier seine Residenz. Um die Landwirtschaft anzukurbeln, legte er auf dem Hügelgelände die ersten botanischen Gärten in Singapur an.

Das ursprüngliche Fort Canning (benannt nach Lord Canning) entstand im 19. Jh. Schon vor dem Zweiten Weltkrieg wurde begonnen, das Festungsgelände zur Artilleriefestung mit Offiziersquartieren und unterirdischem Bunkersystem auszubauen. Während der Schlacht von Singapur wurde hier am 15. Februar 1942 die Entscheidung getroffen, Singapur den Japanern auszuliefern. Sie fiel in der Kommandozentrale, die später den Namen **Battle Box** (battlebox.com.sg) erhielt. Die bombensichere Bunkeranlage befindet sich fast 9 m unter der Erde und kann heute im Rahmen einer Führung besichtigt werden. Durch das 26-Zimmer-Labyrinth zu wandern, ist

Battle Box, Fort Canning

HOTELS MIT DEM AUSBLICK AUF DIE MARINA BAY

Marina Bay Sands Unbezahlbarer Ausblick: in die eine Richtung auf die Wolkenkratzer, in die andere auf die Gardens by the Bay. $$$

Fullerton Hotel Früher Hauptpostamt, umgebaut in ein Grandhotel mit 400 Zimmern und Blick auf den Fluss. $$$

Ritz-Carlton, Millenia Singapore Luxushotel, raumhohe Fenster mit Blick auf die Marina Bay und den Singapore Flyer. $$$

gruselig. Lebensgroße Modelle stellen die Situation an dem Morgen dar, an dem Singapur den Invasionstruppen unterlag.

Südlich der Battle Box umgeben neun historische Gärten einen Stausee. Der **Artisans' Garden** gehört zu den letzten archäologischen Ausgrabungsstätten Singapurs. Der prachtvolle **Sang Nila Utama Garden** ist eine Nachbildung südostasiatischer Gärten des 14. Jhs. Er trägt den Namen eines Prinzen aus Palembang, der als erster antiker König der Insel gilt. Majestätisch wirken die javanischen Tore am Eingang. Die Statuen von Fröschen, Fischen und Enten erinnern an die Fauna der alten Palastgärten. Der **Fort Canning Tree Tunnel** im Nordteil des Parks ist ein beliebtes Fotomotiv. Mitunter ist sogar Warten angesagt, um vom unteren Ende einer Wendeltreppe den berühmten „Blick ins Grüne" zu fotografieren.

Museen, Kirchen & Wahrzeichen

Singapur überzeugt auch Kulturmuffel

Unterhalb der Ostseite des Fort-Canning-Hügels verläuft die Armenian Street durch eine relativ neue Fußgängerzone. Hier reihen sich verschiedene Museen und Institute, die sich der Geschichte Singapurs widmen. Zusammen mit dem Fort Canning Park, dem Bras Basah Complex und Bugis bildet der Bereich ein ausgedehntes Kunst-, Kultur- und Kulturerbegebiet.

Als erstes Ziel empfiehlt sich das **Peranakan Museum** (nhb.gov.sg/peranakanmuseum), um das reiche Erbe der Peranakan zu erkunden. Die meisten Peranakan in Singapur sind die Nachkommen chinesischer Händler, die mit ortsansässigen malaiischen Frauen eine Familie gegründet haben.

Das Museum befindet sich in einem klassischen Bungalow der Straits Settlements (Niederlassungen an der Meeresstraße). In zehn Dauerausstellungen zeigt es auf drei Etagen die weltweit beste Sammlung von Peranakan-Artefakten. Etliche interaktive und multimediale Exponate erwecken einige Aspekte dieser hybriden südostasiatischen Kultur zum Leben. Ein Highlight ist die Ausstellung zu der traditionellen 12-tägigen Hochzeitszeremonie. Zu sehen sind z. B. Trachten mit aufwendigen Details, wunderschön geschnitzte Hochzeitsbetten und seltenes Tafelporzellan.

PERANAKAN-KULTUR

Singapurs Peranakan-Kultur zeigt sich u. a. in den Shophouses, vor allem im Stadtteil Katong (S. 112). Mit einer Sammlung typischer Möbel, Textilien und Keramik vermittelt das **Baba House** (S. 64) einen Eindruck vom Leben in den Ladenhäusern. Das dreistöckige, restaurierte Haus findet sich in der Neil Road.

TOP-ERLEBNISSE FÜR KINDER IM COLONIAL DISTRICT

Children's Museum
Erstes Kindermuseum in Singapur, bietet Mitmach-Shows und interaktive Exponate.

National Gallery
Das Keppel Centre for Art Education ist eine tolle Einrichtung der Galerie. Hier können Kinder ihrer Fantasie freien Lauf lassen, zudem wird ihre Kreativität gefördert.

ArtScience Museum
Interaktives Museum voller Hightech, vom Kleinkind bis zum Teenager begeistert es jedes Kind mit digitalen und futuristischen Exponaten.

Singapore Duck Tours
Informative und unterhaltsame Tour durch die Marina Bay an Bord eines bunt bemalten Amphibienfahrzeugs.

Andaz Singapore
Komplex mit zwei futuristischen Türmen; Dachterrassen-Bar und die erstklassigen Suiten mit weitem Ausblick über die ganze Bucht. **$$$**

The Westin Singapore
Atemberaubende Ausblicke, sei es vom Infinity-Pool im Freien, von der imposanten Lobby im 32. Stock oder den makellosen Zimmern. **$$$**

Fullerton Bay Hotel
Neueres 100-Zimmer-Hotel; Atmosphäre behaglicher als im älteren Schwesterhotel, dem Fullerton Hotel. **$$$**

An beiden Seiten der Armenian Street erstrecken sich sorgfältig zusammengestellte Bepflanzungen. Sie bestehen aus Pflanzen, die in der Peranakan-Küche verwendet werden, z. B. in Currys und Desserts, und zudem für die Peranakans symbolischen Wert besitzen.

Weiter in südlicher Richtung ist die **Armenian Apostolic Church of St Gregory the Illuminator**, die älteste Kirche der Stadt (1836 geweiht). Den Anstoß gab eine armenische Gemeinde, die als Erste den regelmäßigen Gottesdienst in Singapur einführte. Der Entwurf für das klassizistische Gebäudes mit kreuzförmigem Grundriss und eleganten römisch-dorischen Säulen stammt von Singapurs Pionierarchitekten George Coleman. Der Turm wurde erst in den 1850er-Jahren hinzugefügt.

Am Süd-Ende der Armenian Street an der Kreuzung mit der Coleman Street befindet sich das **Children's Museum**. Das Ende 2022 eröffnete Kindermuseum (nhb.gov.sg/childrensmuseum) mag klein sein, aber es ist das erste Museum in Singapur, das speziell auf Kinder bis 12 Jahre zugeschnitten ist. Im Hidden Chamber läuft z. B. eine interaktive Mitmach-Show, in der ein Kapitän seine geheimen Schätze preisgibt und alles über deren Herkunft verrät. Im Play Pod ist für die ganz Kleinen (2–4 J.) Spiel und Spaß angesagt, während das Maze of Amazement (Labyrinth) ältere Kids zum Staunen bringt.

SINGAPURS GIGANTISCHES RIESENRAD

Eine Fahrt mit dem größten Riesenrad der Stadt, dem Singapore Flyer (S. 43), bietet den optimalen Ausblick auf die City-Skyline. Vom Resort Marina Bay Sands ist dieses „Monster" nur wenige Fußminuten entfernt.

BELIEBTE RESTAURANTS AN DER MARINA BAY

Jumbo Seafood
In Singapur kennt so gut wie jeder diese Jahrzehnte alte Institution. Ihre treue Kundschaft hat sie verdient – dank der Chili-Krabben mit reichlich Sauce. **$$**

National Kitchen by Violet Oon
Hier gibt es die köstlichsten Peranakan-Gerichte (chinesisch-malaiisch), zubereitet von einem Promikoch. **$$$**

Putien Marina Bay Sands
Hat einen guten Ruf, serviert Fujian-Küche, zubereitet aus sehr frischen Zutaten. **$$**

New Ubin Seafood
Spezialisiert auf Fisch und Meeresfrüchte auf die schlichte *Kampong*-Art, bietet aber auch Gourmetkost wie Foie-gras-Saté. **$$**

Singapurs flippig bunte Architektur

KARTE 18 24

Vorsicht, Schnappschuss-Alarm

Am Fuß des Fort-Canning-Hügels prangen an der Südseite zwei achitektonische Schätze. Einer ist die **Central Fire Station** (1909). Ihre Backsteinfassade weist markante rot-weiße Elemente auf, die typisch für die Blood-and-Bandage-Architektur sind. Das Rot der Ziegelsteine steht für Blut und die Streifen aus weißem Putz sind die Bandagen. Die Feuerwache, heute ein Nationaldenkmal, ist noch in Betrieb. In dem Gebäude befindet sich auch die **Civil Defence Heritage Gallery**. Mit ihren Exponaten erzählt sie die Geschichte der Feuerwehr Singapurs. Ausgestellt sind einige Löschfahrzeuge,

SCHLAFEN IM COLONIAL DISTRICT

Raffles Hotel
1887 eröffnet, hat Kultstatus und ist allein schon für sich genommen auf jeden Fall sehenswert. **$$$**

Capitol Kempinski Hotel
Neoklassizistisches Bauwerk und Art-déco-Kleinod; mit hauseigenem Sternerestaurant. **$$$**

Hotel Fort Canning
Königliches Hotel im Kolonialstil mitten im Fort Canning Park, wo früher mal Offiziere stramm standen. **$$$**

z. B. der Pferdewagen mit der ersten Dampfdruckspritze, die 1884 nach Singapur gelangte. Für Kinder spannend sind die interaktiven Stationen, die vermitteln, was Feuerwehrleute im Dienst erleben. Kostenlose Führungen sind immer samstags um 9 und 10 Uhr, Tickets nur über die SCDF-Website (scdf.gov.sg) erhältlich.

Nur wenige Meter südlich der Feuerwache steht das zweite Kleinod: die fotogene **Old Hill Street Police Station**. Mit ihrem auffälligen Neorenaissance-Baustil und ihren leuchtend bunten Fensterläden ist sie ein beliebtes Fotomotiv (u. a. in Touristenbroschüren). Bei der Fertigstellung 1934 galt das sechsstöckige Gebäude mit seinen über 280 Wohneinheiten als das größte und großartigste seiner Art im malaiischen Raum. Während der japanischen Besatzung war es ein berüchtigtes Verhörzentrum. Heute ist die stillgelegte Polizeistation der Sitz des Ministry of Information, Communications and Arts.

Koloniale Pracht im Raffles Hotel

KARTE 25

Zeitreise ins Gestern und Heute

Außer dem Raffles Hotel ist in Singapur wohl kaum ein Gebäude seit der Kolonialzeit (zumindest außen) weitgehend gleich geblieben. Angefangen hat es 1887 mit zehn Zimmern,

RALF TOOTEN ©

Raffles Hotel

BEST OF RESTAURANTS IN DEN QUAYS

Peony Jade
Das Lokal am Boat Quay zählt wohl zu den besten Dim-Sum-Restaurants vor Ort. Dumplings in vielen Varianten und trendige dampfende *bao*. **$$$**

Botany
Reichhaltiges Büfett mit veganer Kost, außerdem deftige Gerichte wie das scharf gepfefferte Sichuan-*mala*-Hühnchen. **$$**

Pó
Am Robertson Quay; hauseigenes Restaurant des Warehouse Hotel mit lokaler Hausmannkost. **$$**

Braci
Sternerestaurant am Boat Quay mit Dachbar. Moderne italienische Küche, Kochbereich für Gäste einsehbar. **$$$**

SCHLAFEN IN DEN QUAYS

KINN Capsule Hotel
Minimalistisches Kapselhotel im Boat Quay, blitzblank sauber, selbst ein Putzprofi fände hier keinerlei Makel. **$**

Park Regis
Günstige Lage im Clarke Quay; kleine, helle Zimmer, auf dem Dach ein Pool mit Sonnenliegen halb im Wasser. **$$**

The Warehouse Hotel
Hotel im Robertson Quay, schickes Industriedesign, Umbau von einem *godown* (Lagerhaus) von 1895. **$$$**

BEST OF: DACHTERRASSENBARS DER MARINA BAY

Level 33
Behauptet, die weltweit am höchsten gelegene städtische Craftbier-Brauerei zu sein, toller Blick auf die Marina Bay.

CÉ LA VI
Bar auf dem frei herausragenden Dachteil des Marina Bay Sands. Panoramablick!

Smoke & Mirrors
Rooftop-Bar der National Gallery mit freiem Blick auf die Marina Bay und das Padang.

Lantern
Stylische Bar auf dem Fullerton Bay Hotel, herrlicher Blick auf die nahe Marina Bay.

doch rasante Erweiterungen führten zu dem heutigen Prachtbau. In ihrer über 130-jährigen Geschichte erlebte die älteste und kultigste Unterkunft der Insel nur zwei Restaurierungen, erstaunlich für die veränderungsfreudige Stadt. Nach der letzten Renovierung startete das Raffles im August 2019 mit renovierten Suiten, neuen Marmorböden und Hightech in jedem Zimmer. Geblieben sind zum Glück die Neorenaissance-Fassade und die Schotterstraße aus der Pferdekutschenära.

Zugang zu der prächtigen Lobby haben nur Hotel- und Restaurantgäste. Grund genug für einen Abstecher zu diesem Schlummerpalast sind die elfenbeinfarbene Fassade, der berühmte Sikh-Portier und schöne Gelände mit tropischer Flora. Hotelgeschichte ist immer angesagt: Gründer des Raffles waren die Sarkies-Brüder, armenische Einwanderer. Zwei weitere luxuriöse Kolonialhotels folgten: Strand Hotel in Yangon und Eastern & Oriental in Penang. Den berühmten Singapore Sling des Raffles hat der Barkeeper Ngiam Tong Boon 1915 erfunden. Der letzte in Singapur getötete Tiger versteckte sich unter dem Bar & Billiard Room, wo er erschossen wurde. Die Regierung erklärte 1987 das marode Raffles zum Nationaldenkmal. Statt dem geplanten Abriss erfolgte eine 160 Mio. S$ teure Restaurierung und 1991 die glanzvolle Wiedereröffnung.

NOBELRESTAURANTS IM COLONIAL DISTRICT & AN DER MARINA BAY

Odette
Moderne französische Küche in einem mondänen Ambiente in der National Gallery. **$$$**

JAAN
Sternerestaurant mit britisch inspirierter Speisekarte; spektakulärer Ausblick als Kulisse beim Essen. **$$$**

Labyrinth
LG Han kreiert singapurische Gerichte, z.B. Chilikrabben oder Hühnchen mit Reis, in einer neuen Art. **$$$**

KRISBIANTOANDY/SHUTTERSTOCK ©

CHIJMES

PARTY-LOCATION

Zouk
In Singapur bekannt wie ein bunter Hund. Seit fast 30 Jahren vergnügen sich hier unternehmungslustige Nachtschwärmer.

MARQUEE
Exklusiver Club des Marina Bay Sands, mit Riesenrad in voller Größe und einer Rutsche über drei Stockwerke.

Capital
Neuestes Projekt der Zouk-Betreiber, niveauvoller Treffpunkt für ein reifes Publikum. Mindestalter: Frauen 21 und Männer 23 Jahre.

Cherry Discotheque
Retro-Höhle, nur freitags und samstags geöffnet, Musik umfasst Hip-Hop, Techno und Straßenmusik.

Eine Nacht im CHIJMES

KARTE 57

Vom Kloster zum hippen Hotspot für Nachtschwärmer

Wenn das Chichi im Raffles Hotel nervt, geht man einfach hinüber ins CHIJMES, einer historischen Klosteranlage mit coolen Bars und schicken Restaurants. Den historischen Hintergrund vermittelt ein Spaziergang durch die Anlage (Eintritt frei). Er führt in wunderschöne Innenhöfe mit beleuchteten Springbrunnen, vorbei an aufwendig gestalteten Metalltreppen und Buntglasfenstern. Das Gebäude (1854) war ursprünglich eine Klosterschule namens CHIJMES (Convent of the Holy Infant Jesus Middle Education School). Geführt wurde sie von Nonnen eines französischen Ordens. Der Entwurf stammt von dem irischen Architekten George Coleman. Die Anlage weist verschiedene architektonische Stile auf: von anglo-französischer Gotik bis zum neoklassizistischen Stil.

In dem Hauptgebäude, dem Caldwell House, residierte ein Magistratsbeamter, bevor die Nonnen es kauften und darin einzogen. Die anderen Gebäude wurden in späteren Jahren hinzugefügt, bis das Ganze zu dem wurde, was die Singapurer salopp als Stadtkloster bezeichnen. Das Bauwerk rechts neben dem Caldwell House war die CHIJMES Hall genannte

GUTE CAFÉS IM COLONIAL DISTRICT

Glasshouse
Minimalistisches Café im CHIJMES, täglich Frühstücksmenü mit Klassikern wie Brötchen, Brot und Lachs. **$$**

PS.Cafe at One Fullerton
Schöne Lage am Wasser, Filiale der beliebten lokalen Kette, gleiche publikumswirksame Speisekarte. **$$**

Food for Thought
Im National Museum, von lokaler Küche inspirierte Bistrogerichte, wie der Publikumshit Linguine mit Chilikrabben. **$$**

Kapelle. Ihre 648 Säulen haben Kapitelle mit fein gemeißelten Blumen- und Vogelmotiven, die Buntglasfenster bestehen aus 30 000 Stücken belgischer Glasmalerei.

Die Klosteranlage CHIJMES wurde 1983 geschlossen und mit großem Aufwand zum heutigen, gleichnamigen Vergnügungs- und Veranstaltungszentrum CHIJMES umgestaltet. Die herrliche gotische Kapelle dient als Veranstaltungsort für Feste und Hochzeiten, während in die anderen Gebäude Restaurants und Bars mit Livemusik eingezogen sind. Zu den bekanntesten Locations zählen **Simply Jazz by Tin-box** (tinbox.sg) unter der Leitung des lokalen Jazzmeisters Jeremy Monteiro sowie eine Filiale der beliebten Open-Air-Barkette **Privé** (privechijmes.com.sg) und das mit Michelinstern ausgezeichnete **Whitegrass** (whitegrass.com.sg), das klassische französische Küche mit japanischem Touch serviert.

BÜCHERWURM-ALARM!

KARTE 58 59

Die National Central Libray nahe dem Bras Basah Complex passt punktgenau hierher. Schließlich ist dieses Einkaufszentrum in Singapur als Book City bekannt. Bücherwürmer landen in einem Paradies, das Bücherträume erfüllt. In den vollgestopften Buchläden der alten Schule oder Vintageläden wird sicher fast jeder fündig. **Basheer Graphic Books** (basheergraphic.com) ist vom Boden bis zur Decke mit Comics aller Art bestückt. Von Mode bis hin zur Architektur ist alles vertreten. Bei **Cat Socrates** (catsocrates.com.sg) gibt es skurrilen Krimskrams, hübsches Briefpapier und einzigartige Souvenirs.

Nostalgie im MINT Museum of Toys

KARTE 22

Schwelgen in Kindheitserinnerungen

MINT ist zwar ein Spielzeugmuseum, richtet sich aber eher an nostalgische Eltern als an Kinder. MINT (emint.com) steht für: Moment of Imagination and Nostalgia with Toys. Gegründet hat es der Spielzeugsammler Chang Yang Fa (2007). Seine Sammlung umfasst 50 000 Exponate, davon sind rund 8000 ausgestellt. Die Spielzeuge stammen aus 40 Ländern und reichen zurück bis in die 1840er-Jahre. Dazu gehören z. B. seltene Flash-Gordon-Comics und originale Micky-Maus-Puppen.

TOILETROOM/SHUTTERSTOCK ©

MINT Museum of Toys

BEST OF COLONIAL DISTRICT TOURS

The Original Singapore Walks
„Time of Empire" heißt die Tour, die Vergangenheit und Gegenwart der Stadt nahe bringt.

Singapore River Cruise
Flussfahrt vom Clarke Quay zur Marina Bay in einem traditionellen, aus Holz gefertigten Sampan.

Duck Tours
Kreuzfahrt durch den Civic District auf einem umgebauten Amphibienfahrzeug aus dem Zweiten Weltkrieg.

Neben den Spielsachen widmen sich zwei Dauerausstellungen historischen Emaille-Schildern. Das Museum veranstaltet vierteljährliche Wechselausstellungen wie das UNBOX-Programm. Dabei geht es u. a. darum, die unterschiedliche Charakteristik von Generationen anhand ihrer Spielzeuge abzubilden. Dazu werden auch noch nie ausgestellte Exponate der Sammlung gezeigt. Kostenlose Führungen finden jeden Mittwoch um 10.30 oder 15.30 Uhr statt. Ein kleiner Museumsladen verkauft Repliken von Blechspielzeug und Old-School-Spiele.

Lernen und lesen mit Ausblick

KARTE 23

Singapurs coolste Biobliothek

Die futuristische **National Library** (nlb.gov.sg) hat der malaysische Architekt und Ökologe Ken Yeang entworfen. Diese kurvige Denkfabrik besteht aus zwei Türmen aus Stahl und viel Glas, die durch überdachte Brücken miteinander verbunden sind. Der großzügige Referenzbereich und die Lesesäle in den oberen Etagen bieten einen herrlichen Blick über die Stadt. Für die Kids hat die Wald-Kinderbibliothek im Untergeschoss immer spannende Geschichten parat.

Einkaufszentren in Hülle und Fülle

KARTE 60 61

Paradies für Shopper

Im Marina Bay mangelt es nicht an Einkaufszentren, die auch bestrebt sind, Erholungspausen von der tropischen Hitze angenehm zu gestalten. **Suntec City** (sunteccity.com.sg), Teil des monumentalen Kongress- und Ausstellungzentrums, wartet mit mehr als 1000 Geschäften und 300 Restaurants auf. Zu finden sind hier Einzelhandelsgiganten wie Uniqlo, The Body Shop und Nike sowie der Hypermarket Giant. Mit riesigen Trampolinen, Spielarena, Skatehalle und Kletterwand und anderen Aktivitäten hält der Indoor-Erlebnispark SuperPark (superpark.com.sg) Kinder stundenlang auf Trab.

Eine Attraktion in Suntec City ist der Fountain of Wealth (Brunnen des Reichtums), der den Guinnessrekord als der größte Brunnen der Welt hält. Mit seinen vier Bronzebeinen, die einen Bronzering tragen, basiert sein Design auf dem hinduistischen Mandala, das den hohen Wert und die Harmonie aller Rassen und Religionen repräsentiert. Man behauptet, die positive Energie des Brunnens ließe sich absorbieren, indem man dreimal im Uhrzeigersinn darum herumläuft und dabei die rechte Hand über das Wasser streckt. Der Brunnenbereich ist täglich geöffnet (10–12, 14–16 und 18–19.30 Uhr.

Suntec City grenzt an **Marina Square** (marinasquare.com.sg), ein weiteres großes Einkaufszentrum mit mehr als 250 Geschäften, darunter so globale Marken wie Zara, Keen und Massimo Dutti.

Die City Link Line verbindet alle Einkaufszentren mit der MRT-Station City Hall mit ihrem schier endlosen Tunnel voller Einzelhandels- und Lebensmittelgeschäfte. Dieses unterirdische, von dem New Yorker Kohn Pedersen Fox entworfene Einkaufszentrum verbindet Suntec City, Marina Square und die Esplanade – Theatres on the Bay (S. 43).

SHOPS IM MARINA BAY QUAY

Supermama
Mehrere Standorte, darunter im National Museum. Verkauft witzig gestaltete Souvenirs, die sehr beliebt sind.

When I Was Four
Alles hat hier einen lokalen Bezug, von T-Shirts mit Singapur-Motiven bis hin zu Socken mit den Wappentieren (Löwe und Tiger).

Love, Bonito
Ethisch vertretbare Modemarke, gegründet von der Singapurerin Rachel Lim, mehrere Filialen auf der ganzen Insel.

TWG Tea
Lokale, luxuriöse Teehaus-Kette, 23 Filialen in der ganzen Stadt, darunter im Einkaufszentrum vom Marina Bay Sands.

TOP-TIPP

In ganz Singapur wird das chinesische Neujahrsfest gefeiert. Chinatown jedoch steht dabei an der Spitze. Das Viertel versinkt förmlich in traditonellem Rot, der Symbolfarbe für Glück und Glücklichsein. An den beiden Feiertagen sind die Läden und Betriebe geschlossen. Löwentänze, Märkte, Umzüge, rote Laterne und fröhliche Leute in Massen beherrschen das Straßenbild. Die Menschen feiern aber auch zu Hause mit ihrer Familie und anderen Verwandten.

LOCAL TIPP: VERSTECKTE PLÄTZE IN SINGAPUR

Carey Cookson, Reiseleiterin in Singapur, verrät ihre Lieblingsorte in Chinatown, die abseits des touristischen Radars liegen. *janestours.sg/tour-guides/carey-cookson*

Siang Cho Keong Temple
Seit 1868 wird der winzig kleine, aber perfekt gestaltete Taotempel von derselben Familie betrieben. Besonders sehenswert ist der Schrein des Tigergottes.

Ann Siang Hill Water Well
In der Gasse hinter der Amoy Street befindet sich einer der alten Brunnen Singapurs. Um 1900 gab es etwa 4000 davon. Dies ist einer der letzten erhaltenen.

Oasia Hotel Downtown
Architektur und Natur im Einklang: Das Hotelhochhaus ist ein senkrechter Garten. Der Bewuchs aus 21 Kletterpflanzenarten vergrößert das Grün um das Zehnfache.

Chinatown, Tanjong Pagar & der CBD

HERRLICHER MIX AUS ALT UND NEU

Sir T. S. Raffles teilte Singapur nach ethnischen Gesichtspunkten auf. Den chinesischen Siedlern wurde das Gebiet westlich des Singapore River zugewiesen. Jede Dialektgruppe erhielt ein eigenes Areal.

Die Straßen entwickelten ihre eigene Identität, die auf den beruflichen Stärken ihrer Anwohner beruhte. Handel und Landwirtschaft zählten zu den starken Seiten der Hokkien und Teochew. Kompetenz in Handwerk und Bauwesen zeichnete die Kantonesen und Hakka aus. Das Talent fürs Kochen schrieb man den Hainanesen zu. Für die chinesischen Einwanderer war das Leben im kolonialen Chinatown hart. Der Mangel an sauberem Wasser und sanitären Einrichtungen führte zu Krankheit und Tod. Hinzu kamen harte Arbeit und enge Wohnungen. Viele glaubten, in den Opiumhöhlen ihre Glücksmomente zu finden. Zu den ursprünglichen Bewohnern von Chinatown zählten nicht nur Chinesen, was die Moscheen und indischen Tempel im Viertel belegen.

Heute stehen die denkmalgeschützten Shophouses von Chinatown im Schatten der Wolkenkratzer des Finanzviertels, was den einzigartigen Charme des Viertels verstärkt. Verschwunden sind die schmutzigen Gassen, die Opiumhöhlen, die klapprigen Rikschas und improvisierten Imbissstände. An ihre Stelle sind ein effizientes Verkehrssystem, professionelle Hawker-Food-Zentren, regenbogenfarbene Straßenkunst und eine boomende Restaurant- und Barszene getreten.

Nach wie vor zählt Chinatown zu den lebhaftesten Stadtvierteln – von Langeweile keine Spur. Schon vor Sonnenaufgang öffnen die Märkte und die Köche kaufen ein. So richtig zu brummen beginnt das Viertel, wenn die Berufstätigen in den *kopitiams* (Cafés) frühstücken, die Läden öffnen und sich Anwohner zu einer Partie chinesisches Schach treffen. Wenn die Sonne untergeht und die Menschen sich nach getaner Arbeit auf den Heimweg machen, füllen sich die trendigen Bars zur Happy Hour. Die Restaurants und Kneipen öffnen ihre Türen für ihre Stammkunden und all die anderen Gäste.

Linke Seite: Chinesisches Neujahr in Chinatown

NICHT VERSÄUMEN

BABA HOUSE
Das historische, schön restaurierte Haus gewährt einen Einblick in den traditionellen Alltag der Perakana.
S. 64

BUDDHA TOOTH RELIC TEMPLE
Bei der Reliquie, die der buddhistische Tempel hütet, handelt es sich angeblich um einen Zahn Buddhas.
S. 61

SINGAPORE CITY GALLERY
Das Zentrum informiert über die bisherige Entwicklung von Singapur und die Pläne für die Zukunft.
S. 63

CHINATOWN HERITAGE CENTRE
Das Museum widmet sich der Geschichte der Einwanderer, die dem Stadtteil seinen Namen gaben.
S. 62

CHINATOWN, TANJONG PAGAR & DER CBD

siehe Karte Chinatown (S. 62)

HIGHLIGHTS
1 Baba House
2 Pinnacle@Duxton
3 Red Star
4 Tong Mern Sern Antiques

SEHENSWERTES
5 5 Oasia Hotel Downtown
6 People's Park Complex
7 Seng Wong Beo Temple

ESSEN
8 Duxton Hill
9 Everton Park HDB
10 Keong Saik Rd
11 Lau Pa Sat
12 Olivia Restaurant & Lounge

AUSGEHEN & FEIERN
13 No Sleep Club

Red Star Restaurant
CHERRY-HAI/SHUTTERSTOCK ©

Red Star

KARTE S. 60 3

Dim Sum und Nostalgie pur

Für Dim Sum im Hongkong-Stil ist das Red Star perfekt. Das Ambiente des riesigen Gastraumes versetzt in die 1980er-Jahre. Die Bedienungen schieben hier Trolleys mit den Gerichten in einem rasanten Tempo durch das meist überfüllte Restaurant. Also gut aufpassen, um z. B. Schweinefleisch-*bao*, *cheong fun* (Reisnudelrolle) oder *liu sha bao* (*bao* mit gesalzener Eigelbcreme) zu ergattern. Wo es ist? Im 7. Stock eines HDB (Gebäude des Housing Development Board), Block 54 Chin Swee Road (rote Wegweiser). Dim Sum wird nur tagsüber (bis 15 Uhr) serviert.

Buddha Tooth Relic Temple

KARTE S. 62 2

Majestätischer Tempel mit religiösen Relikten

Der buddhistische Tempel wurde 2007 im Tang-Stil erbaut. Seine Attraktion ist der angeblich linke Eckzahn Buddhas. Der Zahn wurde in einem eingestürzten Stupa (buddhistischer Sakralbau) in Mrauk U, Myanmar, entdeckt.

Die Echtheit der Reliquie ist umstritten, dennoch genießt sie VIP-Status – sicher gehütet in einem 320 kg schweren Gold-Stupa in einem schillernd verzierten Raum im 4. Stock.

Weitere religiöse Relikte sind im Buddhismus-Museum im 3. Stock zu sehen. Den ruhigen Dachgarten schmückt ein 10 000-Buddha-Pavillon mit einem riesigem Gebetsrad. Der Eintritt ist frei, respektvolle Kleidung ist ein Muss.

Buddha Tooth Relic Temple

HIGHLIGHTS
1 Anthony the Spice Maker
2 Buddha Tooth Relic Temple
3 Chinatown Heritage Centre
4 Native
5 Singapore City Gallery
6 Singapore Musical Box Museum
7 Sri Mariamman Temple
8 Thian Hock Keng Temple

SEHENSWERTES
9 Ann Siang Hill Water Well
10 Siang Cho Keong Temple

ESSEN
11 A Noodle Story
12 Amoy Street Food Centre
13 Chinatown Complex
14 Cloudstreet
siehe 1 Hawker Chan
15 J2 Famous Crispy Curry Puff
16 Maxwell Food Centre
17 Tippling Club
18 Ya Kun Kaya Toast

AUSGEHEN & FEIERN
19 Club Street
20 Sago House
21 Tea Chapter

Chinatown Heritage Centre

KARTE S. 62 3

Blick in die chaotischer Vergangenheit Chinatowns

Das Chinatown Heritage Centre befindet sich in einem umgebauten Shop-House. Es widmet sich dem düsteren Abschnitt der Geschichte von Chinatown. Die Ausstellungen befassen sich mit vielen historischen Kapiteln. Den Anfang machen die gefährlichen Reisen der frühen chinesischen Siedler Singapurs. Im Weiteren gezeigt wird u. a. die Entwicklung der lokalen Clanverbände und die Bedeutung der Opiumhöhlen, die einst die Gegend prägten. Beeindruckend tief geht es unter die Oberfläche der modernen Chinatown. Wegen Renovierungen wurde das Museum geschlossen. Der genaue Termin der Wiedereröffnung wird auf Facebook (facebook.com/chinatownhc/) veröffentlicht.

Singapore City Gallery

KARTE S. 62 5

Die perfekte Stadt planen

Das moderne Singapur entstand nicht zufällig. Jeder Zentimeter der glitzernden Metropole wurde und wird sorgfältig geplant. In seinen Ausstellungen präsentiert das Zentrum (Eintritt frei) die bisherige und zukünftige Entwicklung der Stad. Ein Highlight ist z.B „Singapore, Vibrant City", ein 270°-Panoramafilm auf einer 12 m breiten Leinwand. Mit 24/7-Blick auf die Insel spiegelt er die Bedeutung von „Heimat Singapur" wider. Audiovisuelle, interaktive und Virtual-Reality-Exponate geben faszinierende Einblicke. Spannend sind auch die Infos der Regierung zu der konsequenten Landgewinnung, den Hochhäusern und der akribischen Stadtplanung. Eine weitere Attraktion ist das Central Area Model, das detailgetreu Singapurs Central District aus der Vogelperspektive darstellt. Das Modell wird ständig aktualisiert, um die Veränderungen in Singapurs Stadtlandschaft zeitnah zu dokumentieren.

Zentrale Stadtteile im Modell , Singapore City Gallery

Pinnacle@ Duxton

KARTE S. 60 2

Blick vom Wohnturm

Gerade mal 6 S$ kostet der Ausflug auf das Dach des Pinnacle@Duxton, des größten öffentlichen Wohnkomplexes der Welt. Das riesige Projekt umfasst sieben 50-stöckige Wohnhochhäuser, die auf zwei Ebenen (26. & 50. Stock) durch Skybridges miteinander verbunden sind. Auf Ebene 2 bietet die Verbindungsbrücke einen Panoramablick weit über die Stadt, den Hafen und das Meer. Der Ticketschalter befindet sich etwas versteckt auf Ebene 1, Block G (wenn vorhanden, sich mit der EZ-Link-Card registrieren). Mit dem Aufzug geht es in die 50. Etage. Dort laden auf Rasenflächen Sessel und Sonnenliegen zum Entspannen ein. Pro Tag sind nur 150 Besucher zugelassen. Der Sonnenuntergang ist die beste Zeit für einen Besuch – sofern das Tageskontingent noch nicht erreicht ist. Das Pinnacle@Duxton zählt zu den immer kühneren architektonischen Statements, die Singapurs Skyline ausmachen. Planung und Ausführung des Projekts sind auf das Ziel gerichtet, den Bedürfnissen des öffentlichen Wohnungsbaus in zunehmend urbanen Umgebungen gerecht zu werden.

Baba House

KARTE S. 60 1

Wundervolles Peranakan-Erbe

Das wunderschöne Baba House in der Neil Road wurde in den 1890er-Jahren erbaut. Es zählt zu den besterhaltenen Häusern des Peranakan-Erbes Singapurs und repräsentiert faszinierende Facetten der Traditionen Singapurs. In dem Reihenhaus lebte der Schiffsmagnat Wee Bin und dann seine Nachkommen, bis die National University of Singapore es erwarb. Die nachfolgende Restaurierung brachte das Gebäude in seine Glanzzeit zurück, die, laut Familie Wee, um 1928 war.

Die hellblaue Front ist eine der wenigen verbliebenen Fassaden mit chinesischem Putz und Porzellanornamenten. Bewunderung gebührt in den Innenräumen dem Mobiliar, den Antiquitäten und den aufwendigen architektonischen Details. Spannend ist die Geschichte des Hauses und ihrer ehemaligen Bewohner, deren Familienfotos die Wände schmücken. Einfach schön sind die reich verzierten Schlafzimmer, wo der *tenong* (Behälter für Hochzeitsgeschenke) einen Ehrenplatz einnimmt.

Die Galerie im 2. Stock informiert über die Forschungsarbeiten sowie die Materialien, die bei der Restaurierung des Hauses zum Einsatz kamen. Ausgestellt sind auch Artefakte, die bei Ausgrabungen vor Ort entdeckt wurden. Hier finden auch Wechselausstellungen zu Peranakan-Themen statt.

Besuche und die Heritage-Tours (Führungen) müssen im Voraus gebucht werden. Es gibt auch Zeitfenster für selbstgeführte Rundgänge. Mehr dazu auf babahouse.nus.edu.sg.nus.edu.sg.

SHOPHOUSE STREETS & EATS

KARTE S. 60 9

Abseits der Touristenpfade lohnt sich auf jeden Fall ein Streifzug durch die Gassen hinter der Neil Road. Hier mangelt es nicht an Shophouses, trendigen Coffee-Shops, Galerien und Streetart. Sehenswert sind in der Everton Road die Wandgemälde mit historischen Motiven. Gemalt hat sie der singapurische Künstler Yip Yew Chong. Gut dazu passt ein Abstecher zum **Everton Park HDB**, einer aufstrebenden Enklave. Hier treffen sich eifrige Kaffee-Blogger und Designjäger in den Cafés, um Third Wave Coffee und leckeres Gebäck zu genießen.

PERANAKAN-ORTE ZUM ERKUNDEN

Wunderschöne Peranakan-Shophouses gibt es auch in der Petain Road in Jalan Besar (S. 84) und der Koon Seng Road in Joo Chiat (Katong; S. 103), dem Herzen der Singapurer Peranakan-Gemeinde. Ideal, um diese faszinierende Kultur kennenzulernen, ist das Peranakan Museum (S. 51).

JASON KNOTT/ALAMY STOCK PHOTO ©

Baba House

So schmeckt's den Locals

KARTE S. 62 4

Essen und trinken à la Singapur

Geleitet wird die etwas versteckt liegende Bar von einem Meister seines Fachs, dem Barkeeper Vijay Mudaliar. Als die Bar 2016 in der Hotspot-lastigen Amoy Street öffnete, war sie schnell Stadtgespräch. Cocktailkennern schmeckten die ständig wechselnden Kreationen, gemixt aus überregionalen Spirituosen, z. B. thailändischem Rum und Arrak aus Sri Lanka, sowie lokalen Zutaten. Bald ist ein Restaurant im Erdgeschoss hinzugekommen. Dort locken kunstvoll zubereitete Happen, in denen lokale und überregionale Aromen verschmelzen. Gäste dürfen einen Blick in das Fermentationslabor in der 2. Etage werfen, wo der magische Zauber der Cocktails kreiert wird.

Sri Mariamman Temple

Sri Mariamman Temple

KARTE S. 62 7

Singapurs ältester Hindutempel

Singapurs ältester Hindutempel, der Sri Mariamman Temple, entstand 1823. Doch schon 1843 wurde er aus anderen Materialien völlig neu aufgebaut. Der *gopuram* (Turm) am Eingang stammt aus den 1930er-Jahren. Er prägt den südindischen dravidischen Baustil des Tempels. Geradezu übersät ist er mit bunt bemalten mythologischen Figuren. Dazu zählen Brahma, Vishnu und Shiva – sie verkörpern die Dreieinigkeit des Schöpfers, Bewahrers und Zerstörers. Skulpturen heiliger Kühe schmücken die Wände des Tempels. Jedes Jahr im Oktober veranstaltet der Tempel das Thimithi-Festival, bei dem Hindu-Anhänger ihren Glauben bezeugen, indem sie über glühende Kohlen laufen.

Thian Hock Keng Temple

KARTE S. 62 8

Ein heiliger Hokkien-Ort voller Symbole

Chinatowns ältester und bedeutendster Hokkien-Tempel bildet eine Oase der Ruhe. Erbaut wurde er von 1839 bis 1842. Für chinesische Seeleute war er ein beliebter Anlegeplatz, bevor dem Meer Land abgerungen wurde. Gestaltungsmerkmale mit symbolischem Charakter prägen den Tempel: Die Steinlöwen am Eingang halten böse Geister fern. Für Frieden und frohe Botschaft stehen die gemalten Phönixe und Pfingstrosen in der Mittelhalle. Bei der Restaurierung von 1998 fand man unter einem Dachbalken eine Schriftrolle des Qing-Kaiser Guangxu mit Segensworten für Singapurs chinesische Gemeinde. Das auffallende, 44 m lange Wandgemälde des Künstlers Yip Yew Chong an der rückwärtigen Fassade widmet sich der Geschichte der Hokkien-Einwanderer.

Anthony the Spice Maker

Anthony the Spice Maker

KARTE S. 62 ❶

Singapurer Gewürze zum Mitnehmen

Welche Aromen verleihen den singapurischen Gewürzmischungen ihren typischen Geschmack? Das lässt sich in dieser Gewürzschatztruhe erkunden. Anthony, Gewürzmacher in zweiter Generation, und seine Tochter bieten in ihrem Laden eine große Auswahl an geradezu berauschend duftenden Gewürzen und Gewürzmischungen. Freundliches Personal sorgt für eine gute Beratung. Köstlich sind die Mischungen Curry Powder Singapura und Meat Rendang.

Singapore Musical Box Museum

KARTE S. 62 ❻

Schätze der Instrumentengeschichte

Wer Spieluhren liebt, kann hier eine faszinierende Reise durch ihre Geschichte antreten und sich von ihren zeitlosen Klängen verzaubern lassen. Manche der ausgestellten mechanischen Musikinstrumente sind über zwei Jahrhunderte alt. Die Exponate reichen von der ersten Spieldose über fantasievoll gestaltete Spieluhren bis hin zu schrankgroßen Musikautomaten. Solch ein Automat sollte auf der *Titanic* die Gäste unterhalten, doch der Spediteur verpasste das Unglücksschiff. Insbesondere Jugendliche werden staunen, wie die Vorläufer des iPod aussahen (Führungen unter singaporemusicalboxmuseum.org).

Tong Mern Sern Antiques

KARTE S. 60 ❹

Nostalgische Schätze in Hülle und Fülle

Zwischen all den gepflegten Shophouses entlang der Craig Road hat der Zeitgeist den Antiquitätenladen Tong Mern Sern wohl vergessen. Diese Höhle voller staubiger Möbel, Bücher, Schallplatten, Holzschnitzereien, Porzellan und allerlei Krimskrams ist eine Fundgrube für die Jagd nach Singapurs nostalgischen Schätzen.

Darüber hinaus gibt es eine Werkstatt, in der längst vergessene alte Stücke repariert und restauriert werden.

Statt aufdringlicher Verkaufsgespräche wird in dem Laden über einen eventuellen Kauf freundlich miteinander geplaudert.

Ein Transparent über der Ladentür verkündet: (übersetzt): „Wir kaufen Schrott und verkaufen Antiquitäten. Manche Narren kaufen. Manche Narren verkaufen.“ Vernunft ist hier wohl angebracht.

EIN SCHÖNER SPAZIERGANG DURCH TIONG BAHRU

Ein Spaziergang ist ideal, um die Atmosphäre in Singapurs erster staatlich finanzierter Wohnsiedlung zu erspüren. Den Anfang macht das ❶ **Tiong Bahru Market & Food Centre** mit Frischmarkt im Erdgeschoss und Hawker Centre im Obergeschoss. Ein kurzer Gang durch die Eng Hoon Street führt zur ❷ **Tiong Bahru Bakery**, die mit gutem Kaffee und Gebäck lockt. Weiter die Straße hinunter steht an der ersten Kreuzung der ❸ **Qi Tian Gong Temple**. Er ist dem Affengott gewidmet. Ein Katzensprung davon entfernt ist das ❹ **Ah Chiang's**, ein *kopitiam* (Café) im Retrostil. Sein auf Holzkohlefeuer zubereiteter Porridge ist ein Hit. Auf dem Weg Richtung Yong Siak Street fasziniert die industriell inspirierte Architektur der 1920er-Jahre. In den Gebäuden spiegeln sich Gestaltungselemente der Autos, Züge, Schiffe und Flugzeuge jener Zeit wider. In der Yong Siak Street warten angesagte Läden: die Modeboutique ❺ **Nana & Bird** und der charmante Kinderbuchladen ❻ **Woods in the Books** sowie der skurrile ❼ **Cat Socrates**, der alles „rund um die Katze" verkauft. Nach einer Kurve folgt das Old-School-Nudelgeschäft ❽ **Hua Bee**. Geheimtipp fürs Mittagessen: die Auffahrt zum Parkplatz hinaufgehen und nach links abbiegen, dort führt die zweite Tür zu der coolen Yakitori-Bar ❾ **Bincho**. Durch die Seng Poh Road geht es dann wieder Richtung Market and Food Centre. Unterwegs lohnt sich ein Abstecher in die stille Seng Poh Lane, um das Wandgemälde ❿ **„Bird Singing Corner"**, zu betrachten. Es erinnert an frühere Zeiten, als die Bewohner ihre Singvögel hierher brachten, um sie singen zu hören.

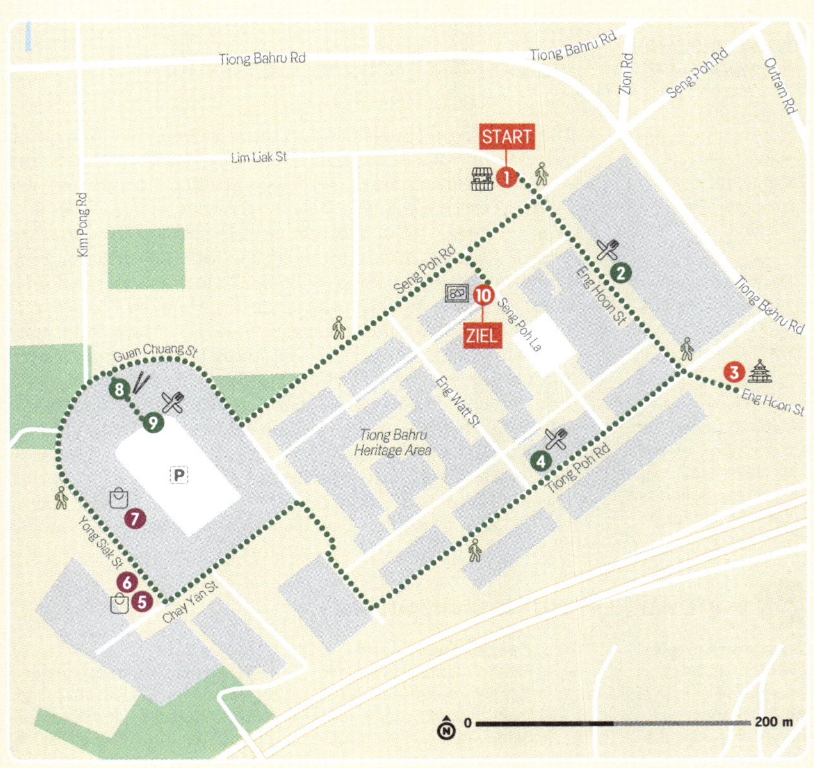

Amoy Street Food Centre

HAWKER-STÄNDE IN CHINATOWN

A Noodle Story
Bowls mit kochend heißer, samtiger Ramen-Brühe – mit singapurischem Touch. $

Hawker Chan
Der Michelinstern ist wieder da. Der Reis mit Huhn ist nach wie vor spitze. $

J2 Famous Crispy Curry Puff
Die knusprigen, currygelben Taschen sind ein beliebter Singapurer Snack. Sehr lecker: mit Huhn gefüllt. $

MEHR IN CHINATOWN, IN TANJONG PAGAR & IM CBD

Hawker der nächsten Generation

KARTE S. 62 12

Zukunftsmusik in der Hawker-Küche

Die Hawker-Kultur gehört zur kulinarischen DNA Singapurs. Mit Fug und Recht steht dieser Teil der lokalen Food-Szene seit 2020 auf der Liste des immateriellen Kulturerbes der UNESCO. Seit die ältere Hawker-Generation zunehmend in den Ruhestand geht, befürchten viele Singapurer, dieses integrale Element ihrer nationalen Identität zu verlieren. Eine neue Hawker-Generation stellt sich jedoch der Herausforderung. Leckere, moderne Gerichte zu günstigen Preisen verbindet sie mit traditionellen Rezepten, denen sie damit eine innovative Finesse verleiht. Im **Amoy Street Food Centre** in Chinatown, einem Hort für Hawker der nächsten Generation, finden sich plakative Beispiele. Die jungen Köche Gwern Khoo und Ben Tham vom **A Noodle Story (01-39)** glänzen mit Ramen im Singapur-Stil. Purer glückseliger Genuss in einer Schüssel sind ihre japanischen Ramen mit *wanton mee* (Nudeln) und pochiertem Ei mit Sojasauce. Häufig ist dieses Gericht schon weit vor Ladenschluss ausverkauft. Herausra-

BESTE HAWKER CENTRES IN CHINATOWN

Chinatown Complex
Ein Hardcore-Erlebnis: dieses Hawker-Labyrinth mit 260 Ständen. Bärenhunger mitbringen! $

Maxwell Food Centre
Eines der übersichtlichsten Hawker Centres in Chinatown, perfekt, um Hawker-Schnäppchen zu kosten. $

Lau Pa Sat
Schmiedeeiserne Architektur. Abends verwandeln unzählige Satay-Verkäufer das Terrain in die berühmte „Satay Street“. $

gend ist auch **Lagoon in a Bowl (01-48)** mit seinem Sous-vide-Lachs in einer „Lagune“ aus blauem Schmetterlingserbsen-Reis. Den bescheidenen Getränkestand **Coffee Break (02-78)** hat ein Geschwistertrio von seinem Vater übernommen. Ihre innovativen Kreationen sind singapurischer *kopi* (Kaffee) mit schwarzem Sesam oder mit Ginger Milk Tea. Mit etwas Glück wird die einfallsreiche junge Hawker-Generation Singapurs Gastro-Szene weiterentwickeln und Einheimische wie Touristen gleichermaßen begeistern.

Frühstück der Nation

KARTE S. 62, 18

Womit Locals in den Tag starten

Ein singapurisches Frühstück ist aus Sicht der Einheimischen ein perfekter Start in den Tag. Und das gehört auf den Frühstückstisch: zwei weich gekochte Eier (flüssiges Eigelb und durchsichtiges Eiweiß), geröstete Brotscheiben, bestrichen mit gesalzener Butter und sehr viel *kaya* (süße, cremige Marmelade aus Kokosnuss und Eiern) sowie starker *kopi* (Kaffee). Die Eier werden in einer Schüssel mit ein paar Spritzern dunkler Sojasauce und einer Prise weißen Pfeffer vermischt. Dann das Kaya-Brot eintunken und genießen. Zu empfehlen für dieses Singapurer Traditionsfrühstück ist das **Ya Kun Kaya Toast** in der China Street. Echt witzig sind die Reklameposter für singapurischen Kaffee in diesem Laden.

Teezeremoniell à la Singapur

KARTE S. 62 21

Die Kunst des Teetrinkens

Singapurs althergebrachte Tee-Szene hat ein großes Herz. Traditionelle Teehäuser und *kopitiams* existieren in friedlicher Eintracht mit trendigen Bubble-Tea-Shops und modernen eleganten Teesalons. Für jeden Geschmack findet sich etwas Passendes. Eine Teeverkostung auf hohem Niveau bietet das **Tea Chapter**. Das ruhige Teehaus befindet sich in der Nähe der MRT-Station Maxwell, Ausgang 3. Das Eintauchen in die komplizierte Kunst der klassischen chinesischen Teekultur animiert dazu, das eigene Teeritual zu Hause anders zu gestalten. Das Teehaus verkauft auch Tees und schönes Teegeschirr – in einer verführerisch großen Auswahl.

HOCHZEIT IM JENSEITS

KARTE S. 60 7

Der **Seng Wong Beo Temple** liegt versteckt hinter hohen Metalltoren neben der MRT-Station Tanjong Pagar. Der kleine Tempel ist dem chinesischen Stadtgott geweiht. Als ihr göttlicher Beschützer hat er die Aufgabe, den Wohlstand der Stadt zu sichern. Zudem soll er die Seelen Verstorbener sicher in die Unterwelt führen. Seng Wong Beo ist der einzige Tempel in Singapur, in dem noch Geisterhochzeiten stattfinden. Dieser alte Ritus soll Eltern dabei helfen, Ehen für ihre verstorbenen Kinder im Jenseits zu arrangieren. Der Tempel hütet beeindruckende Bräuche und Glaubensvorstellungen, die von jeher in der chinesischen Kultur und deren spirituellen Traditionen tief verwurzelt sind.

BESTE UNTERKÜNFTE IN CHINATOWN

Parkroyal on Pickering
Ein markantes architektonisches Statement inmitten von hängenden Gärten mit Kanälen und Wasserfällen. $$$

KēSa House
Modernes Boutique-Hotel im Gourmetviertel Keong Siak; nimmt zehn historische Shophouses in Beschlag. $$

Wink
Modernes Kapsel-Hostel mit dem Haupthaus in der Mosque Street und einem Ableger in der Upper Cross Street. $

HOTSPOTS FÜR FOODIES

Club Street
Barszene im Herzen der Stadt, für den Feierabenddrink rücken Massen an, vor allem freitags.

Amoy & Telok Ayer Streets
Tummelplatz für Foodies, mit schicken Restaurants, coolen Cafés, Hawker-Leckereien und hippen Bars.

Keong Saik Road
Abwechslungsreiche, pulsierende Enklave, vollgepackt mit tollen Restaurants und erstklassigen Bars.

Duxton Hill
Grüne Oase mit Wegen aus Kopfsteinpflaster; Leute, die gern entspannt im Freien essen und trinken, bilden hier die Mehrheit.

Street-Art für das historische Erbe

KARTE S. 62 8

Kunstwerke, die Geschichte(n) erzählen

Unaufhaltsam läuft in Singapur der Übergang vom Alten zum Neuen auf Hochdruck. Inmitten des Fortschrittstrubels hält der Künstler Yip Yew Chong mit seinen detaillierten 3D-Darstellungen von Singapur einen Hauch vom Gestern lebendig. Ursprünglich war YC ein Finanzangestellter und konnte nur am Wochenende malen. Seit 2018 widmet er sich voll und ganz seiner Kunst. Seitdem tauchen überall in der Stadt (genehmigte) Wandmalereien auf, vor allem im kulturreichen Stadtteil Chinatown. Eines seiner eindrucksvollsten Wandgemälde, ein 44 m großes Meisterwerk, schmückt die rückwärtige Fassade des **Thian Hock Keng Temple**. Es erzählt die Geschichte der Hokkien-Einwanderer. In der nahe gelegenen Mohamed Ali Lane dokumentiert eine weitere Kreation YCs Anliegen. Auch in der Temple Street und Smith Street finden sich zahlreiche ausdrucksstarke Werke des Künstlers. Unbedingt sehenswert ist das farbenfrohe, dramatische Wandbild *Cantonese Opera* an der Kreuzung von Temple Street und South Bridge Road. Auch das hippe Viertel Tiong Bahru rühmt sich mit zahlreichen Wandmalereien von YC. Berühmt ist u.a. **Bird Singing Corner** (S. 67) in der Song Poh Lane. *Pasar* und *Fortune Teller* sind in den benachbarten Gassen zu entdecken. In etliche Wandbilder hat YC interaktive Elemente eingebunden, z.B. einen Stuhl oder eine Sitzbank. Sie laden ein, beim Fotografieren Teil der historischen Szene zu sein. Auf der Website von YC (yipyc.com) gibt es eine tolle bebilderte Liste mit den Standorten.

TEMPELMAUERN HABEN VIEL ZU ERZÄHLEN
Die rückwärtige Fassade des **Thian Hock Keng Temple** nutzte Yip Yew Chongs als Leinwand für sein prächtiges 44 m großes Wandgemälde. Unbedingt auch den Tempel anschauen: Er ist ein architektonisches Meisterwerk von hoher kultureller Bedeutung.

BESTE COCKTAIL-SPOTS IN CHINATOWN

Native
Überraschende Kreationen von lokalen und innovativen Zutaten ergeben Spitzencocktails.

No Sleep Club
An den Start ging No Sleep als Pop-up-Bar, heute ist es ein etablierter Star in Singapurs Barszene. Willkommen imClub!

Sago House
Hier werden ständig neue Mixturen serviert.

Shopping-Spot der Locals

KARTE S. 60 6

Nachbarschaft mit Herz und Kommerz

Mit seiner markanten grün-gelben Fassade überragt der ikonische **People's Park Complex** seit den 1970er-Jahren das Zentrum von Chinatown. Das Gebäude im brutalistischen Baustil besteht aus einem sechsstöckigen Podium mit Geschäften und Büros, auf dem ein 25-stöckiger Wohnblock thront. Als architektonisches Wunder seiner Zeit angekündigt, ist das Bauwerk heute ein integraler Bestandteil der Skyline Singapurs. Mit seiner bunten Mischung aus Marktständen, Geschäften, Restaurants und Wohnungen geht es in dem Komplex zu wie in einem Bienenstock. Kultur, Handel und Gemeinschaft verschmelzen zu einer dynamischen Einheit. Die Erkundung des riesigen Komplexes gleicht einer kulturellen Odyssee, umhüllt vom berauschenden Duft von Tiger Balm. Den Marktständen im Erdgeschoss folgen Stände, die Reflexzonenmassage preisgünstig anbieten, sowie Apotheken für Traditionelle Chinesische Medizin. Wahre Fundgruben sind die Läden, die alles von Textilien über Elektronik bis hin zu traditionellen chinesischen Antiquitäten verkaufen. People's Park ist auch ein Dreh- und Angelpunkt für kulturelle Veranstaltungen und Feiern aller Art, was zu dem stetigem Trubel in dem Komplex beiträgt. Fotoverrückte sollten sich auf das Dach des Gebäudes begeben – genauer gesagt: auf den Parkplatz auf Ebene sechs (Beschilderung folgen). Die Ecke des Parkplatzes ist auch ein perfekter Aussichtspunkt für den Blick auf die Skyline der Stadt. Der People's Park Complex zählt zu den meistfotografierten Motiven der Stadt.

SINGAPURISCH KOCHEN

Wem das berühmte singapurische Essen schmeckt, kann im **Food Playground** lernen, es selbst zuzubereiten. Das Kursprogramm umfasst Klassiker wie z. B. *laksa* (Kokosmilchsuppe mit Reisnudeln), *nasi lemak* (Kokosnussreis) und *char kway teow* (gebratene Reisnudeln mit Muscheln, chinesischer Wurst und dunklen Saucen). Neben der Kochanleitung geht es auch um die Geschichte der Gerichte und Informationen über die lokalen Zutaten. Die sehr beliebten Kurse dauern in der Regel drei Stunden. Frühzeitige Buchung ist unerlässlich, unter foodplayground.com.sg oder per QR-Code.

Scannen und Kurs buchen.

N8ALLEN/SHUTTERSTOCK ©

Thian Hock Keng Temple

BESTES GOURMETESSEN IN CHINATOWN

Cloudstreet
Eine kulinarische Erlebnisreise von 2½ Stunden, die keiner missen möchte oder gar vergisst. **$$$**

Olivia Restaurant & Lounge
Verführerische Gericht, von der katalanischen und mediterranen Küche inspiriert – Singapur grüßt Barcelona. **$$$**

Tippling Club
Hier werden die Grenzen zwischen modernen Kochtechniken und überraschenden Aromen ausgelotet. **$$$**

Little India & Kampong Glam

FARBENFROHE ENKLAVEN MIT VIEL GESCHICHTE

Little India entstand ursprünglich als Siedlung indischer Einwanderer, die in der Kolonialzeit hierkamen. Sie kamen auf der Suche nach Arbeit in Branchen wie dem Bauwesen, dem Handel oder auf Plantagen.

Im Lauf der Zeit entwickelte sich das Gebiet zu einem lebhaften Mittelpunkt von Handel und Kultur, wobei die Serangoon Road, gesäumt von Läden und Restaurants, zur Hauptgeschäftsstraße wurde. Tempel wie Sri Veeramakaliamman und Sri Srinivasa Perumal entstanden und wurden zu bedeutenden Wahrzeichen. Das Herz von Little India liegt in den lebendigen, nach Jasmin duftenden Gassen zwischen Serangoon Road und Jalan Besar, es erstreckt sich von der Campbell Lane im Süden bis zur Syed Alwi Road im Norden. Am besten sind die Anblicke, Gerüche und Geräusche in den Gassen zu Fuß zu erleben. Die Hauptattraktion ist das preiswerte indische Essen, dicht gefolgt von Einkaufsbummeln und Tempelbesuchen. Ein großer Appetit und die Bereitschaft zu kulinarischen Abenteuern sollten mitgebracht werden.

Ein Fußweg von 15 Min. südwestlich auf der Ophir Road oder eine MRT-Fahrt (ab Haltestelle Bugis) führt zum Viertel Kampong Glam, oft Arab Street genannt. Der Name Kampong Glam entstammt der malaiischen Sprache: *kampong* bedeutet „Dorf", *glam* bezieht sich wahrscheinlich auf den Kajeputbaum, den es in der Gegend häufig gab und der für den Bootsbau verwendet wurde. Um 1800 war es ein muslimisches Viertel, Heimat des Sultans von Johore und einer Gemeinde von Arabern, Bugis und Einwanderern aus Java und Bawean, dem heutigen Indonesien. Eine Mischung der islamischen und neuen Generation, Heimstätte von Moscheen, Third-Wave-Cafés und Boutiquen. Haji Lane, die Hauptstraße, ist am Spätnachmittag am reizvollsten, wenn sich die Straßen mit Menschenmassen, pulsierender Musik und Kneipengängern füllen.

Oben: Haji Lane, Kampong Glam (S. 81); Rechts: Das Haus von Tan Teng Niah (S. 78)

NICHT VERSÄUMEN

INDIAN HERITAGE CENTRE
Ein kulturelles Schmuckstück, das die Ursprünge und das reiche Erbe der indischen Gemeinde Singapurs repräsentiert.
S. 77

SRI VEERAMAKALIAMMAN TEMPLE
Der stimmungsvollste hinduistische Tempel in Little India ist der strengen Göttin Kali geweiht.
S. 78

SULTAN MOSQUE
Der Mittelpunkt von Kampong Glam wirkt mit seiner goldenen Kuppel wie eine Illustration zu einem Märchenbuch.
S. 75

ATLAS BAR
Prunkvolle Cocktaillounge im Stil des Art déco mit einem überwältigenden 12 m hohen Gin-Turm.
S. 81

HIGHLIGHT

Little India und Kampong Glam zeigen sich am späten Nachmittag oder frühen Abend von ihrer quirligsten Seite. Sonntags sind die Straßen von Little India voller Menschen; viele haben nur an diesem Tag der Woche frei, vor allem die indischen Arbeiter.

LOCAL TIPPS

Anil Gawade, Hauptgeschäftsführer beim Body Fit Training Farrer Park, verrät seine Lieblingsplätze in diesen Viertel.

Wan Yang Foot Reflexology
Der beste Ort, um zu entspannen und völlig schmerzfrei zu werden. Sonderangebote tragen zur Entspannung bei.

Coba Kedai Kopi
Dieser Anbieter von *nasi padang* (Reis mit Currysoßen und Beilagen) hat eine riesige Auswahl von Gerichten, die schnell ausverkauft sind! Nicht versäumen: *sambal belacan* (Chilipaste nach malaiischer Art)!

Bakehaus
Die wunderbaren weichen Brotlaibe sind perfekt für die tägliche Kohlenhydratdosis. Croissant oder kein Croissant? Die Frage stellt sich hier nicht.

Whiskey Library
Mit einer Auswahl von über 1000 Whiskys ist dieser Ort perfekt für einen Absacker.

HIGHLIGHTS
1 Former House of Tan Teng Niah
2 Gelam Gallery
3 Hill Street Tai Hwa Pork Noodle
4 Indian Heritage Centre
5 Kotuwa
6 Malay Heritage Centre
7 Mustafa Centre
8 Parkview Square
9 Sri Srinivasa Perumal Temple
10 Sri Veeramakaliamman Temple
11 Sultan Mosque

SEHENSWERTES
12 Hajjah Fatimah Mosque
13 Jalan Besar (Shoppen)
14 Jalan Besar (Bars)
15 Kwan Im Thong Hood Cho Temple
16 Petain Road Terraces

AKTIVITÄTEN & TOUREN
17 Amrita Ayurveda & Yoga
18 Ayush Ayurvedic

ESSEN
19 Char
20 Komala Vilas
21 Lagnaa Barefoot Dining
22 Lunar Rabbit Boulangerie
23 Meatsmith Little India
24 Sungei Road Laksa
25 Swee Choon Tim Sum
26 Two Bakers

AUSGEHEN & FEIERN
27 Antea Social
28 Asylum Coffeehouse
29 Brawn & Brains Coffee
30 Chye Seng Huat Hardware
31 Druggists
32 Habitat Coffee
33 Whiskey Library & Jazz Club

SHOPPEN
34 Conformity
35 Loop Garms
36 Stakeout
37 Tekka Centre
38 Thandapani Co

Malay Heritage Centre

Malay Heritage Centre

KARTE S. 74, 6

Herrschaftlicher Königspalast

Das Gebiet von Kampong Glam ist die historische Stätte des malaiischen Königshauses, das hier vor der Ankunft von Stamford Raffles residierte. Der *istana* (Palast) wurde für der letzten Sultan von Singapur, Ali Iskandar Shah, 1836–43 errichtet. In dem Gebäude befindet sich seit 2015 ein Museum (malayheritage.gov.sg) für die malaiisch-singapurische Geschichte; u. a. stehen die frühe Einwanderung von Händlern nach Kampong Glam sowie die Kultur Malaysias und Singapurs im Mittelpunkt. Nach Umbauarbeiten soll es 2025 wieder eröffnet werden.

Sultan Mosque

KARTE S. 74, 11

Mittelpunkt von Kampong Glam

Die größte Moschee Singapurs scheint einer Erzählung aus 1001 Nacht zu entstammen. 1824 entstand sie mit der Unterstützung von Raffles und der East India Company nach einem Abkommen zwischen Raffles und dem Sultan von Singapur, das dem malaiischen Herrscher die Souveränität über das Gebiet zugestand. Der Bau im indo-sarazenischen Stil besitzt eine goldene Kuppel. 1928 wurde die einstige Moschee durch das heutige Bauwerk ersetzt, das ein irischer Architekt entworfen hat. Nicht-Muslime werden gebeten, die Gebetshalle nicht zu betreten; alle Besuchern müssen angemessen gekleidet sein.

Sultan Mosque

Kwan Im Thong Hood Cho Temple

KARTE S. 74, 15

Tempel des Glücks

Begleitet vom lebhaften Klappern der *chien tung* (chinesischen Orakelstäbchen), ist dies einer der meistbesuchten Tempel Singapurs. Er ist der Gnadengöttin Kuan Yin (Guanyin) geweiht und wird als Tempel aller Glücksuchenden verehrt. Die farbenprächtige Fassade steht beispielhaft für einen im späten 19. Jh. beliebten Baustil mit grandiosen Pagodendächern und schmuckvollen Reliefs, die Motive wie Drachen, Phönixe und Seerosen, zeigen. Am Eingang wimmelt es von Blumenhändlern. Am oberen Ende der Straße reiben Gläubige in der Hoffnung auf eine Extraportion Glück den Bauch eines Buddha Maitreya (Buddha der Zukunft) aus Bronze. In einem singapurisch anmutenden Pragmatismus verrichten Gläubige ihre Gebete zusätzlich noch im vielfarbigen Hindu Sri Krishnan Temple nebenan.

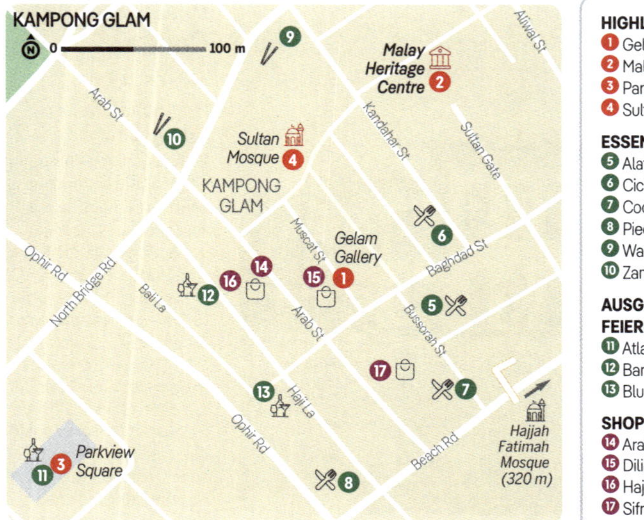

HIGHLIGHTS
1 Gelam Gallery
2 Malay Heritage Centre
3 Parkview Square
4 Sultan Mosque

ESSEN
5 Alaturka
6 Cicheti
7 Coconut Club
8 Piedra Negra
9 Warong Nasi Pariaman
10 Zam Zam

AUSGEHEN & FEIERN
11 Atlas
12 Bar Stories
13 Blu Jaz Café

SHOPPEN
14 Arab Street
15 Dilip Textiles
16 Haji Lane
17 Sifr Aromatics

Sri Srinivasa Perumal Temple

KARTE S. 74, 9

Ein hoher, bunter Tempel

Der Tempel, 1855 erbaut, ist dem hinduistischen Gott Vishnu geweiht, der den Ausgleich von Gut und Böse bewirkt. 1966 wurde ein 20 m hoher – und 300 000 $ teurer – *gopuram* (Turm) hinzugefügt, der den herrschaftlichen Anblick noch erhöht. Innen befinden sich Statuen von Vishnu, Lakshmi und Andal sowie Vishnus Reittier, dem Vogel Garuda. Dem Tempel kommt während des alljährlichen Thaipusam-Fests eine große Bedeutung als Ausgangsort farbenfroher und zugleich schauerlicher Umzüge zu: Zum Zeichen ihrer standhaften Frömmigkeit durchbohren sich viele Teilnehmer mit Haken und Nadeln.

Mustafa Centre

KARTE S. 74, 7

Prächtige Mall mit tollen Angeboten

Es gilt als das Epizentrum der Schnäppchenjagd in Singapur: Im labyrinthischen Mustafa Centre ist praktisch alles zu kaufen. Von Goldschmuck bis Elektronik, von Stoffen bis Mode, von Taschen bis Schönheitspflegeprodukten – seine sechs Etagen sind bis unter die Decke vollgepackt. Außerdem gibt es Geldwechsler und einen großen Supermarkt mit einer riesigen Auswahl. Wer keine Menschenmengen mag, sollte die feierabendliche Stoßzeit meiden und schon gar nicht sonntags herzukommen. Ansonsten sollte man mehrere Stunden einplanen. Wieder im Freien angelangt, sollte das nächste Ziel das Mustafa-Café an der Syed Alwi Road zu einer Tasse Tee sein.

Kotuwa

KARTE S. 74, 5

Kulinarische Reise nach Colombo

In das Hotel Wanderlust aus den 1920er-Jahren integriert, ist das **Kotuwa** ein gastronomisches Juwel, gegründet von Rishi Naleendra (an dessen Außenposten in Chinatown, Cloudstreet, derzeit zwei Michelin-Sterne prangen). Hier gehen Gäste auf eine Reise nach Naleendras Heimat Sri Lanka und werden von Meisterhand mit einem Mix von Aromen und Texturen verwöhnt, bei dem die feinsten Zutaten eingesetzt werden. Ein guter Einstieg ist die Auswahl von „short eats", auf die von Streetfood inspirierte Rotis und duftende Currys folgen können. Anstelle von Reis bieten sich Colombo-Hoppers an, am besten eine Variation mit Ei, dazu *sambals* und eingelegte Speisen. Die Cocktail-Auswahl ist exotisch.

Indian Heritage Centre

KARTE S. 74, 4

Die Ursprünge von Little India

Die Ursprünge und das reiche Erbe der indischen Gemeinde Singapurs sind in diesem hochmodernen Museum (indianheritage.gov.sg) zu erleben. Das Museum ist planvoll in fünf faszinierende Themenbereiche unterteilt, jeder bietet eigene Blickwinkel in die indische Kultur und ihre tiefgreifenden Einflüsse auf Singapur. Beim Erkunden der umfangreichen Sammlung historischer Artefakte, Karten, Archivmaterialien und multimedialer Ausstellungen können Besucher tief in die frühen Wechselwirkungen zwischen Süd- und Südostasien eintauchen, kulturelle Traditionen Indiens kennenlernen und den unschätzbaren Beitrag ermessen, den die indischen Singapurer zur Entwicklung des Stadtstaates geleistet haben. Eine der herausragenden Attraktionen ist eine Eingangstür im Chettinad-Stil (19. Jh.), die mit 5000 komplizierten Schnitzereien verziert ist – ein Beispiel für die exquisite Handwerkskunst der Vergangenheit. Der Baustil des Museums bezieht Inspirationen vom *baoli* (einem indischen Stufenbrunnen) in der Hauptfassade ein, einem Spiegelbild der Treppenflucht im Brunnen, die zum Wasserspiegel hinabführt. Neben den Ausstellungen gibt es ein Besucherzentrum, einen Dachgarten und Räume für Aktivitäten. Bei Sonnenuntergang vollzieht sich an der lichtdurchlässigen Fassade eine magische Transformation, indem ein hypnotisches Wandbild zum Vorschein kommt, das prachtvollen Tapisserien gleicht.

Skulptur des Hindu-Gottes Aravan, Indian Heritage Centre

OASE DER GEWÜRZE

KARTE S. 74, 38

Ein Spaziergang durch die Dunlop Street, direkt hinter dem Indian Heritage Centre gelegen, führt zum legendären Gewürzgeschäft **Thandapani Co.**

Wenig hat sich hier verändert, seit das Geschäft in den 1960er-Jahren eröffnet wurde; immer noch ist es mit Jutesäcken ausstaffiert, die mit Chilis, Fenchelsaat und anderen indischen Grundzutaten gefüllt sind.

Es gilt als eines der besten Gewürzhandlungen in der Stadt: Hier sind Hobby- und Profiköche gleichermaßen häufig anzutreffen; sie ergänzen ihre Vorräte an Ingredienzen, die nirgends sonst zu finden sind.

BULE SKY STUDIO/SHUTTERSTOCK ©

Das ehemalige Haus von Tan Teng Niah

Haus von Tan Teng Niah

KARTE S. 74, 1

Eine vielfarbige chinesische Villa

In der Nähe des Tekka Market steht ein zweistöckiger chinesischer Bungalow in allen Farben des Regenbogens, das einstige Wohnhaus des Geschäftsmannes Tan Teng Niah. Das Haus stammt aus jener Zeit, als chinesische Gewerbebetriebe zum festen Inventar dieses Viertels gehörten. Man nimmt an, dass es das einzige noch bestehende Bauwerk seiner Art in dieser Gegend ist – alle übrigen wurden zerstört, um Platz für modernere Bauten zu schaffen. Tan Teng Niah betrieb viele Unternehmen. Das Bauwerk wurde in den 1980er-Jahren restauriert und kommerziellen Zwecken zugeführt. Heute sind die psychedelisch anmutenden Fassaden beliebte Fotomotive.

Sri Veeramakaliamman Temple

KARTE S. 74, 10

Stimmungsvoller Hindutempel

Der farbenprächtigste und eindrucksvollste Tempel von Little India ist der grausamen Göttin Kali geweiht. Mit Kränzen von Totenschädeln geschmückt, wird sie beim Zerreißen ihrer Opfer und zugleich in heiteren Familienszenen mit ihren Söhnen Ganesh und Murugan dargestellt. Die blutrünstige Gefährtin Shivas wird besonders in Bengalen verehrt, der Heimatregion der Arbeiter, die das Bauwerk 1881 errichteten. Sein auffallendstes Merkmal, der *gopuram* (Turm) am Eingang mit Reliefs von Hindugottheiten, wurde in den 1980er-Jahren hinzugefügt. Zu allen Tageszeiten zieht der Tempel Menschenmengen an, bietet aber während der Gebetszeiten (*puja*) das stimmungsvollste Bild. Gäste sind im Tempel zu bestimmten Zeiten willkommen, sie werden beim Betreten (Schuhe ausziehen) von Duftrauch, rhythmischer Tempelmusik und Gesängen empfangen. Fotografieren ist gestattet, dabei ist aber immer zu beachten, dass es sich um eine Andachtsstätte handelt. Im Jahreslauf finden im Tempel viele religiöse Zeremonien, Feste und kulturelle Veranstaltungen statt, die viele Menschen anziehen.

Sri Veeramakaliamman Temple

ADRIAN BAKER/SHUTTERSTOCK ©

Hill Street Tai Hwa Pork Noodle

ROSLAN RAHMAN/GETTY IMAGES ©

Hill Street Tai Hwa Pork Noodle

KARTE S. 74, 3

Preisgekrönte Nudelsuppen

Anwohner waren bemüht, diesen Hawker-Stand der zweiten Generation – berühmt für *bak chor mee* (Nudeln mit Schweinefleisch) nach Art der Teochew – geheimzuhalten, aber da es der einzige Hawker in Singapur mit einem Michelin-Stern ist (seit 2016), war das praktisch nicht möglich. Bowls sind in drei Größen zu haben, jede mit Nudeln, Schweinefleisch und -leber, knusprigen Plattfischen und einer Chilisauce mit Reisessig. Ein Fußweg (10 Min.) führt von der MRT-Station Lavender dorthin, die Schlange kann lang werden.

Parkview Square

KARTE S. 74, 8

Art déco in Vollendung

Der prachtvolle Turmbau ist auch als Gotham City Building bekannt. Das Äußere im Stil des Art déco wurde vom Chanin Building in New York City inspiriert, seine Freilicht-Plaza weist eine Reihe von Statuen und Skulpturen auf – besonders auffallend ist ein majestätischer goldener Kranich, der sich in die Lüfte hebt und dem Bauwerk zu Wohlstand verhelfen soll. Der Baustil setzt sich im Innern fort: Die überwältigende 15 m hohe Lobby ist mit Marmorböden, vergoldetem Messing und detailreichen Fresken ausgestattet, ihre exklusive Atlas-Bar (S. 80) besitzt eine Sammlung von Gins, die angeblich die größte der Welt ist.

ERWIN DIMAL/SHUTTERSTOCK ©

Goldener Kranich, Parkview Square

Gelam Gallery

KARTE S. 74, 2

Straßenkunst in Seitenstraßen

Als Zentrum der Kunst und Kultur steckt Kampong Glam voller aufstrebender Designerboutiquen, lebendiger Street-Art und angesagter Coffee-Shops. Doch ziehen nicht nur die prominenten Bezirke die Aufmerksamkeit auf sich. Seit Neuestem sind die Straßen zu beiden Seiten der Fußgängerzone der Bussorah Street durch die Eröffnung der **Gelam Gallery**, des ersten dauerhaften Open-Air-Kunstraums Singapurs, zu neuem Leben erwacht. Rückwärtige Mauern wurden zu Leinwänden transformiert und zeigen Kunstwerke von rund 30 Künstlern. Dieses Ensemble stellt Arbeiten von Absolventen namhafter Institute wie des NAFA und LASALLE College of the Arts sowie Werke von etablierten Kunstschaffenden vor. Zum Fotografieren am besten früh hierherkommen.

Art-déco-Dekadenz im Atlas

KARTE S. 76, 11

Die große Ära der Cocktails

In das Manhattan der 1920er-Jahre werden Gäste der Atlas Cocktail Lounge – in der Lobby des Hotels Parkview Square – zurückversetzt; sie entfaltet eine Pracht im Stil des Art déco mit opulenten Bronzearbeiten, schmuckvollen Fresken und Lounge-Sesseln in dämmrigem Licht. Der eigentliche Mittelpunkt ist der imposante 12 m hohe Gin-Turm, der auf einen Blick kaum zu fassen ist. Liebhaber des Getränks können die „Gin Tower Experience" (nach Anmeldung, ab 54 $ pro Gast) buchen, eine exklusive Führung mit Verkostungen. Der Turm hatte bei der letzten Zählung mehr als 1300 Gins, darunter London Drys von 1910 sowie Craft-Gins aus aller Welt.

Unterhalb des Gin-Bestandes liegt der Champagnerraum, in dem einige der teuersten Schaumweine der Welt lagern. Je nach Neigung können tausende Dollars in ein Prickeln investiert werden. Doch selbst den vermögendsten Gästen kann beim „Shipwreck Champagne" der Atem stocken. 82 Jahre lang in einer Tiefe von 64 m versunken, wurden 3000 vollkommen erhaltene Flaschen eines „Goût Américain" der Marke Heidsieck & Co Monopole von 1907 (serviert auf der *Titanic*) 1998 wiederentdeckt. Einige wenige befinden sich in der Sammlung des Atlas; eine davon zu öffnen würde 190 700 $ plus Service und Steuer kosten. Wer nicht für einen Abend Haus und Hof verpfänden will, findet eine große Auswahl von tollen Cocktails, edlen Weinen und guten Martinis auf der Karte.

Reservierungen sind unerlässlich, um einen abendlichen Platz zu bekommen; vor 17 Uhr ist meist ein Tisch frei. Kleine Speisen, von der großen europäischen Ära inspiriert, werden gereicht. Der Nachmittagstee (ab 15 Uhr; Anmeldung 24 Std. im Voraus) ist einen Besuch wert. Auf schicke Kleidung ist zu achten: keine Shorts oder Sandalen nach 17 Uhr.

Altes & neues Kampong Glam

KARTE S. 76 1 4 8 14 15 17

Ein traditioneller muslimischer Stadtteil erfindet sich neu

Nur ein kurzes Stück vom glitzernden Central Business District und den noblen Kolonialbauten Singapurs entfernt liegt **Kampong Glam**, wo das Zusammenspiel von alt und neu eine

Links: Atlas Cocktail Lounge

DIE BESTEN BARS

Bar Stories
Eine Bar ohne Getränkekarte; Gäste beschreiben ihre Wünsche – und bekommen ihre Cocktail.

Blu Jaz Café
Lässige Lieblingsadresse des Stadtteils, die mit regelmäßigen Live-Gigs, Jam-Sessions und Comedy-Abenden überzeugt.

Druggists
Bierliebhaber sind in dieser traditionsreichen chinesischen Apothekerhalle mit ihrer vielseitigen Auswahl genau richtig.

Whisky Library & Jazz Club
Ein opulentes Refugium der Whiskyfreunde mit einem Angebot von rund 1000 Marken.

TOP-HOTELS IN LITTLE INDIA & KAMPONG GLAM

Wanderlust
Ein umgebautes Schulhaus der 1920er-Jahre mit klaren, modernen Zimmern und Lofts, die meisten davon mit Küchen. **$$**

One Farrer
Drei Hotels auf demselben Gelände bieten moderne Unterkünfte, die allen Ansprüchen gerecht werden. **$$**

Vagabond Club
Vom pariserischen Charme inspiriert, ist dieses Hotel reich an rotem Samt und künstlerischen Akzenten. **$$$**

DER SCHIEFE TURM VON SINGAPUR

KARTE S. 74, 12

Wer sich entlang der Beach Road aus der Innenstadt entfernt, gelangt zur Hajjah Fatimah Mosque (1846).

Das Gotteshaus ist eines der wenigen in Singapur, die nach einer weiblichen Gestalt benannt sind. Es dient dem Andenken an Hajjah Fatimah, der wohlhabenden Stifterin der Moschee aus Melaka, deren Wohnhaus an dieser Stelle gestanden haben soll.

Durch ihren ungewöhnlichen Baustil hervorstechend, verbinden sich in der Moschee orientalische und europäische Stilelemente; besonders auffallend sind eine zwiebelförmige Kuppel und eine Holzgalerie in maurischem Stil neben Pilastern und einem kirchturmartigen Minarett.

Die Neigung des Minaretts hat ihm den Namen „Schiefer Turm von Singapur" eingebracht.

buntfarbige Tapisserie webt. Das Abenteuer beginnt an der Haji Lane, einer Gasse aus pastellfarbenen Ladenfronten mit einer bunten Mischung drolliger Boutiquen, Vintage-Shops, winzigen Craftbier-Bars und jeder Menge kraftvoller Straßenkunst. Obgleich die Namen schnell zu wechseln scheinen – mutmaßlich wegen explodierender Mieten – gewinnen Ladenketten noch nicht die Oberhand. Vielmehr behaupten unabhängige Designerläden und charmante Cafés ihren Platz und sorgen dafür, dass immer etwas Neues zu entdecken ist.

Parallel verläuft die Arab Street mit Geschäften, die eher traditionelle Waren präsentieren, darunter Stoffe, Teppiche und Schultertücher. Nicht versäumen: **Dilip Textiles**, ein Spezialgeschäft für leuchtende handbedruckte Tischwäsche zu günstigen Preisen, sowie Sifr Aromatics, ein Parfumhandelszentrum, das auf Kreationen nach Kundenwünschen spezialisiert ist – eine Schatztruhe olfaktorischer Sinnenfreude.

In der Nachbarschaft befinden sich die märchenhafte **Sultan Mosque** und die **Gelam Gallery** mit ihren fesselnden Wandbildern. Hungrige finden eine große Auswahl von Restaurants (nicht alle servieren alkoholische Getränke). Bei sinkender Sonne sind die Straßentische des mexikanischen Piedra Negra, eines kulinarischen Kraftwerks, besonders begehrt.

GUTE PREISWERTE HOSTELS

Dream Chaser
Boutique-Hotel mit kapselartigen Unterkünften in Kampong Glam – bonbonfarbene Mehrbett-Pods und Privatzimmer. $

Adamson Lodge
Einfache, saubere schlafsaalartige Unterkünfte, nur wenige Gehminuten von der MRT-Station Rochor. $

Dream Lodge
Blitzsauber mit behaglichen Betten in Pod-Form und überaus hilfsbereitem Personal. $

Little Indias Hauptmarkt

KARTE S. 74, 37

Essen, bummeln ... noch etwas essen

Direkt neben der MRT-Station Little India gelegen, wird das Tekka Centre oft das pulsierende Herz von Little India genannt – und wie es schlägt! Der nüchterne Bau birgt einen Wet Market, ein Hawker-Zentrum und eine Reihe von Läden – hier herrschen Lärm, Gewimmel und ein Aufruhr der Farben. Ein Rundgang kann auf dem größten **Wet Market** Singapurs beginnen. Seine Stände sind übervoll mit tropischen Früchten, asiatischen Gemüsen, aromatischen Kräutern und einer Welt von Gewürzen. Sehenswert ist **Lim's Coconuts & Sundry Products**, wo eine altertümliche Raspelmaschine auf hypnotisierende Art Unmengen von Kokosflocken erzeugt. Auf dem Wet Market gibt es eine große Auswahl an Fleisch und Fisch, häufig in „ursprünglichem Zustand" – was bedeutet, dass einige Metzgerarbeit mitanzusehen ist. Wer das nicht mag, sollte diesen Bereich vorsichtig umgehen. Ratsam ist es auch, geschlossene, feste Schuhe zu tragen, da die Böden feucht und rutschig sein können.

Wer vom Schauen und Kaufen gesättigt ist, kann im **Hawker-Bereich** köstliche indische Speisen probieren. Lange

Blumengirlanden, Little India

OHNE MESSER UND GABEL

Mit den Fingern zu essen ist in Indien gebräuchlich; in den indischen Restaurants und im Tekka Centre Singapurs ist es oft zu sehen – tatsächlich ist an manchen Ständen kein Besteck zu bekommen.

Wer es selbst versuchen möchte, beginnt mit dem Waschen der Hände. Steht das Gericht mit Brot bereit, werden kleine Brotstücke abgerissen, mundgerechte Bissen damit aufgenommen und zum Mund geführt. Gegessen wird nur mit der rechten Hand, da die linke traditionell für hygienische Zwecke benutzt wird.

Gerichte mit Reis können kompliziert sein – am besten lässt sich etwas Reis mit den übrigen Zutaten zu kleinen Bällchen formen, alles zum Mund führen und mit dem Daumen nachhelfen. Mit etwas Übung wird daraus ein herrlich Genuss.

DIE BESTEN RESTAURANTS IN KAMPONG GLAM

Coconut Club
Berühmt für ein duftendes *nasi lemak* (dessen Geheimnis in den Kokosnüssen liegen soll). $$

Cicheti
Freunde der italienischen Küche kommen in Scharen hierher, um Pasta und Holzofenpizza zu genießen. $$$

Alaturka
Großzügige Tischgerichte *(sharing plates)* der mediterranen und türkischen Küche. Lecker: das Fladenbrot. $$

BESUCH IM PERANAKAN-MUSEUM

Haben die verzierten Shophouses der Petain Road neugierig auf die Geschichte der Peranakan gemacht, sollte ein Besuch im Peranakan-Museum (S. 51) folgen; es bietet Einblicke in die Vergangenheit dieser Ethnie Singapurs, die aus der Verbindung chinesischer Einwanderer mit Malaien hervorging.

JUSTIN ADAM LEE/SHUTTERSTOCK ©

Traditionelle Shophouses, Jalan Besar

PREISWERT UND AUTHENTISCH ESSEN

Sungei Road Laksa
Wer in der Schlange geduldig auf eine duftende, über Holzkohle gekochte *Laksa*-Suppe wartet, wird belohnt. **$**

Swee Choon Tim Sum
Ein günstiges Dim-Sum-Restaurant und eine Institution unter den Nachtschwärmern – es ist bis frühmorgens geöffnet. **$**

Zam Zam
Serviert werden *murtabak* (riesige Pfannkuchen, gefüllt mit Lamm, Huhn, Rind, Wild oder Sardinen). **$**

Warong Nasi Pariaman
Stand mit *nasi padang* (Reis mit Currys); eine gute Wahl ist *Rendang*-Rindfleisch.

Gästeschlangen warten hier auf echtes Biryani, papierdünne *dosa* (Pfannkuchen aus Linsenmehl), luftiges *roti prata* (Fladenbrot) und schmackhafte *murtabak* (pikant gefüllte Pfannkuchen). Dazu passt ein *teh tarik* („gezogener Tee" mit Kondensmilch). Eine Etage höher drängen sich indische Sari- und Stoffläden in Regenbogenfarben, dazu eine Schar geschickter Schneider – die wohl preisgünstigste Quelle für indische Kleidung. Obwohl es feste Preise gibt, sind höfliche Verhandlungen einen Versuch wert.

Singapurs neues In-Viertel

KARTE S. 74, 16 27 28 29 30 32 34 35 36

Die neue Szenestraße Jalan Besar

Jalan Besar bedeutet „große oder breite Straße" auf Malaiisch, die Straße war früher für Boxkämpfe und Haushaltswarenläden bekannt. Heute ist sie eine Mischung aus charmanten Altbauten, künstlerischen Cafés und Geschäften.

Dem Chaos der Orchard Road (S. 87) und den mondänen Shoppingmalls setzt **Loop Garms** eine Welt des Sports entgegen. Das gut sortierte Geschäft bietet Sportkleidung der späten 1990er-Jahre und spaßige Artikel der Popkultur. Im selben Gebäude ist die Filiale **Stakeout** untergebracht, wo

DIE SCHÖNSTEN SPAZIERGÄNGE

Wok'n'Stroll
Augen und Geschmackssinn sättigen beim Erkunden des Stadtteils auf der Tour „Street Art and Food".

Jane's SG Tours
Geschichte, Erbe und Architektur entdecken – auf der Tour „Saris, Sultans & Shophouses".

Oh Stories
Geschichte erfahren durch das Lauschen auf Geschichten bei einem Spaziergang rund um Jalan Besar.

eine große Artikelauswahl auf ihren Einsatz wartet. Und: Je größer der Einkauf, desto billiger wird es! Wer ein Statement abgeben will, findet bei **Conformity** eine Schatzkiste voller Streetwear und Sneakers „gegen die Konformität" – beachtenswert: Sneakers in limitierten Auflagen.

In der Nachbarschaft gibt es einige Peranakan-Kostbarkeiten, aber keine kann es mit den einzigartigen, aufwendig verzierten zweistöckigen Häuserreihen an der Petain Road aufnehmen. Diese Shophouses, die auf die 1920er-Jahre zurückgehen, zeigen eine Explosion der Ornamente, von Wandkacheln mit Rankenmotiven bis hin zu Säulenreliefs mit Blumen, Vögeln und Bäumen. Die Überfülle der Schmuckelemente zeigt die charakteristischen Merkmale eines späten Stils der Shophouse-Architektur.

Chye Seng Huat Hardware löste eine Kaffeerevolution im Viertel aus, die noch nach zehn Jahren so stark wirkt wie die Röstungen des Hauses. Inzwischen sind mehrere Neugründungen entstanden, darunter **Asylum Coffeehouse**, **Brawn & Brains Coffee** und **Habitat Coffee**. Wer andere Getränke bevorzugt, wird im Teehaus **Antea Social** mit einem Becher aus der exquisiten Auswahl freundlich bedient.

Alte indische Heilkunst

KARTE S. 74, 

Die belebende Kraft des Ayurveda

Wenn der rastlos rasende Lebensrhythmus von Little India Spuren hinterlassen hat, kann eine sanfte Verjüngungskur des Ayurveda heilsam sein. Die indische Gesundheitslehre beruht auf alten Schriften, in denen ein natürlicher und ganzheitlicher Ansatz zu körperlicher und mentaler Gesundheit verfolgt wird. Eine wunderbare Heilkraft entfaltet Abhyanga, eine Behandlung, bei der erwärmte medizinische Öle mit langsamen, streichenden Bewegungen einmassiert werden und von Kopf bis Fuß besänftigend wirken. Eine einzigartige und tief entspannende Verwöhnung ist Shirodhara, wobei warmes Öl in rhythmisch fallenden Tropfen auf die Stirn (das dritte Auge) gegossen wird – ein meditativer Zustand wird erreicht, in dem Körper und Geist belebt werden. Wird eine kreislaufanregende Behandlung benötigt, kann Elakizhi erfrischend wirken, eine Behandlung mit Kräutersäckchen, die in medizinischen Ölen erhitzt werden; der ganze Körper wird massiert, der Kreislauf angeregt und alle Sinne stimuliert. Ein Kräuterdampfbad, bei dem der Körper bis zum Hals in einem Holzkasten steckt, wird zur Begleitung der Behandlungen zur Entgiftung und Reinigung empfohlen. Eine gute Wahl sind **Amrita Ayurveda & Yoga** und **Ayush Ayurvedic**.

BELIEBTE RESTAURANTS IN LITTLE INDIA

Meatsmith Little India
Amerikanischer BBQ-Laden; Fleischgerichte werden mit indischen Gewürzen und *rubs* (Würzmischungen) perfekt geräuchert, gebraten oder gegrillt. **$$**

Komala Vilas
Budgetfreundlich und authentisch südindisch – das vegetarische Restaurant serviert hauchdünne *dosa* (Pfannkuchen aus Linsenmehl). **$**

Lagnaa Barefoot Dining
Schuhe ausziehen, Schärfegrad der Gewürze wählen (oberhalb von Stufe 3 wird Mut verlangt) und hausgemachte indische Küche genießen. **$$**

Kotuwa
Kulinarische Genüsse, die von der Herkunft des Chefkochs aus Sri Lanka inspiriert sind. Leckere Cocktails. **$$**

GUT ESSEN IN JALAN BESAR

Lunar Rabbit Boulangerie
Ausgezeichnete, kunstvoll hergestellte Croissants und Brioches. Die erste Adresse. **$**

Char
Bekannt für zarte kantonesische Fleischgerichte; das *mala char siew* wird von vielen Gästen geliebt. **$$**

Two Bakers
Zeitgemäßes Bäckerei-Café mit leckeren Süßigkeiten, mit der Präzision französischer Patisseriekunst hergestellt. **$$**

TOP TIPP

Für die Singapurer ist Shoppen ein Nationalsport, entsprechend überfüllt können die Malls der Orchard Road sein. Wer sich mehr Ruhe wünscht, kann frühzeitig die Einkaufszentren besuchen (in der Regel gegen 10 Uhr) und sich dann für eine Stunde ohne Menschenmassen umsehen.

LOCAL TIPP: ORCHARD ROAD FÜR INSIDER

Daphne Tan, Gründerin der heimischen Marke „Candles of Light", beschreibt ihre Lieblingsplätze in der Orchard Road. *candlesoflight.com*

In Good Company
Eine verlässliche Größe in der Modewelt Singapurs, die für schöne Textilien bewundert wird. Zum ION-Geschäft gehört eine Filiale des heimischen Cafés Plain Vanilla, perfekt für einen Kaffee und kleine Leckereien.

Escentials
Vertreibt die größte Vielfalt von Kultparfümartikeln auf der Insel. Duftproben lassen sich bei DS & Durga und Editions De Parfums Frédéric Malle sammeln!

Violet Oon
Oon ist die älteste der Gourmetlokale Singapurs. Viele Gäste kommen in die ION-Filiale zum Nachmittagstee, zu der auch Mod-Sin-Köstlichkeiten (modern-singapurisch) zählen.

Orchard Road

WELTBERÜHMTE EINKAUFS- UND VERGNÜGUNGSMEILE

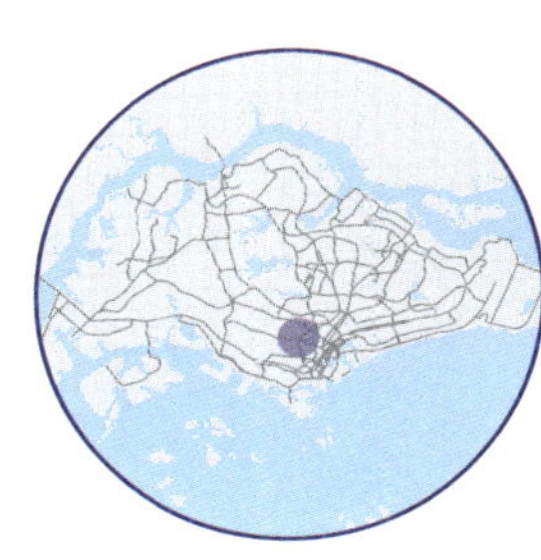

Heute international berühmt, war die Orchard Road ehemals ein Pfad, der zu den Gewürz- und Obstplantagen führte, die das Gebiet um 1830 prägten. Fast ein Jahrhundert sollte vergehen, bevor die Straße sich in den Schaukasten der kapitalistischen Warenwelt zu verwandeln begann.

Einer der größten Schritte in der Entwicklung der Einkaufsstraße erfolgte 1958 mit der Eröffnung des ersten Kaufhauses, C. K. Tang. Im ursprünglichen Bauplan war es an den Kaiserpalast von Peking angelehnt. Als das Kaufhaus 1982 umgebaut wurde, wurden das unverwechselbare grüne Ziegeldach und die roten Kolonnaden zusammen mit einem 33 Stockwerke hohen, pagodenartigen Turm in eine neue Plaza integriert; es ist heute noch eine feste Größe an der Einkaufsmeile. Seit 1965, dem Jahr der Unabhängigkeit Singapurs, kam es zu einem rasanten wirtschaftlichen Aufschwung und einem Boom kommerzieller Geschäfte, die um jeden verfügbaren Zentimeter der Ladenfronten kämpften. Im Lauf der Zeit hat sich die Orchard Road wiederholt neu erfunden. Alte Malls verschwanden, um neuen, größeren und glänzenderen Platz zu machen, aus Seitengassen wurden Promenaden für ausgedehnte Einkaufstouren. Heute sind sie alle hier vertreten, von den aufstrebenden heimischen Designern bis zu global agierenden Markenschwergewichten und heißbegehrter europäischer Schneiderkunst. Die Orchard Road ist die Verkörperung des modernen Konsumstrebens, jedoch gibt es hier auch Sehenswürdigkeiten von kulturellem Interesse, darunter die Emerald Hill Road, in der dicht gedrängt traditionsreiche Shophouses stehen, und der Istana – Sitz des Staatspräsidenten – mit einem informativen Museum. Bei alledem ist nicht zu leugnen, dass es hier einzig und allein um eines geht: hemmungsloses Einkaufen. Die Götter des Konsums verlangen dauerhafte Anbetung und Hingabe.

Gegenüber: Orchard Road; oben: Ngee Ann City Shopping Centre (S. 98)

NICHT VERSÄUMEN

EMERALD HILL ROAD
Eine stille Enklave mit schönen Beispielen der Peranakan-Architektur und Getränkespezialitäten zur Happy Hour.
S. 93

DESIGN ORCHARD
Die besten Designer-Talente Singapurs unter einem Dach.
S. 92

ISTANA HERITAGE GALLERY
Hinter die Mauern des Istana (Amtssitz des Präsidenten) blicken – in einem kompakten Museum.
S. 90

ION ORCHARD MALL
Ein Einkaufsbummel in Singapur sollte in einer Mall mit spektakulärer Aussichtsplattform beginnen.
S. 91

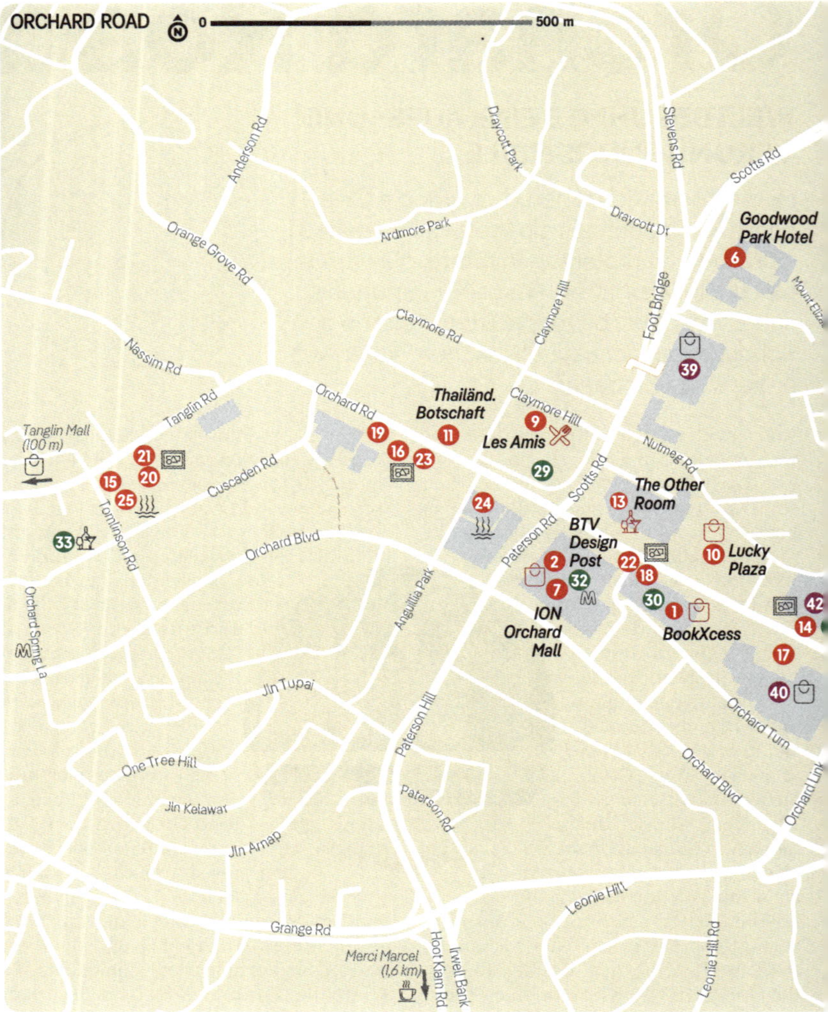

ORCHARD ROAD

HIGHLIGHTS
1 BookXcess
2 BTV Design Post
3 Cathay Building
4 Design Orchard
5 Emerald Hill Road
6 Goodwood Park Hotel
7 ION Orchard Mall
Siehe 7 Ion Sky
8 Istana Heritage Gallery
9 Les Amis
10 Lucky Plaza
11 Thai Embassy
12 The Istana
13 The Other Room

SEHENSWERTES
14 Celebrations, Endearment, Courtship, Development, Friendship and Relaxation
15 Dragon-Riding Bodhisattva
16 Eulogy to Singapore
17 Harmony
18 Nutmeg & Mace
19 Qin Shu Bao
20 Reclining Woman
21 Sense Surround
22 Urban People
23 Wei Chi Jing De

AKTIVITÄTEN
24 Nautuland
25 Remède Spa

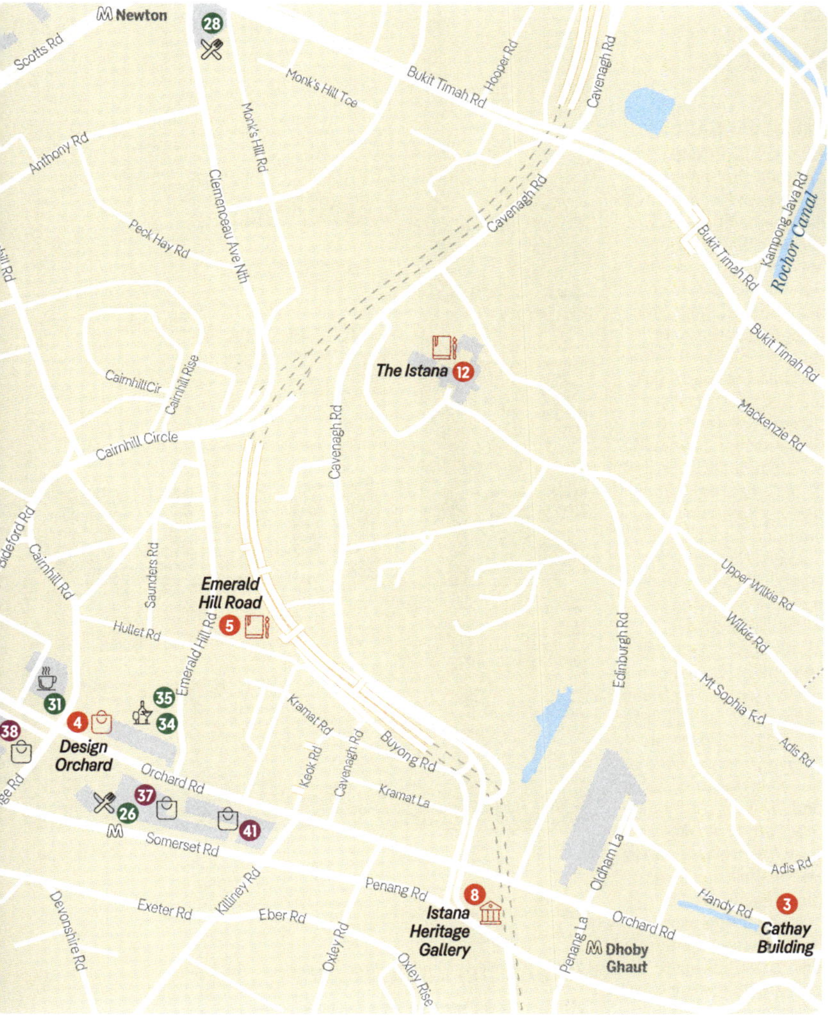

ESSEN
26 Haidilao Hot Pot
27 Imperial Treasure Super Peking Duck
Siehe 7 ION Orchard Food Opera
28 Newton Food Centre
29 Sushiro
Siehe 40 Takashimaya Food Village
30 Wisma Atria Food Republic

AUSGEHEN & FEIERN
31 Alchemist The Heeren
32 Atico Lounge & Bar
33 Manhattan
34 No 5
35 Que Pasa
36 Wild Honey

SHOPPEN
37 313@Somerset
38 Beyond the Vines Design Studio
Siehe 41 Escentials
39 Far East Plaza
Siehe 7 In Good Company
40 Ngee Ann City
41 Orchard Central
42 Paragon

Der Istana

KARTE 12

Palast der Nation

Als offizielle Residenz und Amtssitz des Staatspräsidenten von Singapur steht das prachtvolle klassizistische Wahrzeichen auf einem 40 ha großen Gelände mit Gärten und penibel gepflegten Grünanlagen (sowie einem 9-Loch-Golfplatz!). Heute als Istana bekannt – das malaiische Wort *istana* bedeutet „Palast" – war der herrschaftliche weiße Bau ursprünglich von den Briten zwischen 1867 und 1869 als Regierungssitz errichtet worden.

Seinen Namen Istana Negara Singapura (Palast des Staates Singapur) erhielt das Bauwerk, als die Löwenstadt 1959 unter Selbstverwaltung gestellt wurde. Der Name wurde am 9. August 1965 in Istana abgekürzt, als Singapur von der Föderation Malaysia unabhängig und zu einem souveränen Staat wurde. An diesem Datum wird alljährlich der Nationalfeiertag Singapurs begangen.

Die meisten Besucher des Inselstaats sehen nur das schwerbewachte, der Orchard Road zugewandte Hauptportal, das jedoch fünfmal im Jahr für die Allgemeinheit geöffnet wird. Die Tage der offenen Tür fallen auf die gesetzlichen Feiertage – und finden sich auf der offiziellen Website (istana.gov.sg).

Der Istana

Istana Heritage Gallery

KARTE 8

Hinter den Mauern des Istana

Wer nicht an einem der fünf Tage der offenen Palasttür in Singapur ist, kann dennoch hinter seine prächtigen Mauern blicken: bei einem Besuch in diesem informativen Museum.

Hier kann die Geschichte des Bauwerks erkundet und im Gästebuch geblättert werden, es gibt opulente Staatsgeschenke zu bewundern und etwas über Staatszeremonien zu erfahren. Einen Augenblick lang kann man vor einer Wandkulisse des East Drawing Room sitzen. Sehenswert ist auch die Nachbildung einer Statue des *mandor* („Aufseher"), der über die Gäste des Istana wacht. Im Freien zeigt der Istana Park im Jahreslauf üppige Blumenausstellungen.

BookXcess

KARTE 1

Paradies für Leser

Wer zum Geldwechseln in die OCBC-Bank der Wisma Atria kommt, kann eine Überraschung erleben: Neben den üblichen Dienstleistungen liegt in dieser Bankfiliale eine Bücheroase verborgen. Bücherfreunde lieben das minimalistische Interieur von BookXcess, wo sie Stunden mit der Suche nach der nächsten Lektüre verbringen können. Die angrenzende Kunstgalerie und ein Laden für Lifestyle-Artikel, der vor allem heimische Waren im Angebot hat, verführen zu längerem Verweilen. Wer hungrig wird, findet hinter Bücherregalen versteckt auch noch ein Café.

BookXcess

TANG YAN SONG/SHUTTERSTOCK ©

CHATCHAWAT PRASERTSOM/SHUTTERSTOCK ©

ION Orchard Mall

ION Orchard Mall

KARTE 7

Shopping-Wunderwelt in futuristischem Stil

Modebegeisterte lieben nichts mehr, als einen Tag lang im ION Orchard dem Kaufrausch zu erliegen, es ist Singapurs eleganteste Mega-Mall. Das futuristische ION erhebt sich direkt über der MRT-Station Orchard – als Höhepunkt aller Malls der Orchard Road. Auf den Flächen im Untergeschoss liegt der Fokus auf Allerweltsmarken, während die Namen der oberen Etagen aus der „Vogue" stammen könnten. Die Gastronomie reicht von Food Courts bis zu gehobenen Adressen, z. B. einem Teesalon des exklusiven Teelieferanten, TWG. Der turmartige Bau mit 56 Stockwerken besitzt eine Aussichtsgalerie in der obersten Etage – ION Sky (S. 99).

Designstudio Beyond the Vines

KARTE 2 38

Der Inbegriff singapurischer Coolness

2015 als eine stilvolle Boutique mit luxuriöser und funktionaler Damenmode entstanden, hat sich **Beyond the Vines** zu einem umfassend und mehrgleisig agierenden Designstudio gewandelt, das Mode für Damen und Herren sowie Taschen und Lifestyle-Produkte verkauft. Unter der Führung des Ehepaars und Power-Duos Daniel Chew und Rebecca Ting entstand die hauseigene Version einer „It"-Tasche: der Dumpling, ein leichtgewichtiger, beidseitig tragbarer, wasserabweisender Nylon-Beutel mit unverwechselbarem, gekraustem Verschluss. Die Tasche ist so cool, dass über dies noch eine „Collab Editi' von Pokémon erschien. Das größte von fünf Outlets ist das weitläufige neue Studio in der Ngee Ann City; wer aber gerade in der Nähe ist, sollte ins **BTV Design Post** im ION Orchard Basement 3 hineinschauen – der spaßige Verkaufsraum ist wie ein Postamt konzipiert.

Goodwood Park Hotel

KARTE 6

Ein hoch gelegenes Traditionshaus

Das Goodwood Park Hotel, das auf 1900 zurückgeht und einer Burg am Rhein nachempfunden ist, war ursprünglich das Stammhaus des Teutonia-Clubs, eines elitären Clubs der deutschen Gemeinde Singapurs. Das Gebäude wurde 1914 als „Feindesbesitz" von der Regierung konfisziert.

1918 wurde es versteigert und in Club Goodwood Hall umbenannt, wandelte sich 1929 zum Goodwood Park Hotel und konnte bald einen Ruf als eines der feinsten Hotels ganz Asiens erwerben.

Während des Zweiten Weltkriegs war das japanische Oberkommando im Hotel untergebracht; einzelne Mitglieder wurden wegen Kriegsverbrechen angeklagt und in einem Zelt auf dem Hotelgelände vor Gericht gestellt.

1947 nahm das Goodwood, das den ersten Hotel-Swimmingpool Singapurs besaß, seinen Betrieb erneut auf; ein Renovierungsprogramm im Umfang von 2½ Mio. $ stellte in den frühen 1960er-Jahren die ursprüngliche Pracht wieder her. Durch fortlaufende Erweiterungen in den 1970er-Jahren und Renovierungen, zuletzt 2020, wurde dafür gesorgt, dass das Hotel als Zeugnis einer glanzvollen Vergangenheit erhalten blieb.

DR DAVID SING/SHUTTERSTOCK ©

Goodwood Park Hotel

Design Orchard

KARTE 4

Die Talentschmiede Singapurs

Handwerkskunst und innovatives Design Singapurs werden in diesem Bauwerk nach einem Konzept der namhaften heimischen Firma WOHA ausgiebig gewürdigt. Design Orchard ist ein Forum von Weltrang für heimisches Design. Auf der ersten Etage residiert der Singapore Fashion Council und vereint 100 Marken von Kosmetik über Mode bis hin zu Einrichtungsobjekten – eine gute Adresse für die besten Mitbringsel aus der Löwenstadt. Angehende Designer bevölkern die Kreativräume, Studios und Zimmer der 2. Etage mit dem Ziel, die nächste Generation singapurischer Designstars hervorzubringen. Bei Sonnenuntergang bietet sich vom Dach ein schöner Blick.

Design Orchard

SORBIS/SHUTTERSTOCK ©

Emerald Hill Road

KARTE 5

Eine Reihe von Shophouse-Perlen

Wie die meisten der umliegenden Gebiete war Emerald Hill von Gewürzplantagen und Obstgärten bestanden, bevor es um das Jahr 1900 in kleine Parzellen aufgeteilt und an Bauinteressenten verkauft wurde. In diesem Gebiet standen bald zahlreiche Reihenhäuser und Shophouses, die Gegend wurde zu einer Enklave wohlhabender Händler der Peranakan und Chinesen mit ihren Familien. Viele ihrer Häuser säumen noch heute die Straße, deren exquisite architektonische Details im Vorbeigehen zu entdecken sind. Mehrere Häuser zeigen wunderschöne Akzente des chinesischen Barock, dessen Einflüsse in den Fassaden, im Schmuck der Wände und Bodenfliesen sichtbar sind. Besonders beachtenswert sind Nr. 56 (eines der ältesten Häuser, 1902 erbaut), Nr. 39 bis 45 (weite Vorderfronten und ein herrschaftliches Eingangstor im chinesischem Stil) und Nr. 120 bis 130 (deren Merkmale des Art déco auf etwa 1925 zurückgehen).

Beim genaueren Hinsehen findet man kleine Metallschilder, die auf geschichtliche Ereignisse hinweisen. 1989 wurde Emerald Hill unter Denkmalschutz gestellt, um die historische Architektur des Viertels zu bewahren, seitdem sind viele Gebäude restauriert worden. Aufgrund der großen Nähe zur Orchard Road überrascht es nicht, dass es ein wohlhabender Wohnbezirk wurde und die Kaufpreise für die Shophouses auf über 10 Mio. $ hochschnellten. Von außen betrachtet ist die Straße noch immer scheinbar unberührt von den ringsum aufragenden Hochhäusern. Die stille, nach Jasminblüten duftende Emerald Hill Road erinnert an das frühere Singapur.

ANDREA PISTOLESI/GETTY IMAGES ©

Emerald Hill

DRINKS IM FREIEN

KARTE 34 35

Ende der Orchard Road befinden sich beliebte Bars in jahrhundertealten Shophouses, sie bilden einen erfrischenden Gegensatz zu den benachbarten Mega-Malls.

Wegen der großzügigen Happy-Hour-Angebote sind die Bars besonders am Feierabend sehr beliebt – perfekte Plätze im Freien, um zu entspannen. Zu den beliebtesten Adressen gehören **No 5** mit starken Litschi-Martinis und die stilvolle Weinbar **Que Pasa** mit spanisch angehauchter Atmosphäre, gehaltvollen Tapas und einer umfangreichen Weinkarte.

The Other Room

KATE HOCKENHULL/ALAMY STOCK PHOTO ©

The Other Room

KARTE 13

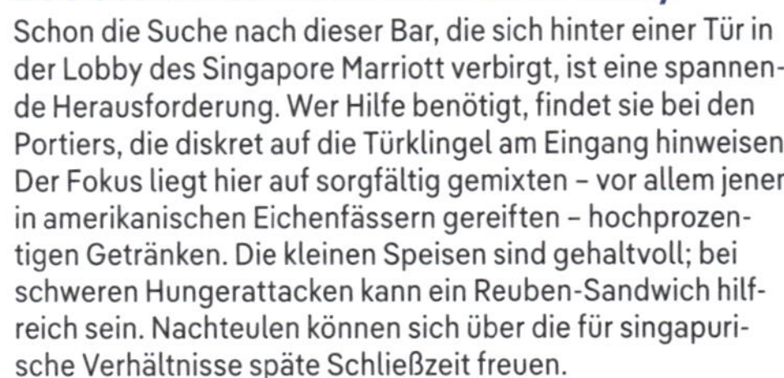

Eine Cocktailbar hinter einer Hotel-Lobby

Schon die Suche nach dieser Bar, die sich hinter einer Tür in der Lobby des Singapore Marriott verbirgt, ist eine spannende Herausforderung. Wer Hilfe benötigt, findet sie bei den Portiers, die diskret auf die Türklingel am Eingang hinweisen. Der Fokus liegt hier auf sorgfältig gemixten – vor allem jenen in amerikanischen Eichenfässern gereiften – hochprozentigen Getränken. Die kleinen Speisen sind gehaltvoll; bei schweren Hungerattacken kann ein Reuben-Sandwich hilfreich sein. Nachteulen können sich über die für singapurische Verhältnisse späte Schließzeit freuen.

Thailändische Botschaft

KARTE 11

Spekulationsobjekt an der Orchard Road

Besucher wundern sich oft, warum die thailändische Botschaft einen so großen und prominenten Raum zwischen den atemberaubend teuren Immobilien der Orchard Road einnimmt.

Die Geschichte geht auf die 1990er-Jahre zurück, als der thailändischen Regierung 139 Mio. $ für das 17500 m² große Grundstück geboten wurden – das wurde jedoch abgelehnt, da ein Verkauf respektlos gegenüber dem Andenken des verehrten Königs Chulalongkorn (Rama V., 1853–1910) gewesen wäre. Dieser hatte das Land um 1890 für angeblich nur 9000 $ erworben. So blieb die Botschaft bis heute – unter den begehrlichen Blicken von Investoren – erhalten.

SERGIO DELLE VEDOVE/SHUTTERSTOCK ©

Thai Embassy

Lucky Plaza

KARTE 10

Preiswert und unbeschwert

Umgeben von neueren und glanzvolleren Malls, wirkt Lucky Plaza an der glitzernden Einkaufsmeile Singapurs fehl am Platz – ein wunderbarer Kontrast. Im Innern ist eine Vielzahl preiswerter Läden zu finden – eine Seltenheit in diesem Teil der Stadt – mit allen möglichen Waren von Souvenirs bis zu Koffern, Kosmetik und Haushaltswaren. Es gibt eine Fülle von Schmuck- und Elektronikgeschäften von wechselhafter Qualität. Modebegeisterte sind auf der Ebene 6 richtig, die in der ganzen Stadt als ultimative Adresse für Secondhand-Schnäppchen bekannt ist. Während der Woche ist es in der Plaza relativ ruhig, an Sonntagen füllen sich die Gänge dafür mit Arbeitsmigranten, „overseas foreign workers“ (OFWs), die hier zusammenkommen und Geld an ihre Familien überweisen.

Cathay Building

Cathay Building

KARTE 3

Ein Denkmal des Art déco

Das Cathay Building im Stil des Art déco wurde 1939 eröffnet; als der 16 Stockwerke hoher Mittelturm zwei Jahre später fertiggestellt wurde, war es der erste Wolkenkratzer Singapurs.

Ursprünglich war in dem Gebäude ein opulenter Kinosaal mit 1321 Sitzen untergebracht, der erste öffentliche Raum der Stadt mit einer Klimaanlage.

Heute, da an dem übrigen Bauwerk Umbauten vorgenommen wurden, ist nur die ursprüngliche Fassade erhalten, die aber noch den ikonenhaften Namen des Bauwerks trägt. Während des Krieges spielte es sowohl für die Briten als auch für die Japaner eine bedeutende Rolle bei der Informationsübermittlung.

Dem japanischen Militär diente der Bereich vor dem Cathay dazu, die abgeschlagenen Köpfe von Plünderern zur Schau zu stellen. 2006 entstand im Gebäude – wie sollte es anders sein – eine Shopping-Mall, die aber ihre Verbindung zur Filmwelt durch die guckkastengroße Cathay Gallery bewahrt; das Museum ist der Kinogeschichte Singapurs gewidmet.

An dem Bauwerk und der Galerie wurden vor Kurzem erneut Umbauarbeiten begonnen – eine glanzvolle neue Ära soll bald schon beginnen.

Les Amis

KARTE 9

Köstliche Haute Cuisine

Etwas abseits hinter dem Shaw Centre befindet sich ein Schwergewicht der noblen französischen Küche. **Les Amis** ist ein beliebtes Restaurant gut betuchter Bürger, die nach perfekt ausgeführten, klassisch französischen Gerichten verlangen. Es ist eines von drei Restaurants in Singapur, die mit drei Michelin-Sternen ausgezeichnet sind. Chef Sébastien Lepinoy verwendet ausschließlich feinste Zutaten der Saison, die direkt aus Frankreich eingeflogen werden. Das hat natürlich seinen Preis: Ein viergängiges Abendessen gibt es ab 400 $, ein dreigängiges Mittagessen ab 325 $. Ein Muss für Liebhaber der Sterne-Küche.

Mango-Dessert, Les Amis

ESSEN IN DER ORCHARD ROAD

Caroline Tang-Fowkes, eine Preisanalystin, gibt Empfehlungen zu den besten Restaurants im Viertel.

Haidilao Hot Pot
Aus vier Suppengrundlagen lassen sich im Hot Pot mit diversen Zutaten verschiedene Gerichte zubereiten. Bei „Sichuan Spicy" ist Vorsicht geboten! Auf keinen Fall auf die handgemachten Nudeln verzichten: Sie werden vom Koch mit spielerischer Eleganz gezogen.

Sushiro
Zügig, frisch und preiswert kommen Sushi-Gerichte vom Fließband. Ein Touchpad-Bestellsystem bringt das Gewünschte schnell zu den Gästen.

Imperial Treasure Super Peking Duck
Bestellungen müssen drei Tage im Voraus angemeldet werden – so lange dauert die Vorbereitung einer Pekingente.

MEHR AN DER ORCHARD ROAD

Ein öffentlicher Kunstpfad

KARTE **KUNST**

Kunstschätze auf der Straße

Im Glitzern der modernen Malls der Orchard Road kann die exquisite öffentliche Kunst, die überall im glänzendsten Shopping-Distrikt Singapurs zu finden ist, leicht übersehen werden. Sie ist aber äußerst sehenswert. An der Front des Paragon entlang sind die Skulpturen **Celebrations, Endearment, Courtship, Development, Friendship and Relaxation** von Sun Yu-li zu sehen. Auf der anderen Straßenseite wird der Brunnen der öffentlichen Plaza des Marmor- und Granitgiganten Ngee Ann City vom Skulpturenpaar **Harmony** von Liu Ji Lin flankiert. Nur wenige Schritte entfernt findet man vor

DR DAVID SING/SHUTTERSTOCK ©

„Urban People" von Kurt Laurenz Metzler, Ion Orchard Mall

ÜBERNACHTEN NAHE DER EINKAUFSMEILE

Lloyd's Inn
Minimalistisch, 34 Zimmer, in der Nähe der Orchard Road. Dach- und Gartenterrassen und ein Pool. **$$**

Goodwood Park Hotel
Hochgelegenes, traditionsreiches Hotel im Kolonialstil mit luxuriöser Ausstattung und tadellosem Service. **$$$**

Pan Pacific Orchard
Wie ein Wackelturm, das die Einkaufsmeile durch eine stilvolle Dschungelatmosphäre bereichert. **$$$**

dem ION Orchard die faszinierenden **Urban People** von Kurt Laurenz Metzler und **Nutmeg & Mace** von Kumari Nahappan, eine Erinnerung an die bescheidenen Ursprünge dieses Gebiets als Plantage für Obst, Muskatnüsse und Pfefferschoten. Die Straße führt westwärts weiter auf das Voco-Hotel zu; die riesigen Skulpturen **Wei Chi Jing De** und **Qin Shu Bao** von Aw Eng Kwang bewachen den Eingang, während Gerard D'Alton Hendersons eindrucksvolles Skulpturenrelief **Eulogy to Singapore** an der Hotelfassade prangt. Der Vorplatz des St-Regis-Hotels zeigt drei Kunstwerke: **Reclining Woman** von Fernando Botero, **Dragon-Riding Bodhisattva** von Li Chen und **Sense Surround** von Anthony Poon.

New York Bar Far From Home

KARTE 33

Cocktails in Handarbeit und Milchshakes mit Schuss

Manhattan scheint weit entfernt von den Vierteln der Chinatown und des CBD zu sein. Ein unerwartetes Erlebnis steht daher allen bevor, die sich zu dieser nostalgischen Bar mit Big-Apple-Thema, integriert in das Hotel Conrad, aufmachen. Sie hat einen festen Platz in der Liste der 50 besten Bars Asiens. Die Karte mit sorgfältig gemixten Cocktails – derzeit bereits die zweite Ausgabe – gleicht einer Liste großer New Yorker Namen. Zum Glück ist ein Abschnitt den erstklassigen Kreationen der ersten Cocktail-Karte gewidmet, sodass Stammgäste z. B. auf den rauchigen „Leather Jacket" (inspiriert von der Punkrock-Band Ramones) nicht verzichten müssen. Zum Speiseangebot gehört eine vorzügliche Auswahl beliebter amerikanischer Klassiker, u. a. Tacos, Hotdogs und Mac'n'Cheese – alle von überdurchschnittlicher Qualität.

Luxuriös und nur für Erwachsene ist der sonntägliche Brunch von 12 bis 15 Uhr. Für einen Preis von rund 200 $ pro Person (plus Gebühren und Steuern) gibt es kulinarische Kostproben, bei denen die Gäste die diverse New Yorker Brunch-Kultur entdecken können. Sobald der Servierwagen heranrollt, vollbeladen mit Bloody Marys und den Zutaten zum Mischen einer Weinschorle nach Wunsch, wird klar, dass ein genussreicher Nachmittag bevorsteht. Bei den Mengen von kreativen Cocktails und Milchshakes mit Schuss, der Überfülle an frischem Fisch, langsam gegartem Fleisch und Hähnchen in Buttermilch kann die Sorge aufkommen, wie man je wieder aus der tiefen, bequemen Ledercouch aufstehen soll. Zum Abschluss lockt noch eine letzte Versuchung: „Design Your Own Donut".

SINGAPUR SUCHT DEN SUPERSTAR

Bei einem Bummel durch die Einkaufspassagen kommen unweigerlich zahlreiche Unterhaltungsläden in Sicht, die KTV *(karaoke television)* anbieten. Hier stellen enthusiastische Sänger ihr Talent in sogenannten Themensälen unter Beweis, ausgestattet mit modernster audiovisueller Technik und (zum Glück!) Schallschutz.

Gäste können in den Räumen Speisen und Getränke bestellen. Auf Listen sind die Songs aufgeführt. In den Malls rund um die MRT-Haltestelle Somerset wird dieser beliebten Freizeitbeschäftigung Singapurs besonders ausgiebig gefrönt.

FOOD COURTS IN DER ORCHARD MALL

Takashimaya Food Village
Weitläufige unterirdische Speisehalle mit ausgezeichneten japanischen, koreanischen und anderen asiatischen Speisen. **$**

ION Orchard Food Opera
In exklusiver Umgebung wird bei Food Opera gehobene Küche mit kolonialzeitlichem Charme gepflegt. **$**

Wisma Atria Food Republic
Hier werden Erinnerungen an das Singapur der 1960er-Jahre wach; delikates Streetfood und regionale Spezialitäten. **$**

ERHOLUNG VOM EINKAUFSSTRESS

KARTE 10 24 25

Nach langen Tagen in den Ladenpassagen bieten zahlreiche Spas Ruhe und Entspannung an.

Preiswert und unkompliziert ist eine Fußmassage in der **Lucky Plaza**, wo geschickte Reflexzonenmasseurinnen neues Leben in die müden Füße zaubern. Eine Warnung: Der Fingerdruck ist in der Regel ziemlich fest, wer es sanfter mag, sollte seine Wünsche äußern.

Eine Massage der mittleren Preisklasse ist bei **Nautuland** (541 Orchard Road) zu bekommen – alles von Sport- bis zu Ganzkörpermassagen.

Schließlich ist das **Remède Spa** im Hotel St Regis zu nennen, wo das luxuriöse „Bastien's Duo", eine vierhändige Synchronmassage, gebucht werden kann.

Newton Food Centre

KARTE 28

Hauptquartier der besten Straßenhändler

Eines der berühmtesten Hawker-Zentren Singapurs, **Newton**, spielte sogar eine Rolle in dem Kinofilm *Crazy Rich Asians* (2018). Hier wird seit 1971 Street Food unter die Leute gebracht. Der dunsterfüllte Innenhof unter freiem Himmel ist bei Einheimischen und Touristen beliebt. Wer einen freien Tisch findet, sollte sich die Nummer merken (falls am Tisch serviert wird), dann gilt es, unter den rund 100 Ständen eine Wahl zu treffen. Zu den großen Hawker-Namen gehören z. B. **Heng (01-28)** – auch ohne traditionellen Carrot Cake eine gute Wahl, **Alliance Seafood (01-27)** mit saftigen Chilikrabben und gerösteten Mantou-Brötchen, **TKR (01-33)** mit perfekt gebratenen Saté-Spießen aus Schweine-, Hammel- und Hühnerfleisch; und **Hup Kee Fried Oyster Omelette (01-73)**, wo Omeletts mit knusprigem Rand und stattlichen Austern serviert werden. An manchen Ständen sind die Warteschlangen oder -zeiten lang, was auch ein vergnüglicher Teil des Ganzen sein kann. An Getränkeständen gibt es Bier und häufig eine Bedienung am Tisch. Die wenigsten Stände halten Servietten bereit, deshalb ein Taschentücher mitnehmen – die auch zum „Reservieren" des Sitzplatzes nützlich sind. Zum Händewaschen gibt es Becken außerhalb der Toilettenräume. Bargeld wird bevorzugt, Kreditkarten werden selten angenommen. Auf der linken Seite des Haupteingangs sind Geldautomaten zu finden.

Malls, Malls, Malls

KARTE 7 10 37 39 40 42

Wo welche Wünsche erfüllt werden

Eine Vielzahl exklusiver Malls wartet auf Kundschaft. Unter den namhaftesten Konsumtempeln steht **ION Orchard** ganz oben, eine Menge schicker Restaurants bietet sich für eine Pause an. Junge Kunden werden bei **Paragon** umworben, wo es hochwertige Designerkleidung für Kinder sowie Spielzeugläden und ein Indoor-Spielplatz gibt. An die Mall angeschlossen sind kosmetische Behandlungsräume; hier wird versorgt, wer zur Balenciaga-Neuerwerbung noch die passende Botox-Behandlung haben möchte. In der **Ngee Ann City** sind die gewohnten Markenläden und eine Filiale des prestigeträchtigen japanischen Kaufhauses Takashimaya ansässig. In den meisten Boutiquen dieser Malls gibt es Warteschlangen, die mit Samtkordeln koordiniert werden. Die gängigen Marken sind in den Untergeschossen der Luxus-Malls mit Filialen vertre-

CAFÉS IN DER ORCHARD ROAD

Merci Marcel
Tische im Freien sind in diesem französisch inspirierten Café, besonders zu Mittag, begehrt; am besten reservieren oder vor 11.30 Uhr vorbeikommen. **$$**

Alchemist The Heeren
Freunde einer schnellen Koffeindosis lieben das minimalistische Outdoor-Café vor The Heeren. Hervorragendes Gebäck. **$$**

Wild Honey
Seit Langem sehr beliebt mit exzellenten, ganztägig servierten Frühstücksvariationen aus allen Ecken der Erde. **$$**

ten – bei Tageslicht lässt sich der gewünschte Edelzwirn bei **313@Somerset** und Orchard Central begutachten, wo es oft bessere Fundstücke fürs Geld gibt. Nebenan wartet ein H&M-Flaggschiff. Wer nach Boutiquen mit individueller Mode oder Haushaltswaren sucht, findet in der von Ausländern viel besuchten Tanglin Mall etwas Passendes.

Außer dem Glanz und Glamour der Orchard Road gibt es auch preisgünstige Einkaufsmöglichkeiten: **Lucky Plaza** wird oft von den ausländischen Hausangestellten besucht. Etwas abseits der Hauptgeschäftsstraße an der Scotts Road liegt **Far East Plaza** (nicht zu verwechseln mit dem Far East Shopping Centre), wo sich zahlreiche billige und fröhliche Modeboutiquen, Spas und Anzugschneidereien befinden.

SORBIS/SHUTTERSTOCK ©

Kaufhaus Takashimaya

HIMMELHOHE AUSBLICKE AUF DIE STADT

KARTE 7

Wer vom Shoppen im ION Orchard noch berauscht ist, muss hier auf einen Höhenrausch gefasst sein! **ION Sky** bietet auf 56 Etagen eine eindrucksvolle Aussicht; an klaren Tagen reicht der Blick bis Malaysia im Norden und Indonesien im Süden.

Mit der ION-Sky-App sind die umliegenden Wahrzeichen durch computergenerierte virtuelle Realität leicht zu erkennen. Um einen der wenigen Plätze zu bekommen (tgl. 12–16 Uhr), nimmt man den Lift ab Ebene 4, nahe beim Portier, bis 1-Atico und hält einen Beleg von diesem Tag (mind. 50 $) bereit. Ein Willkommensgetränk gibt es gratis dazu.

BARS RUND UM DAS ORCHARD-VIERTEL

Manhattan

Von der großen Ära der Cocktails inspiriert, ist diese grandiose Hotelbar ein absolutes Muss für Enthusiasten feiner Mixgetränke.

Atico Lounge & Bar

Ganz oben im Ion Orchard, 55 Stockwerke hoch in den Himmel gebaut, bieten sich weite Ausblicke bei Cocktails und gehaltvollen Speisen.

The Other Room

Gut versteckt in der Lobby des Singapore Marriott, ist diese Bar die ultimative Adresse für Getränke am späten Abend.

Der Osten von Singapur

PERANAKAN-KULTUR UND WASSERSPORT AN DER KÜSTE

An Singapurs Ostküste sorgten in früheren Zeiten Piratenschiffe für Gefechte auf See.

Das Gebiet war lange Zeit von *kampong* (Dörfern), Mangosümpfen, Kokosnussplantagen und Ferienbungalows wohlhabender Stadtbewohner geprägt. Das änderte sich mit dem Landgewinnungsprogramm, als „Great Reclamation“ bekannt, das 1962 begann. Die Region wurde einer radikalen Transformation unterzogen, als die Südostküste der Insel um 1525 ha Land erweitert wurde, was wiederum zu einem Anwachsen der Bevölkerung führte. Was die Zukunft betrifft: Es gibt Pläne zu einer weiteren Erschließung von Neuland, wodurch sich das Gesicht der Ostküste erneut verändern wird.

Heute wird den östlichen Vierteln, die einen großen Teil der Insel ausmachen, viel weniger Aufmerksamkeit durch Touristen zuteil als dem Stadtzentrum. Zu Unrecht, denn in diesen lebendigen Stadtvierteln spiegelt sich die Kultur Singapurs um vieles deutlicher wider. Dem Stadtzentrum am nächsten liegt Geylang, einstmals als Rotlichtviertel berüchtigt, das einen großen spirituellen Reichtum in Gestalt unzähliger Tempel und Moscheen besitzt. Die überwältigende Menge von Speiselokalen ist eine weitere Hauptattraktion. Weiter östlich liegt Joo Chiat (das zum Viertel Katong gehört), ein malerischer Stadtteil mit bunten restaurierten Shophouses, der als spirituelles Kernland der Peranakan-Gemeinde Singapurs gilt.

An Joo Chiat grenzt der East Coast Park an, der sich mehrere Kilometer weit von der Innenstadt an der Küste entlang bis nach Tanah Merah erstreckt. Der Park bietet vielfältige Sportmöglichkeiten und eine landschaftlich schöne Umgebung. Nicht versäumen: Changi und Pasir Ris, die östlichsten Regionen der Stadt. Hier befinden sich das berührende Changi Museum und der Wasserthemenpark Chapel für Kinder, außerdem eine Ablegestelle der Bumboote (motorisierte Sampan-Boote), die das idyllische Pulau Ubin zum Ziel haben.

Oben und rechts: Historische Gebäude an der Joo Chiat Road

NICHT VERSÄUMEN

JOO CHIAT
Ein kultureller Schatz, der die Ursprünge und das reiche Erbe der indischen Gemeinschaft in Singapur zeigt. S. 108

GEYLANG
Nah beieinander: der Rotlichtbezirk der Stadt in der Nachbarschaft von Tempeln, Moscheen und einigen der besten Restaurants. S. 110

EAST COAST PARK
Der vielbesuchte Küstenpark, beliebt bei sportbegeisterten Einwohnern, lockt auch zahlreiche Familien an. S. 111

CHANGI CHAPEL & MUSEUM
Ein Denkmal für die Zivilisten und Kriegsgefangenen, die hier während der japanischen Besatzung interniert waren. S. 105

TOP TIPP

Außer mit dem Bus oder Taxi in die östlichen Stadtviertel Singapurs zu fahren, gibt es vielleicht schon die Möglichkeit, die neue Thomson-East Coast Line (TEL) zu nehmen. Diese neue Strecke soll 2025 schnelle Verbindungen zu den Haltestellen in Katong, Marina Parade und Siglap schaffen.

LOCAL TIPP: BARS & RESTAURANTS

Tom Hogan, Hauptgeschäftsführer für Proof & Company in Asien, nennt die besten Lokale im östlichen Stadtteil. *@winemouthsg*

Freebird
Großartige Craftbier-Bar mit zwölf Fassbieren. Danach zu Happy Wok, wo es den besten Hähnchenreis oder *mee goreng* (gebratene Nudeln) gibt.

Sin Hoi Eating House
Ein Straßenrestaurant mit köstlichen Rotwein-Rippchen in großen Portionen. Dazu passt ein leichter Rotwein oder ein natürlich perlender Schaumwein, den die Gäste auch noch selbst mitbringen können.

Choice Cuts Goods + Coffee
Ein Schallplatten-Pizza-Coffeeshop im New Yorker Stil; er lässt sich in drei Worten zusammenfassen: „Scheibe für Scheibe“.

DER OSTEN VON SINGAPUR

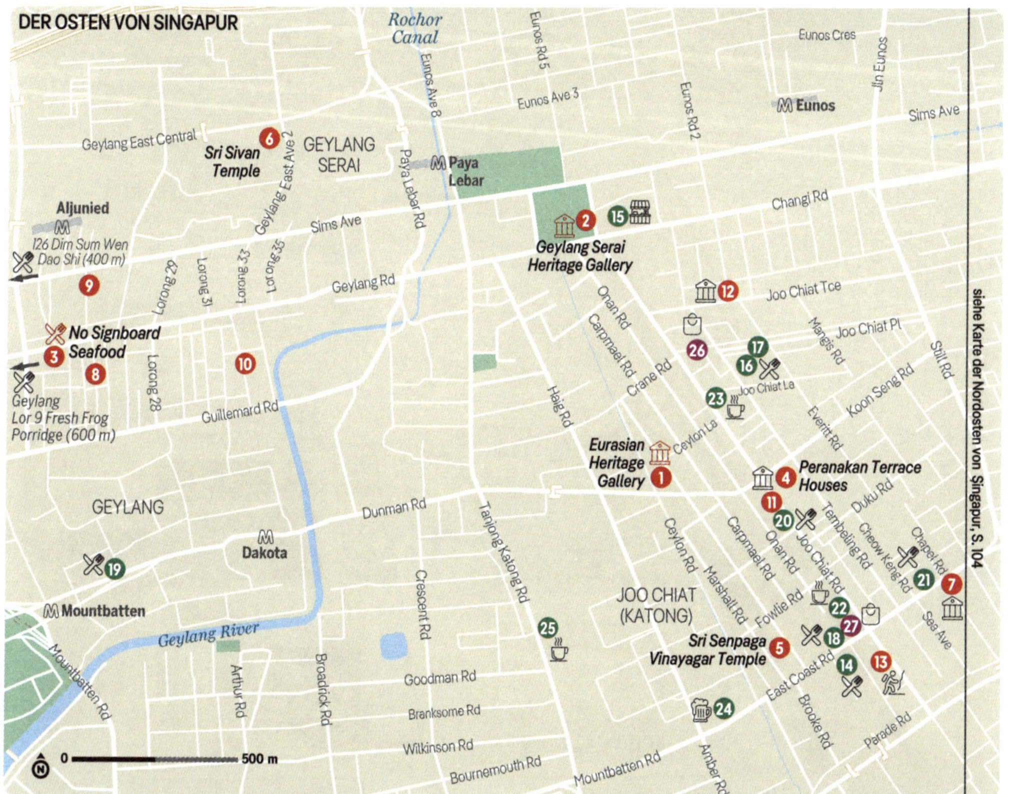

HIGHLIGHTS
1 Eurasian Heritage Gallery
2 Geylang Serai Heritage Gallery
3 No Signboard Seafood
4 Peranakan, Koon Seng Rd Shophouses
5 Sri Senpaga Vinayagar Temple
6 Sri Sivan Temple

SEHENSWERTES
7 Katong Antique House
8 Lorong 24A
9 Lorong 27
10 Lorong 34
11 Straits Enclave
12 The Intan

AKTIVITÄTEN
13 Climb Central

ESSEN
14 Baba Chews
15 Geylang Serai Market
16 Guan Hoe Soon
17 Kim Choo Kueh Chang
18 Kim Choo Kueh Chang (Katong)
19 Old Airport Rd Food Centre
20 Old Bibik's Peranakan Kitchen
21 Sin Hoi Eating House

AUSGEHEN & FEIERN
22 Choice Cuts Goods + Coffee
23 Common Man
24 Freebird
25 Supernova

SHOPPEN
Siehe 8 Eng Tiang Huat Chinese Cultural Shop
24 Onlewo
25 RetroCrates
Siehe 27 Rumah Bebe

SORBIS/SHUTTERSTOCK ©

Sri Senpaga Vinayagar Temple

Sri Senpaga Vinayagar Temple

KARTE P102, 5

Eine herrliche Huldigung an Ganesha

Als einer der schönsten Hindutempel Singapurs ist Sri Senpaga Vinayagar wegen seinem *kamala paatham* – ein behauener Granitgrabstein, wie man sie in einigen alten Hindutempeln findet – besonders beachtenswert. Im Innern ist das Bauwerk mit vielfarbigen sakralen Kunstwerken verziert – die Stücke sind in mehreren Sprachen beschriftet. Eine große Ausstrahlung geht auch vom Allerheiligsten aus, dessen prächtiges Dach mit einer glänzenden Goldschicht verkleidet ist. Dieses Schmuckstück bietet ein zauberhaftes Bild, das den Reiz des Tempels noch verstärkt.

Eurasian Heritage Gallery

KARTE 102, 1

Eine kleine, aber einflussreiche Volksgruppe

Mit einem Anteil von weniger als 1 % an der Gesamtbevölkerung mag die eurasische Gemeinde Singapurs klein erscheinen, sie verkörpert aber eindrucksvoll die Begegnung der asiatischen mit der westlichen Welt. Diese ethnische Gruppe entstand aus der Verschmelzung europäischer und asiatischer Traditionen. Die drei Galerien im Eurasian Community House erlauben tiefe Einblicke in die reiche Geschichte dieser vielgestaltigen Volksgruppe, vor allem ihrer Errungenschaften und Kultur, sie umfassen Religion, Kulinarik, Musik und Sport. Das Museum im 3. Stock ermöglicht eine informative Entdeckungsreise. Kostproben der gehobenen eurasischen Küche sind bei Quentin's, im Erdgeschoss zu entdecken.

Koon Seng Road Shophouses

KARTE P102, 4

Juwelen der Peranakan-Shophouses

Abseits der Joo Chiat Road ist eine Straße zu finden, die als die farbenprächtigste und meistfotografierte Straße Singapurs gilt: Koon Seng Road, gesäumt von außergewöhnlichen Reihenhäusern im Stil der Peranakan. Diese vielfarbigen Schmuckstücke sind mit Drachen, Vögeln und Krebsen aus Stuck und leuchtend glasierten Kacheln aufwendig verziert. Ein charakteristisches Stilmerkmal sind auch die *pintu pagar* (Schwingtüren) der Hauseingänge, die für frische Luftzufuhr sorgen und zugleich die Privatsphäre wahren. Beim Besichtigen sollte beachtet werden, dass in den meisten dieser Reihenhäuser jemand lebt. Auch den geduldigsten Bewohnern kann die ständige Anwesenheit von Fotografen, die den Zauber des Viertels festhalten wollen, irgendwann zuviel werden.

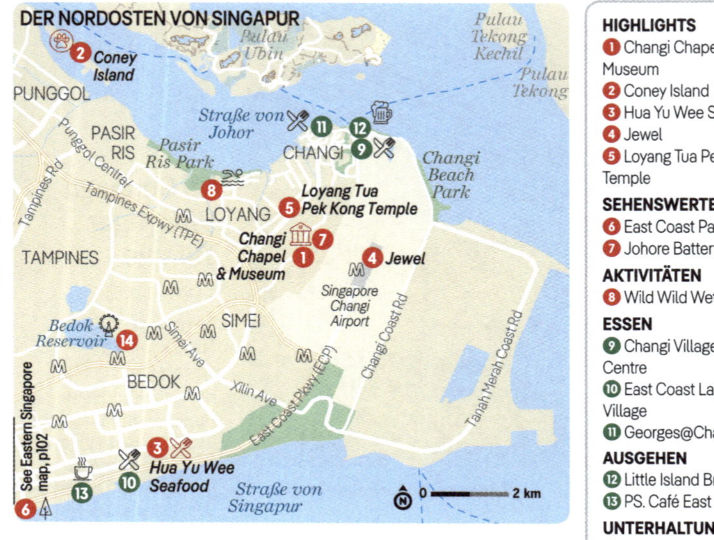

HIGHLIGHTS
1 Changi Chapel & Museum
2 Coney Island
3 Hua Yu Wee Seafood
4 Jewel
5 Loyang Tua Pek Kong Temple

SEHENSWERTES
6 East Coast Park
7 Johore Battery

AKTIVITÄTEN
8 Wild Wild Wet

ESSEN
9 Changi Village Hawker Centre
10 East Coast Lagoon Food Village
11 Georges@Changi

AUSGEHEN
12 Little Island Brewing Co
13 PS. Café East Coast Park

UNTERHALTUNG
14 Forest Adventure

JOHORE BATTERY

KARTE 104, 7

Militärgeschichtlich Interessierte finden in nördlicher Richtung entlang der Cosford Road die Geschützstellung von Johor, Teil der britischen Artillerieverteidigung an der Küste. Sie war mit drei monströsen Geschützen ausgerüstet, die in der Schlacht um Singapur 1942 zum Einsatz kamen.

Die Originalgeschütze wurden entfernt, an deren Stelle befinden sich Nachbildungen. Eine Hütte birgt Fotos und Infos.

Seit Ende 2023 sind in dem Containerpark nebenan Erfrischungen zu bekommen.

No Signboard Seafood

KARTE P102, 3

Taschenkrebs mit weißem Pfeffer

Von einem namenlosen Hawker-Stand der 1970er-Jahre (daher „ohne Namensschild") entwickelte sich das Fischrestaurant zu einer Ikone der Stadt. Die Gründerin Madame Ong Kim Hoi begründete ihren Ruhm durch die Erfindung der White-pepper Crab: Die Schärfe passt perfekt zum süßlichen Krebsfleisch. Genauso scharf sind die Stammgäste nach Chili-Krabben und Garnelen mit knusprigen Getreideflocken. Bei einbrechender Dunkelheit erwacht hier das Leben; schwirrende Ventilatoren und flimmernde Lichter erhöhen die nostalgische Wirkung.

Eng Tiang Huat Chinese Cultural Shop

KARTE P102, 8

Hüter der Erinnerungen

Wer die Schwelle zu diesem bezaubernden Geylang-Shophouse betritt, erblickt eine Schatztruhe voller chinesischer Antiquitäten, Stoffe, Opernrequisiten, Trachten und traditioneller Instrumente und dazu eine Fülle leuchtend roter Banner. Und doch ist es eine unscheinbare alte Singer-Nähmaschine, die alle Blicke auf sich zieht. Hier bewahrt Jeffery Eng, Inhaber in der dritten Generation, seine Erinnerungen als Meister des Stickereihandwerks auf. Jeffery Engs Großvater gründete in den 1930er-Jahren hier eine Schneiderei (die noch heute nach ihm benannt ist). Dieser importierte Waren aus China und wurde allmählich zu einem Vermittler traditioneller chinesischer Kultur. Heute führt Jeffery Eng gern Gäste durch sein Geschäft und vermittelt ihnen sein Handwerk.

Changi Chapel & Museum

KARTE P104, 1

Berührendes Mahnmal für die Kriegsgefangenen

Das modernisierte Changi Chapel & Museum ist ein Denkmal für die Kriegsgefangenen und Internierten während der japanischen Besatzung. In acht einzelnen Zonen dokumentiert das Museum die schrecklichen Erlebnisse der Internierten durch persönliche Gegenstände, interaktive Ausstellungen, Fotografien und ergreifende Zeitzeugnisse. Ein erschütterndes Highlight ist ein Nachbau einer Changi-Gefängniszelle. Zur Einzelhaft vorgesehen, waren in diesen Zellen bis zu vier Häftlinge untergebracht. Aufzeichnungen von Gesprächen zwischen Internierten sind über Lautsprecher in der Zelle zu hören. Zeugnisse der Findigkeit sind ein Morsetelegraf in einer Streichholzschachtel und die Kopien britischer und australischer Patchwork-Quilts, die von weiblichen Gefangenen hergestellt wurden – in ihre Motive waren manchmal geheime Zeichen eingearbeitet, die nur Eingeweihte entschlüsseln konnten.

Das Museum birgt auch Kopien der sog. Changi Murals in voller Größe, die der Kriegsgefangene Stanley Warren im alten Lazarett bemalt hatte. Die echten Bilder, im Block 151 des Changi Army Camp, sind nicht öffentlich zugänglich. Das Herzstück des Museums ist der Nachbau der Changi Chapel, die von Insassen errichtet wurde; hier ist das Changi Cross zu sehen, das 1942 aus Munitionshülsen zusammengesetzt wurde. Der interaktive Roboter Temi führt durch das Museum.

ERINNERUNGSSTÄTTEN & DENKMÄLER

Ein tieferes Verständnis der Militärgeschichte Singapurs ermöglicht eine Reihe von bewegenden Mahnmalen, darunter das Battle Box Museum im Fort Canning Park (S. 50), Bukit Timah's Former Ford Factory (S. 120) und das Kranji War Memorial (S. 150).

ROGERMECHAN/SHUTTERSTOCK ©

Changi Chapel

Geylang Serai Heritage Gallery

KARTE P102, 2

Tiefer Einblick in den Stadtbezirk

Dieses kleine Museum ist jenen Gemeinschaften gewidmet, die jahrzehntelang in Geylang Serai lebten. Die Galerie ist in drei Hauptabteilungen gegliedert und dadurch leicht zugänglich.

„Making of Geylang Serai" beschreibt die Geschichte des Stadtteils, anfangs eine Zitronengrasplantage, dann eine abgeschiedene Siedlung und schließlich ein modernes Wohngebiet.

Außerdem gibt es die Abteilungen „Living in Geylang Serai" mit dem Fokus auf die Gegenwart und „Our Geylang Seraui: Community and Heritage", die Fotografien, Aufzeichnungen, Bücher und andere Ausstellungsstücke zeigt.

FRÉDÉRIC ARAUJO/ALAMY STOCK PHOTO ©

Sri Sivan Temple

Sri Sivan Temple

KARTE P102, 6

Ein versetzter Tempel

Dies ist die Geschichte eines Tempels auf Reisen. Um 1850 wurde der Sri Sivan Temple zu Ehren der Gottheit Shiva an der Orchard Road erbaut. In den 1980er-Jahren wurde das Grundstück, auf dem er stand, zur Bebauung freigegeben, der Tempel wurde an die Serangoon Road versetzt, bis er 1993 seinen jetzigen Standort in Geylang fand. Der Tempel ist durch seine schmuckvolle Gestaltung, in der sich architektonische Stile aus Nord- und Südindien verbinden, etwas Besonderes.

An dem Bau mit achteckigem Fundament befinden sich viele handgemeißelte Marmor- und Kalksteinstücke. Gäste sind im Innern des Tempels willkommen; man sollte respektvoll gekleidet sein und die Schuhe am Eingang ausziehen.

Hua Yu Wee Seafood

KARTE P104, 3

Lässig und chaotisch – ein chinesisches Restaurant

Wenig hat sich hier seit 1970 verändert – außer dem Einbau einer Klimaanlage – und die Singapurer wollen es gar nicht anders.

In einem kolonialzeitlichen Bungalow aus der Zeit, als die East Coast Road noch am Strand entlangführte, herrscht eine entspannte Atmosphäre mit vielen Sitzplätzen im Freien. Es geht lässig und turbulent zu und ist ein echt singapurisches Erlebnis. Traditionelle *zi char* (Gerichte zum Teilen) und Seafood werden angeboten. Die Servicekräfte tragen die *kebayas* (Blusen im Nonya-Stil) der Singapore Airlines.

Tua Pek Kong Temple

SIVAROCK/GETTY IMAGES ©

Loyang Tua Pek Kong Temple

KARTE P104, 5

Ein religiöser Schmelztiegel

Der Tempel Loyang Tua Pek Kong geht auf eine einfache Hütte zurück, die in den 1980er Jahren gebaut wurde, um Figuren taoistischer, buddhistischer und hinduistischer Gottheiten unterzubringen, die nahe der Küste von Loyang gefunden wurden. 1996 zerstörte ein Feuer den Schrein, was zum Bau eines Tempels am Loyang Way führte, der 2007 an seinen gegenwärtigen Standort verlegt wurde.

Heute weist dieser moderne Tempel eindrucksvolle Holzschnitzereien, Darstellungen wirbelnder Drachen und Hunderte farbenprächtiger Bilder von göttlichen Wesen, Göttern und Heiligen auf. Er verkörpert die große Toleranz Singapurs, indem er drei Religionen – Hinduismus, Buddhismus und Taoismus – unter einem Dach vereint. Es gibt sogar einen Schrein, der Datuk Kung geweiht ist, einer Gestalt der malaiischen Mystik und des chinesischen Taoismus.

Rhodomyrthus tomentosa, Coney Island

NEDLA/SHUTTERSTOCK ©

Coney Island

KARTE P104, 2

Radtour durch eine Naturoase

Das Naturschutzgebiet, über zwei Fußgängerstraßen öffentlich zugänglich, ist ein wunderbares Ziel. Es birgt eine vielfältige Flora und Fauna und ist ein Paradies für Vogelfreunde, für die es auch Hochsitze gibt. Das Schutzgebiet umfasst verschiedenartige Lebensräume, u.a. Mangroven, Wiesen, Kasuarinen- und Küstenwälder. Sie sind durch Wanderwege miteinander verbunden, die die ganze Insel erschließen. Der westliche Eingang befindet sich etwa 500 m vom Punggol Settlement; dort findet man Toiletten (auf östlicher Seite gibt es nur eine einzige!) und kann Trinkwasser bekommen. Außerdem gibt es Leihräder, um die Insel zu erkunden. Tiere lassen sich am besten morgens beobachten. Unverzichtbar sind ein Insektenschutzmittel und ein wachsames Auge auf Affen, die gern den Proviant der Gäste stibitzen. Achtung: Die Tore werden pünktlich um 19 Uhr geschlossen.

Jewel

KARTE P104, 4

Eine Flughafenpassage anderer Art

Wer durch den Flughafen Changi kommt, sollte sich Zeit für die architektonisch eindrucksvolle Jewel-Mall nehmen. Mit ihren terrassierten Gärten ähnelt sie einer Filmkulisse von *Jurassic Park*; diese Lifestyle-Destination wurde von Mosche Safdie entworfen, von dem auch Marina Bay Sands stammt. Auf den verschiedenen Ebenen gibt es Restaurants der Spitzenklasse, heimische und internationale Geschäfte, ein Kino, Spas, ein Hotel, Labyrinthe, ein Baumwipfelpark usw. Das eigentliche Highlight ist jedoch ein 40 m hoher Wasserfall, der sich von einer Glaskuppeldecke ergießt. Dieser größte Indoor-Wasserfall der Welt, HSBC Rain Vortex, ist atemberaubend.

TRAVEL MAN/SHUTTERSTOCK ©

Rain Vortex, Jewel

ENTDECKUNGSTOUR DURCH JOO CHIAT

Joo Chiat erschließt sich am besten zu Fuß, um die Architektur zu bewundern und Boutiquen und Cafés aufzusuchen. Das Abenteuer beginnt beim ❶ **Geylang Sari Market and Food Centre**: Hier gibt es einen Nassmarkt und Kostproben in einem Hawker-Center. Weiter geht es über die Changi Road und an der Joo Chiat Road hinunter, dann nach links in die Joo Chiat Terrace. Bei ❷ **Hat of Cain** kann ein echter Panamahut erstanden werden, bevor im Weitergehen eine eindrucksvolle Reihe von Shophouses und ein privates Museum in Sicht kommen: ❸ **The Intan** (S. 112; Führungen nach Anmeldung). An der Everitt Road rechts einbiegend, ist das verspielte Wandbild ❹ **Jousting Painters** von Ernest Zacharevic (dem „Banksy Malaysias") zu sehen. Südwärts geht es zum Joo Chiat Place mit einer Reihe eleganter Shophouses. Zurück an der Joo Chiat Road führt der Weg nach links die Tembeling Road hinunter zum ❺ **Kuan Im Tng Temple**, dann nach rechts auf die Joo Chiat Lane und erneut zur Joo Chiat Road. Einen Kaffee gibt es bei ❻ **Common Man** (S. 112). Kein Rundgang durch Joo Chiat wäre vollständig, ohne einen Blick auf die Shophouses der ❼ **Koon Seng Road** zu richten. Entlang der Joo Chiat Road reihen sich alte Läden aneinander, so auch das Rattangeschäft ❽ **Teong Theng Co** und Boutiquen wie ❾ **The AC** und ❿ **Cat Socrates**. Wer sich an der East Coast Road nach rechts wendet, entdeckt die Peranakan-Boutique ⓫ **Rumah Bebe** und eine gute Quelle für Snacks, ⓬ **Kim Choo Kueh Chang**. Der Weg führt rechts die Ceylon Road hinauf zum ⓬ **Sri Senpaga Vinayagar Temple** und wieder zur ⓮ **328 Katong Laksa**.

Cat Socrates, Joo Chiat Road

JASON KNOTT/ALAMY STOCK PHOTO ©

Verborgene Schätze in Geylang KARTE P102, 8 9 10

Spirituelles Zentrum mit einer nächtlichen Seite

Alle Gerüchte über Geylang als obszöner „Fleischmarkt" mit Bordellen, Girly-Bars, zwielichtigen Hotels und Straßen, an denen sich Sexarbeiter anbieten, sind zutreffend. Der Stadtbezirk ist weit von Bangkoks Patpong entfernt, jedoch enthüllt ein nächtlicher Gang durch die Straßen eine ziemlich pikante Nachbarschaft – zumindest nach singapurischen Maßstäben.

So seltsam es scheint, ist Geylang auch ein spiritueller Mittelpunkt der Löwenstadt mit gewaltigen Tempeln und Moscheen und malerischen Gassen, die von religiösen Schulen, Schreinen und Tempeln gesäumt sind. Bei Tag offenbart ein Spaziergang durch die *lorongs* (Gassen), die von Norden nach Süden zwischen der Sims Avenue und Geylang Road verlaufen, einen verborgenen Reiz für alle, die genauer hinsehen.

Zu den Seitenstraßen, die besonders bezaubernd sind, gehört die von Bäumen gesäumte **Lorong 27**, wo sich Schreine und Tempel drängen. Sprechgesänge sind in der **Lorong 24A**

DIE BESTEN HAWKER-CENTER IM OSTEN

East Coast Lagoon Food Village
Bei Sonnenuntergang in den East Coast Park zu Satay-Spießen und Fischgerichten. $

Old Airport Road Food Centre
Knapp 170 Stände mit zahlreichen beliebten Speisen. $

Changi Village Hawker Centre
An der Küste gelegen mit zahlreichen Ständen, an denen es *nasi lemak* (Kokosreis) gibt. $

Geylang Serai Market & Food Centre
Von malaiischen und indischen Ständen gesäumt – eine gute Adresse für *nasi padang* (Padang-Reis). $

Shophouses, Geylang

ÜBERNACHTEN IM OSTEN

Hotel Indigo
Beeindruckendes Hotel im Peranakan-Stil voller Nostalgie. Hat einen Infinitypool auf dem Dach. $$

Coliwoo Hotel Gay World
Co-Living-Hotel (in sich geschlossene Zimmer mit Gemeinschaftsräumen) – perfekt als Tor zu Geylang. $$

Betel Box
Preiswertes Hostel mitten in Joo Chiat. Lohnende Stadtteiltouren werden angeboten. $

üblich – viele der renovierten Shophouses beherbergen kleine buddhistische Gemeinschaften. Die prachtvolle **Lorong 34** weist Shophouses in vielen Farbtönen, buntfarbige Schreine und Schalen mit brennendem Räucherwerk auf.

Geylang verfügt auch über eine gute Restaurantszene. An der Geylang Road und Sims Avenue gibt es schlichte heimische Speiselokale in großer Zahl, die preiswert sind. Ein ziemlich kulinarisches Abenteuer ist das Frosch-Porridge, für das der Stadtteil berühmt ist – einen Versuch wert ist Geylang Lor 9 Fresh Frog Porridge. Nachteulen finden im jederzeit geöffneten 126 Dim Sum Wen Dao Shi eine gute Adresse für köstliche Teigtaschen.

Sport im Osten der Stadt

KARTE P102, 13 P104, 6 8 14

Viel Raum für Bewegung

Das östliche Singapur erstreckt sich von Geylang bis nach Changi und lässt viel Raum für sportliche Aktivitäten.

Dieser öffentliche Raum, ein 15 km langer Küstenstreifen, wird **East Coast Park** genannt; hierher kommen die Singapurer zum Picknicken, Schwimmen, Windsurfen, Kajak- und Radfahren, zudem sind viele Einheimische mit Wakeboards, Skateboards und Inlineskates unterwegs; es gibt zahlreiche Kokospalmen, Buschland, eine Lagune, Wassersportclubs und mehrere exzellente Restaurants. Kinderspielplätze sind in Fülle vorhanden, Leihfahrräder sind überall entlang der Küste bequem zu bekommen.

In eine Abenteuerwelt in luftiger Höhe entführt **Forest Adventure**. Das Gelände ist mit drei Parcours für verschiedene Altersgruppen ausgerichtet (ab einer Mindestgröße von 1,10 m und einem Mindestalter von 5 Jahren). Besonders spannend sind wacklige Baumwipfelpfade und rasante Zip-Lines. Größere Kinder können sich an den Big Zip wagen, mit dem sie von einer 14 m hohen Plattform rund 300 m weit über eine Wasserfläche sausen.

Ein nasser Spaß ist der Wasserthemenpark **Wild Wild Wet** mit 16 Rutschen, u. a. Wasserrutschen, ein Wellenbecken und eine Mat-Racer-Rutsche. Eine Herausforderung ist der Torpedo, in dem man in einer Kapsel aus einer Höhe von 18 m in freiem Fall nach unten stürzt. Zudem gibt es einen Whirlpool.

Schwindelerregende Höhen können auf dem vertikalen Indoor-Spielplatz **Climb Central** erklommen werden, geeignet für Abenteuerlustige jeden Alters. An hohen Boulderwänden können die Kräfte erprobt werden. Für Neulinge gibt es eine einstündige Probetour mit Führung (nur nach Reservierung).

IN DEN FERNEREN OSTEN

Eine Fahrt nach Changi Village ist ein Abenteuer für sich.

Die erste Option: den East West MRT bis zur Haltestelle Tanah Merah nehmen, wo die Buslinie 2 auf schnellstem Weg mitten ins Herz des Dorfes führt.

Die zweite Option: ein Fahrrad von einem Mietkiosk im East Coast Park leihen und auf der ebenen, 15 km langen Strecke ins Dorf radeln. Die Tour führt östlich durch eine stille Parklandschaft an der Küste, nördlich an der Changi Coast Road und schließlich westlich am Changi Beach entlang.

DIE SCHÖNSTEN TOUREN IM OSTEN VON SINGAPUR

Betal Box
Kulinarische Spaziergänge, z.B. die Tour „Sins and Salvation" am Freitagabend durch die *lorongs* von Geylang.

Cookery Magic
Kochkurse zu Hause bei Chefkoch Ruqxana. Hier werden Gerichte, u.a. der Peranakan nachgekocht.

Singapore Sidecars
Joo Chiat im Beiwagen einer Oldtimer-Vespa kennenlernen – ein großer Spaß mit vielen Fotomotiven!

Abwechslung vom Stadtleben

KARTE P104, 9 11 12

Meeresbrisen und Dorfatmosphäre

Am äußersten Rand der Nordostküste liegt Changi Village in willkommener Entfernung von der Hektik der Stadt. Beim Erkunden dieser Gegend ergibt sich ein Blick auf eine entspanntere Seite Singapurs, dessen Bewohner sich in ärmellosen T-Shirts, knielangen Boardshorts und Flipflops – der Freizeitkluft der Insulaner – lässig geben. So modern die niedrigen Gebäude sind, besitzt der Ort dennoch viel dörflichen Charme. Einen lebhaften Mittelpunkt bildet das **Changi Village Hawker Centre**, zu dem Foodies in Scharen strömen – es gibt drei Stände für *nasi lemak* (Kokosreis). Wo es die beste Variante gibt? Darüber wird heftig gestritten! Wer mitreden will, kann es mit **Missy Corner** (01-26), **International Muslim Food Stall Nasi Lemak** (01-23) und **Changi Famous Nasi Lemak** (01-28) versuchen.

Eine Fußgängerbrücke zum Changi Beach führt an einen Ort, an dem im Zweiten Weltkrieg tausende singapurischer Zivilisten hingerichtet wurden. An der malerischen Stätte erinnert nichts an diese Greueltat. Es ist möglich, am Strand spazieren zu gehen und in der Sonne zu liegen, er ist jedoch zum Schwimmen nicht ideal.

Unweit vom Hawker-Center und ein kurzes Stück vom Changi Beach entfernt liegt der Fährhafen, wo Bumboote (motorisierte Sampan-Boote) zum nostalgischen Pulau Ubin oder zur malaiischen Desaru-Küste ablegen. Beim Fährhafen findet man auch den Ausgangspunkt zum Changi Point Coastal Walk, einem gut 2 km langen Plankenweg, der an Mangroven, einem Sandstrand und den Grundstücken von Feriendomizilen der Regierungsmitglieder vorbeiführt.

Die Wanderung führt zum privaten **Changi Sailing Club** mit einer öffentlichen Restaurantbar, **Georges@Changi**, einem netten Platz für ein Bier und einen Blick über schaukelnde Jachten bis nach Pulau Ubin. Eine gute Alternative ist die Rückkehr nach Changi Village ins **Little Island Brewing Co**, einer Mikrobrauerei und Räucherei, zu abendlichen Drinks und Livemusik.

Die Peranakan-Kultur

KARTE P102, 7 11 12

Sehenswerte private Museen

Alle drei dieser privaten Museen sind nur nach Anmeldung geöffnet – eine kleine Umständlichkeit, die sich aber bezahlt macht. Jedes erlaubt auf einzigartige und bereichernde Art tiefe Einblicke in die Peranakan-Kultur.

DIE BESTEN PERANAKAN-RESTAURANTS

Guan Hoe Soon
Das älteste Peranakan-Restaurant der Stadt (gegründet 1953). Ein Muss: *ayam buah keluak* (Hühnerfleisch mit schwarzen Nüssen). $$

Old Bibik's Peranakan Kitchen
Altbewährte Rezepte und treue Gäste. Das *Rendang*-Rindfleisch zergeht auf der Zunge. $

Baba Chews
Die modernen Variationen alter Lieblingsgerichte werden nicht streng nach Peranakan-Art zubereitet, sollten aber probiert werden. $$

Kim Choo Kueh Chang
Traditionelle Nonya-*kuehs* und Reis-Dumplings seit 1945. Das *ondeh ondeh* (süße Reiskuchenbällchen) und *kueh dadah* (Teigröllchen mit Kokos und Palmzucker) sind eine gute Wahl. $

DIE BESTEN CAFÉS AN DER OSTKÜSTE

PS. Cafe East Coast Park
Herrliches Stranderlebnis mit wunderschönem Meerblick, gutem Essen und Kaffee.

Supernova
Perfekt für ein gutes Frühstück mit richtig gutem Kaffee. Am Abend werden Cocktails und Wein serviert.

Common Man
Ganztägiger Brunch. Es gibt eine Kaffeeakademie und eine eigene Rösterei – guter Kaffee ist garantiert.

HUNTEROOL HP/SHUTTERSTOCK ©

Changi Sailing Club

An der Joo Chiat Terrace dient ein Wohnhaus als Museum. **The Intan** bietet eine Reihe von Kursen und Erlebnissen an. Inhaber und Kurator Alvin Yapp heißt seine Gäste willkommen und erzählt ihnen die faszinierenden Geschichten hinter der umfangreichen Sammlung von Peranakan-Antiquitäten, Kunstgegenständen und Textilien, die er in drei Jahrzehnten zusammengetragen hat. Zur „Tea Experience" werden delikate Nonya-*kuehs* gereicht.

Die lebenslange Leidenschaft des verstorbenen Gründers Mr. Peter Wee war das **Katong Antique House** an der East Coast Road. Es beherbergt Antiquitäten, Kunstobjekte, Möbel, Bilder und Schmuck. Heute wird das Museum von Eric Ang und Angeline Kong liebevoll betreut, die mit Leidenschaft den Traum und das Werk Mr. Wees fortsetzen.

Straits Enclave ist ein schönes Shophouse an der Joo Chiat Road, wo die Gäste in die Baba-Nonya-Kultur eingeführt werden und farbenfrohe Antiquitäten und Artefakte entdecken können – vor allem ein 150 Jahre altes Brautbett, perfekt hergerichtet für eine traditionelle Peranakan-Hochzeit. Professionelle Photoshootings sind mit authentischen Kostümen, Haartrachten und Make-up möglich. Zudem gibt es Workshops, u. a. kann man die Handarbeiten der Peranakan, z. B. Perlenstickerei und Batikmalerei, erlernen.

KING OF FRUITS

Die Durianfrucht hat in Singapur einen schlechten Ruf. Sie ist in den meisten öffentlichen Verkehrsmitteln (v. a. dem MRT) verboten; ebenso in vielen Hotels und in Shopping-Malls.

Warum? Sie stinkt. Trotzdem wird sie von vielen Singapurern geliebt und sollte zumindest einmal probiert zu werden.

An vielen Straßenständen, so auch am innenstadtnahen Ende der Sims Avenue, ist sie zu finden.

Tipp: Handschuhe verwenden, damit der Gestank nicht lange haften bleibt.

DIE BESTEN LÄDEN IN JOO CHIAT

Rumah Bebe
Traditionsboutique der Peranakan-Kultur, inkl. köstliches Nonya-Essen zum Mitnehmen.

RetroCrates
Unabhängiges Geschäft, das auf Secondhand-Vinyl und neue Platten spezialisiert ist. Mit einer „Goodvibes"-Filiale.

Onlewo
Hinreißende Druckgrafiken und Muster singapurischer Herkunft, die auf allerlei Artikeln abgebildet sind.

TOP TIPP

Unbedingt vor Beginn einer Wanderung beachten, dass es sehr heiß und feucht werden kann – und unterwegs kann man nichts kaufen. Auf jeden Fall eine Kopfbedeckung tragen, Mückenschutz auftragen, viel Wasser und ein paar stärkende Snacks einpacken.

LOCAL TIPP: TREFFS DER EINHEIMISCHEN

Tay Yan Ping, UX Designerin der singapurischen Spiele- und Lifestyle-Marke Razer, verrät ihre Lieblingsorte.

Yishun Dam
Bei Sonnenuntergang bummele ich am liebsten über den Yishun Dam, beobachte Leute und träume.

Sin Ming Roti Prata
Der schlichte Imbiss ist bei den Einheimischen Kult, denn hier gibt es das knusprigste *roti prata* (indisches Mini-Fladenbrot) der Stadt.

Slow Bakes
Mitten in Yishun befindet sich das originelle Café mit Bäckerei, das ofenfrische Backwaren und herzhaftes Frühstück bietet.

Wheeler's Estate
Das gehobene Restaurant in einem schwarz-weißen Bungalow aus der Kolonialzeit serviert Farm-to-table-Gerichte.

Der Norden & das Zentrum

DIE GRÜNEN LUNGEN VON SINGAPUR

Mit seiner Mischung aus Naturreservaten, Parks und Wanderwegen bietet dieser wilde, wunderbar grüne Teil Singapurs eine fantastische Auszeit vom Betondschungel.

Im Rahmen von Singapurs Konzept „Stadt im Park" entstehen in diesem Teil der Insel immer mehr neue Grünflächen zusätzlich zu den bereits bestehenden.

Für Outdoor-Fans gibt es in Nord- und Zentral-Singapur nicht nur Baumwipfelpfade und Mountainbike-Routen zu entdecken, sondern noch viel mehr. Ein Muss für aktive Reisende ist der sich durch Singapur ziehende Rail Corridor Trail, er verläuft von Kranji Node im Norden bis Clementi Forest im Süden. Wer in Stadtnähe den Dschungel erleben will, sollte entweder den höchsten Berg im Bukit Timah Nature Reserve besteigen oder die Mountainbike-Strecken im Chestnut Nature Park erkunden. Unbedingt reichlich Trinkwasser mitnehmen, reichlich Mückenschutz auftragen und ausreichend Snacks einpacken, bevor man in die Wildnis aufbricht.

Wer nicht gerne wandert, besucht die großartigen Tempel und traditionellen *kampongs* (Dörfer) und Mandai Wildlife Reserve. Hier finden sich mehrere Wildparks, die alle über Umweltschutz informieren. Im Singapore Zoo kann man mit Orang-Utans frühstücken, River Wonders bietet Bootstouren zu Seekühen und Capybaras und im neuen Bird Paradise leben Sulawesi-Hornvögel. Jeder Park bietet informative und fesselnde Erlebnisse.

Alternativ bietet sich ein Ausflug ins Zentrum mit einem Bad in den historischen Sembawang Hot Springs an. Mitgebrachte Eier können im 38 °C warmen Wasser gekocht und zum singapurischen Frühstück gegessen werden. Für eine Erholung auf dem Land eignet sich ein Spaziergang durch den nahen Seletar Aerospace Park mit anschließender Pause in den Cafés in den schwarz-weißen Kolonialhäusern.

Links & oben: Bukit Timah Nature Reserve (S. 120)

NICHT VERSÄUMEN

RAIL CORRIDOR
Der neu angelegte 24 km lange Grünstreifen verläuft von Kranji im Norden über die Insel bis Tanjong Pagar im Süden.
S. 118

BUKIT TIMAH NATURE RESERVE
Der geschützte Asean Heritage Park ist die Heimat eines der größten noch existierenden Primärregenwälder in Singapur.
S. 120

SINGAPORE ZOO
In diesem fesselnden preisgekrönten Zoo trifft man Orang-Utans und kann mit ihnen frühstücken.
S. 123

MACRITCHIE RESERVOIR
Vom 25 m hohen Baumwipfelpfad im MacRitchie Reservoir bekommt man einen neuen Blick auf den Dschungel.
S. 126

DER NORDEN & DAS ZENTRUM VON SINGAPUR
Admiralty Rd W
Woodlands Ave 10
Sembawang
Woodlands Ave 9
Riverside Rd
21
Woodlands Ave 7
Admiralty
Yishun Ave 7
Yishun Ave 2
Yishun Ave 8
37
24
Woodlands
18
YISHUN
Marsiling
WOODLANDS
Woodlands Ave 12
Sembawang Rd
Yishun
34
26
Seletar Expwy
Bukit Timah Expwy (BKE)
Yishun Ave 2
Yishun Ave 4
23
Khatib
Mandai Rd
Yishun Ave 1
Orchid Country Club
Singapore Zoo
NEE SOON
1
9
Bird Paradise
5
8
River Wonders
Upper Seletar Reservoir
Lower Seletar Reservoir
Night Safari
Lentor Ave
Seletar Expwy
Kranji Expwy
Central Catchment Nature Reserve
Upper Thomson Rd
Lentor Ave
Ang Mo Kio Av
Chestnut Nature Park
3
ANG MO KIO
Lower Peirce Reservoir
Upper Peirce Reservoir
10
Cashew
32
Ang Mo Kio Ave 1
Hillview
Upper Bukit Timah Rd
Sin Ming Ave
28
38
Bukit Timah Expwy
33
Sin Ming Rd
Marymount Rd
2
12
6
Bukit Timah Nature Reserve
Rail Corridor Central Trail
Marymount
7
Rifle Range Nature Park
MacRitchie Reservoir
Braddell
Beauty World
15
Lornie Rd
Braddell
29
Pan Island Expwy
King Albert Park
Bukit Timah Rd
Sixth Avenue
Toa Payoh
Pan Island Expwy
19
Tan Kah Kee

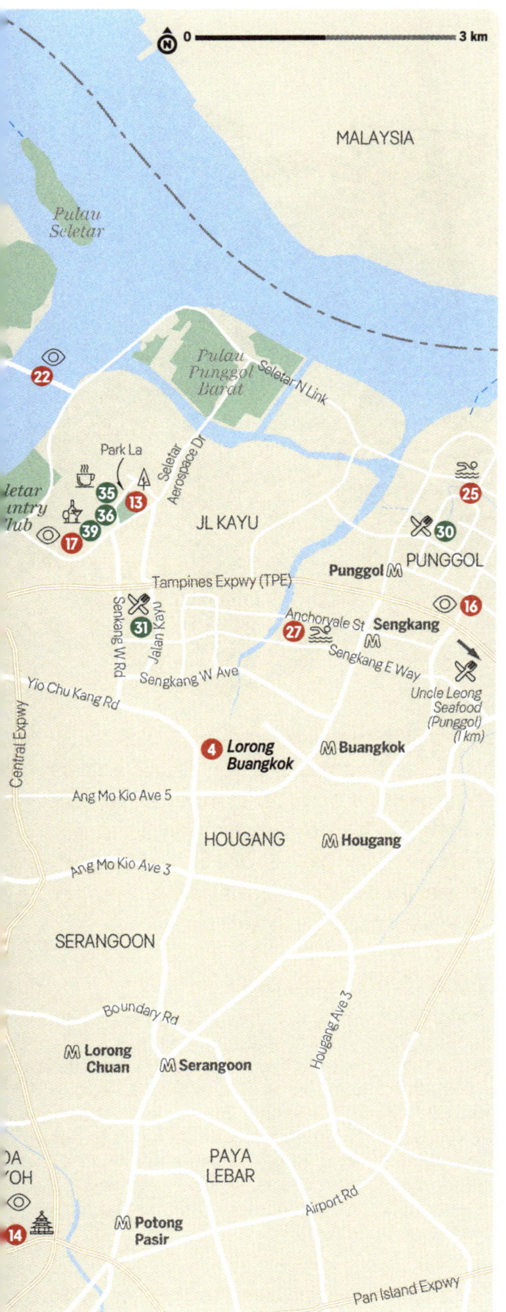

HIGHLIGHTS
1 Bird Paradise
2 Bukit Timah Nature Reserve
3 Chestnut Nature Park
4 Lorong Buangkok
5 Night Safari
6 Rail Corridor Central Trail
7 Rifle Range Nature Park
8 River Wonders
9 Singapore Zoo

SEHENSWERTES
10 Ang Mo Kio
11 Cheng Huang Temple
12 Former Ford Factory
13 Hampstead Wetlands Park
14 Lian Shuang Lin Monastery
15 MacRitchie Reservoir
16 Punggol
17 Seletar
18 Sembawang Hot Spring Park
19 Sun Yat Sen Nanyang Memorial Hall
20 Toa Payoh
21 Woodlands
22 Yishun Dam

AKTIVITÄTEN, KURSE & TOUREN
23 HomeTeamNS Khatib
24 PAssion Wave Sembawang
25 SAFRA Punggol
26 SAFRA Yishun
27 Sengkang Pool

ESSEN
28 Canopy Bishan
29 Come Daily Fried Hokkien Prawn Mee
30 Cook House by Koufu
31 Jalan Kayu Thasevi Food
32 Mellben Seafood
33 Sin Ming Roti Prata
34 Slow Bakes
35 Wheeler's Estate
36 Wildseed Café at The Summerhouse

AUSGEHEN & FEIERN
37 Nelson Bar
38 Sixteen Ounces Bar & Kitchen
39 YOUNGS Bar & Restaurant

CHUA KOK BENG MARCUS/SHUTTERSTOCK ©

Bukit Timah Truss Bridge

PRAKTISCHES

Mit Hilfe der Website von Rail Corridor (railcorridor.nparks.gov.sg) lässt sich die Reise gut planen.

HIGHLIGHT

Rail Corridor

Der 24 km lange Rail Corridor, der die gesamte Insel bis 2026 von Nord nach Süd durchqueren soll, ist Singapurs erster Fernwanderweg. Die Behörde NParks verwandelte eine Eisenbahnstrecke zwischen Singapur und Malaysia in ein fortlaufendes grünes Band, pflanzte mehr als 52000 heimische Gehölze auf der Strecke, forstete Waldgebiete wieder auf und schuf natürlichen Lebensraum für gefährdete Tierarten.

NICHT VERPASSEN

- Bukit Timah Railway Station
- Rifle Range Nature Reserve
- Hinhede Nature Park
- Singapore Quarry
- Bukit Timah Truss Bridge
- Clementi Forest
- Kranji Node

Rail Corridor: Nord, Süd oder Mitte?

Der Fernwanderweg besteht aus drei Teilen. Der **mittlere Teil** (4 km) nahe Bukit Timah ist das beliebteste Stück, er bietet interessante Sehenswürdigkeiten wie Stahlbrücken und restaurierte Bahnhöfe. Der **südliche Teil** (10 km), südlich von Bukit Timah, ist landschaftlich weniger schön und noch nicht fertig; seine Hauptattraktion ist Clementi Forest. Der **nördliche Teil** (10 km), nördlich von Hillview Station, führt durch das ländliche Singapur. Besucher mit wenig Zeit sollten auf dem mittleren Teil wandern und die Naturreservate der Umgebung erkunden.

Kranji Node

Die Wanderung durch den **nördlichen Teil** beginnt am kürzlich eröffneten Kranji Node gegenüber der Kranji MRT Station.

Der einfache Weg ist eben und schattig. Da sich Kranji entlang der Küste zieht, wurden durch NParks einheimische Bäume und Küstengewächse wie Geronggang angepflanzt. Bei der Wanderung über den Corridor Richtung Hillview durchquert man eine Erhöhung und erreicht eine 6 m hohe Aussichtsplattform mit Blick über den Singapore Quarry sowie Bukit Timah Nature Reserve.

Singapore Quarry

Ursprünglich wurde hier Granit abgebaut, heute ist der ehemalige Steinbruch mit Wasser gefüllt – den Hintergrund für den jadegrünen See bilden schroffe Klippen und dichter Wald. Mit etwas Geduld kann man seltene Vögel, Fische, Schildkröten und Warane sehen. Neben dem See befindet sich eine Aussichtsplattform mit einer guten Sicht auf den See.

Hinhede Nature Park

Direkt südlich des Steinbruchs liegt der Hinhede Nature Park mit vielen leichten, gut markierten Wander- und Spazierwegen. Der landschaftlich schöne Park eignet sich gut für Vogelbeobachtungen – mit Glück erspäht man den heimischen Kehlbindenspecht. Kinder werden von den vielen Spielplätzen überall im Park begeistert sein.

Bukit Timah Railway Station

Auf halber Strecke des mittleren Teils bietet sich eine Pause an der Bukit Timah Railway Station an. Der Bahnhof wurde zwei Jahre lang renoviert und dient jetzt als Ausstellungsraum. Die Stellwerkhebel, Bahnhofsschilder und Fahrkartenschalter sind original erhalten. Stärken kann man sich im Story Cafe von 1932, in den ehemaligen Personalräumen, das mit Erinnerungsstücken und Antiquitäten eingerichtet ist. Nicht weit entfernt befindet sich die emblematische **Bukit Timah Truss Bridge** von 1932 mit ihrem massigen schwarzen Stahlrahmen.

Clementi Forest

Das landschaftlich schönste Stück des **südlichen Teils** ist eine 85 ha große Wildnis im geschäftigen Wohngebiet Clementi. Clementi Forest ist das wichtigste und größte ungeschützte Waldgebiet am Rail Corridor, Heimat für 98 Arten von Gefäßpflanzen, darunter der seltenen Orchidee *Dienia ophrydis*. Der Wanderweg ist der urwüchsigste Weg Singapurs – mit riesigen Bäumen, zwei Fließgewässern und schlammigen Passagen. Mit etwas Glück entdeckt man einen Orienthornvogel.

STARTPUNKT FÜR DIE WANDERUNG

Die beiden Startpunkte des Rail Corridor erreicht man entweder über die Kranji MRT Station oder (ab 2026) die Tanjong Pagar Railway Station. Wer die gesamten 24 km wandern möchte, beginnt bei Kranji Node (Nordende) oder Spooner Road (Südende), nicht weit entfernt von Outram Park MRT. Eine kurze, 7,5 km lange Wanderung zu den historischen Punkten beginnt an der Buona Vista Station und endet an der Hillview Station.

TOP TIPPS

- Frühmorgens sind die Temperaturen noch angenehm.
- Wanderschuhe sind angebracht, da die Wege matschig sein können.
- Unbedingt Sonnenhut, Sonnenschutz und viel Wasser mitnehmen.
- Mehrere Orte bieten sich für eine Pause an; die Rail Mall (railmall.com.sg) hat mehrere Cafés und Restaurants.
- Während der Wanderung trifft man auf langschwänzige Makaken und Warane; Abstand halten und keinesfalls füttern.
- Nachts ist der Rail Corridor nicht beleuchtet, deswegen braucht man eine Taschenlampe und wandert besser nicht alleine. Vorsicht: Es gibt nachtaktive Wildtiere.

UNTERWEGS VOR ORT

Nord- & Zentral-Singapur wird von der North-South Line gesäumt und der Downtown Line durchquert. Viele Naturreservate erreicht man mit der Downtown Line; Beauty World MRT Station ist der Zugang zu Bukit Timah und Rifle Range Reserve, Hillview Station ist Ausgangspunkt für den historischen Teil des Rail Corridor. Die vier Parks der Mandai Wildlife Reserve erreicht man nach einer kurzen Fahrt mit dem Bus 138 ab Springleaf MRT Station an der Thomson–East Coast Line. Der Woodlands Train Checkpoint ist die Endstation des Shuttletrains nach Johor Bahru (Malaysia); man erreicht ihn mit dem Bus 170 oder 178 ab der Kranji MRT Station.

Bukit Timah Nature Reserve

KARTE 2

Eine Wanderung zu Singapurs höchstem Punkt

Bukit Timah Nature Reserve (nparks.gov.sg), ein breiter Streifen von Primärregenwald mit Wander- und Radwegen, wird überragt vom höchsten Berg Singapurs. Einst wimmelte es hier von Tigern, seit den 1930er-Jahren wird er durch den Botanischen Garten von Singapur verwaltet (die anderen Reservate dienten der Holzgewinnung). Der letzte Tiger wurde in den 1920er-Jahren geschossen, heute findet man Scharen von Langschwanzmakaken und Dutzende Vogelarten.

Das 163 ha große Gebiet wird von fünf beliebten Wanderwegen durchzogen, die unterschiedlich lang und schwierig sind (die Touren dauern 30 Min.–2 Std.), dazu kommt eine beliebte 6 km lange Mountainbike-Strecke. Fahrräder, Helme und anderes können bei Unsprung (unsprung.com.sg) an der Hindhede Road ausgeliehen werden. Die schnellste und beliebteste Tour bei allen Wanderfans ist der Weg auf den Gipfel des Bukit Timah (163 m), Singapurs höchsten Berg.

Zum Reservat gelangt man mit dem MRT bis Beauty World Station (Exit A), dann geht man Richtung Hindhede Drive, hier befindet sich der offizielle Parkeingang. Neben einem Besucherzentrum mit Toiletten und Wasserspender gibt es eine Ausstellung über Flora und Fauna des Waldes. Unbedingt viel Trinkwasser mitnehmen und Mückenschutz auftragen – und nicht die Affen füttern, auch wenn sie noch so süß sind!

Bukit Timah Nature Reserve

Ehemalige Ford-Fabrik

KARTE 12

Historisches Denkmal wird zum Museum

Direkt westlich des Naturreservats steht das ehemalige Montagewerk von Ford Motors, ein Wahrzeichen von großer Bedeutung in Singapurs Geschichte. Hier trat am 15. Februar 1942 Großbritannien Singapur an Japan ab. Die Fabrik wurde mittlerweile zu einem Museum, das Singapurs Niedergang während des Weltkriegs dokumentiert, die drei dunklen Jahre der japanischen Besetzung und den Weg des Stadtstaats in die Unabhängigkeit.

Die düstere Geschichte wird mithilfe von Interviews, Wochenschauen und erschütternden persönlichen Berichten dokumentiert.

Observation Tower, Chestnut Nature Park

Chestnut Nature Park

KARTE 3

Abenteuer auf zwei Rädern

Mountainbiker, aufgepasst! Das ist der erste Park in Singapur mit speziellen Mountainbike-Strecken – vom Anfänger bis zum Könner. Neulinge können in zwei Bereichen üben, Draufgänger können im Pumptrack Drop-offs und Sprünge praktizieren.

Singapurs größter Naturpark umfasst 81 ha dichten Dschungel und bietet Wanderwege parallel zu abgetrennten Radwegen. Der flache, leichte **Northern Trail** (1,5 km) führt zum gewundenen **Chestnut Observation Tower**. Hier lassen sich gut Wildtiere beobachten – über 25 Vogelarten wurden im Park gesichtet. Mit Glück sieht man einen Sunda Gleitflieger (auf Bäumen lebendes, fliegendes Säugetier)! Der 2,1 km lange **Southern Trail** ist felsiger und steiler, aber landschaftlich schöner und interessanter. Toiletten, Wasserspender und Fahrradverleih gibt es am Chestnut Point.

Zum Park fährt man mit Bukit Panjang LRT bis Pending LRT Station, dann läuft man 20 Min. auf der Bukit Panjang Road und Chestnut Avenue Richtung Südosten. Ein Taxi kostet etwa 20 S$ für die einfache Strecke.

Rifle Range Nature Reserve

KARTE 7

Bohlenwege und Feuchtgebiete

Die 66 ha große Rifle Range befindet sich am Sin Seng Quarry und wurde 2022 als Puffer für Bukit Timah Nature Reserve eingerichtet. NParks (nparks.gov.sg) bietet gelegentlich Wanderungen an, die die reiche Artenvielfalt des Parks zeigen.

Der Haupteingang liegt nahe der Beauty World MRT Station. Ein Visitor Pavilion informiert über den Park, danach geht es über den Gliders Boardwalk zum Quarry Wetland, einem Frischwasser-Ökosystem vor den Klippen. Der Colugo Trail bietet Ausblick auf den Steinbruch; dabei besteht die Wahl zwischen dem steilen 30 m langen Pfad oder dem moderaten 50 m Stufenweg. Unterwegs kann man Seilbrücken für die Tiere und Pfosten für Gleitflieger entdecken.

GEFÜHRTE TOUREN

Wer noch mehr Informationen möchte, sollte mit **Let's Go Tour Singapore** (letsgotoursingapore.com/tours/kampong-experience/) eine geführte Tour durch *kampong* unternehmen, dabei gibt es Geschichten über das Landleben und über das traditionelle Dorfgefühl.

Ein einheimischer Führer zeigt das Viertel und bietet die Möglichkeit, ein *Kampong*-Haus zu besuchen und mit Bewohnern zu sprechen.

Die Tour lässt sich per QR-Code buchen.

DEREKTEO/SHUTTERSTOCK ©

Lorong Buangkok

Lorong Buangkok

KARTE 4

Singapurs letztes Kampong

Singapur hat sich so schnell entwickelt, dass die früher allgegenwärtigen *kampongs* (Dörfer) fast ganz verschwunden sind. Ein einziges blieb auf der Hauptinsel erhalten – ein Zeichen des Widerstandes gegen den Trend zur Modernisierung. Das wunderbar ländliche Lorong Buangkok zeigt auf plastische Weise das Leben in Singapur vor der Unabhängigkeit. Alte Leute sitzen auf der Veranda ihrer Holzhäuser, streunende Katzen dösen auf Wellblechdächern und das Krähen der Hähne übertönt den Verkehrslärm. Die 26 hier noch lebenden Familien scheinen sorgenfrei zu sein und das höllische Tempo vor den Toren ihres ländlichen Paradieses nicht zu bemerken (die Monatsmiete zwischen 6 und 30 S$ ist bestimmt hilfreich).

Das Gebiet soll neu gestaltet werden mit einer Hauptstraße, zwei Schulen und einem Park, aber laut Urban Redevelopment Authority passiert das noch nicht in den nächsten Jahrzehnten. Für eine Besichtigung des 1,22 ha kleinen Gebiets benötigt man kaum mehr als eine halbe Stunde. Man kann ein Taxi nehmen (und den Fahrer bitten zu warten) oder mit dem MRT bis Ang Mo Kio Station (North-South Line) fahren und weiter mit dem Bus 88 Richtung Pasir Ris.

Singapore Zoo

KARTE 9

Einer der besten Zoos der Welt

Der 50 Jahre alte Singapore Zoo (mandai.com/en/singapore-zoo) ist 26 ha groß und liegt auf einer Halbinsel, die in das Seletar Reservoir ragt. In dieser tropischen Wunderwelt leben 300 Tierarten in großzügigen Gehegen.

Hauptattraktion sind die Orang-Utans: Sie schwingen sich von Baum zu Baum und sind während der Fütterung (11 und 15.30 Uhr) gut zu fotografieren. Im **Ah Meng Restaurant** kann man sogar in ihrer Gesellschaft frühstücken (Sa, So und Feiertage 9–10.30 Uhr).

Im **Reptile Garden** kann man Astove treffen, eine Aldabra-Riesenschildkröte, die seit 1989 hier lebt. Man darf auch in das Gehege steigen, den Schildkrötenpanzer streicheln und sie mit frischen Kirschtomaten (8 S$) füttern.

Kinder können sich in der bunten **Rainforest Kidzworld**, mit Rutschen, Schaukeln und einem Karussell vergnügen. Für die Kleinen gibt es Ponyreiten, sie können Tiere füttern und im Wasserspielplatz herumtoben (Badesachen einpacken).

Man fährt mit MRT bis Khatib (North-South Line) und dann ab Exit A mit dem Mandai Shuttle (1 S$ für Erw. und Kinder). Der Shuttle verkehrt alle 10 Min. und hält zweimal. Oder man steigt an der Springleaf MRT Station (Thomson-East Coast Line) aus und fährt weiter mit Bus 138.

NOCH MEHR SPASS!

Singapore Zoo ist einer von vier Parks der Mandai Wildlife Reserve. Wer die anderen Parks auch besuchen möchte, kann mit dem „Park Hopper" Kombi-Ticket Geld sparen.

Der Eintritt für zwei Parks kostet 88/60 S$ (Erw./Kind 3–12 J.), das Ticket für alle vier Parks 118/90 S$ (Erw./Kind). Die Tickets sind sieben Tage ab Besuch des ersten Parks gültig.

Tickets per QR-Code buchen.

Orang-Utans im Zoo von Singapur

Night Safari

KARTE 5

Nächtliches Abenteuer

Singapurs berühmte Night Safari (mandai.com/en/night-safari) westlich des Zoos bietet eine andere Art von Nachtleben. Wenn es dunkel wird, scheint man durch einen Dschungel voll Löwen, Leoparden und Elefanten zu reisen. Hier leben über 130 Tierarten.

Die beliebten offenen Shuttle-Züge nehmen die Besucher auf eine 45-minütige Tour (mit Erläuterungen) zu den Tieren und Lebensräumen des Parks mit, manche Teile können allerdings nur zu Fuß auf stimmungsvollen Wegen erkundet werden. Auf dem **Leopard Trail** nähert man sich wilden gefleckten Katzen, Stachelschweinen und Dachsen. Der **Eastern Lodge Trail** führt zu gefährdeten Arten, wie Lippenbären, Erdferkeln und Hyänen; der neue **Tasmanian Devil Trail** verläuft durch eine Eulen-Voliere und Gehege, in denen der Tasmanische Teufel und andere Tiere aus Australien, Neuseeland und Neuguinea zu sehen sind.

Kinder lieben **Creatures of the Night**, eine 20-minütige interaktive Show mit Ottern, Marderhunden und Bartschweinen. Da die Plätze nicht nummeriert sind, lohnt es sich, früh zu kommen. Shows gibt es um 19 und 21.30 Uhr, an Wochenenden und Feiertagen zusätzlich um 22 Uhr. Wer den letzten MRT Zug bekommen muss, sollte den Park bis 22.45 Uhr verlassen. Ein Taxi vom Eingang bis CBD kostet etwa 25 S$.

GENUSS IM DUNKLEN

In Singapur muss man nirgends hungern, auch nicht bei einer Nacht-Safari. Das **Ulu Ulu Safari Restaurant** im Park öffnet ab 17.30 Uhr; es gibt ein Büfett, aber auch A-la-carte-Essen mit einheimischen Spezialitäten wie Chicken Rice.

Wer etwas Besonderes möchte, kann im eleganten Safarizelt beim **Evening in the Wild** ein Viergänge-Menü genießen.

Streifenhyäne, Nacht-Safari

DANNY YE/SHUTTERSTOCK ©

Junger Riesenpanda, River Wonders

River Wonders

KARTE 8

Nass und wild

Zwischen Singapore Zoo und Night Safari liegt der kompakte Wildpark zum Thema Wasser; hier leben mehr als 11000 Land- und Wassertiere. River Wonders (mandai.com/en/river-wonders) wirft den Blick auf die Unterwasserwelt berühmter Flüsse wie Nil, Yangtze und Kongo.

Besonders beeindruckend ist der Bereich **Mekong River** mit einem Aquarium voller Riesenwelse und Süßwasser-Stachelrochen. Highlight ist allerdings der große **Amazon Flooded Forest**, hier schwimmen Manatis und riesige Arapaimas durch ein gigantisches Becken. Auch der **Riesenpanda-Wald** ist sehr beliebt.

Ein Muss ist eine **Bootstour auf dem Amazonas** (zusätzlich 5/3 S$ Erw./Kind), dabei gleitet man gemächlich an frei laufenden Jaguaren, Tapiren und Großen Ameisenbären vorbei. Kinder müssen für die Fahrt mindestens 1,06 m groß sein (die Tour fällt bei Regen aus.) Sehenswert ist auch die Präsentation „Once Upon A River" (tägl. 11.30, 14.30 und 16.30 Uhr) mit Grünen Leguanen, Wasserschweinen und Agutis.

Bird Paradise

KARTE 1

Gefiederte Schönheiten

Bird Paradise, ein Zufluchtsort für mehr als 3500 gefiederte Bewohner von 400 Arten, besteht aus acht begehbaren Volieren, die Lebensräume aus der ganzen Welt nachbilden. Die größte ist **Heart of Africa**, sie spiegelt die bewaldeten Täler Zentralafrikas, **Penguin Cove** bietet eines der weltweit größten sub-antarktischen, kalten Salzwasser-Habitate.

Flamingo, Bird Paradise

SPARTANPHOTO/SHUTTERSTOCK ©

Im Sky Amphitheatre zeigen Raubvögel bei **Predators on Wings** ihr Können, Pelikane und Flamingos gibt es im **Wings of the World**. Die Termine findet man unter mandai.com/en/bird-paradise. Neben dem Sky Amphitheatre gibt es Restaurants, einen Baumwipfel- und einen Wasserspielplatz.

Wandern & Paddeln am MacRitchie Reservoir

KARTE 15

Eine Wanderung durch die Baumkronen

Mitten in Singapur befindet sich das MacRitchie Reservoir, eine üppige grüne Oase rund um das große Wasserreservoir. Das Naturreservat bietet sechs Wanderwege zwischen 3 und 11 km Länge, am beliebtesten ist der lange Rundweg um das Reservoir. Die Wege führen am Wasser entlang und schlängeln sich durch den Sekundärregenwald, in dem Langschwanzmakaken, Colugos und riesige Warane leben. Hier ist einer der besten Orte in Singapur, um Wildtiere zu sehen. Aber aufgepasst: Die Makaken können aggressiv sein – bitte nicht füttern oder ärgern.

MacRitchies größte Attraktion ist der **TreeTop Walk**, eine frei stehende, 250 m lange Hängebrücke, die die beiden höchsten Punkte des Reservats – Bukit Kalang und Bukit Peirce – verbindet und auf 25 m Höhe einen tollen Ausblick über das Blätterdach bietet. Der Eingang befindet sich an der Rangerstation am Peirce Track. Der TreeTop Walk ist montags geschlossen (außer an Feiertagen). Etwa 1 km südlich teilt sich das Blätterdach und enthüllt **Jelutong Tower**, einen achtstöckigen Bau, dessen Wendeltreppe zu einer beeindruckenden Aussicht führt.

Wer im glasklaren Wasser paddeln möchte, kann an der Paddle Lodge (scf.org.sg) für 15 S$ pro Stunde Kajaks leihen. Für Anfänger gibt es eine markierte Zone dicht am Ufer. Kinder ab sieben Jahren dürfen mit Erwachsenen paddeln, für Kinder (10–12 J.) gibt es ein spezielles Programm Kid-in-a-Kayak von der Singapore Canoe Foundation.

Vergnügen im Seletar Aerospace Park

KARTE 13 17 35

Abseits der ausgetretenen Pfade

Östlich von Mandai Wildlife Reserve liegt das wenig besuchte **Seletar**-Gebiet, eine Art Geheimtipp. Das Areal mit Kolonialbauten, Promenaden und vielen Grünflächen eignet sich gut für einen Ausflug mit der Familie oder eine zwanglose Verabredung.

Während der Kolonialzeit errichteten die Briten in Seletar einen Militärposten für die Royal Air Force, die von 1928 bis 1971 hier stationiert war. Als Unterkünfte für die Offiziere und

DIE BESTEN EINHEIMISCHEN LOKALE IM NORDEN & IM ZENTRUM

Jalan Kayu Thasevi Food
Hier gibt es seit den 1960er-Jahren Singapurs bestes *roti prata* (indisches Fladenbrot) und Fischcurry. $

Come Daily Fried Hokkien Prawn Mee
Der Nudel-Imbiss im Toa Payoh West Food Center wurde mit einem Michelin-Stern ausgezeichnet und hat viele Fans. $

Cook House by Koufu
Gut gestaltete Markthalle im Waterway Point mit regionalen Gerichten wie Nudeln mit gebratenem Schweinefleisch. $

Uncle Leong Seafood (Punggol)
In diesem Lokal am Fluss werden die wohl beliebtesten Chili-Krebse der Stadt serviert. $$

ÜBERNACHTEN IM NORDEN & IM ZENTRUM

Glamping iim Dschungel – Singapore Zoo
Geschlafen wird in Luxuszelten am See und gefrühstückt wird mit den Orang-Utans. $$$

Orchid Country Club
Schicke, moderne Zimmer mit wunderbarem Blick auf den Golfplatz und das Lower Seletar Reservoir. $$

The Guesthouse
Netter Rückzugsort im Swiss Club, nur einen kurzen Spaziergang vom Naturreservat Bukit Timah entfernt. $$

Spielplatz, Seletar Aerospace Park

ihre Familien wurde eine Ansammlung von schwarz-weißen Bungalows gebaut, dabei halfen Samsui-Frauen (chinesische Einwanderinnen, die im Bau tätig waren). Heute wird das Gelände vom kleinen Seletar Airport dominiert, der Charterflüge und Flugunterricht anbietet.

Die 32 alten Kolonialhäuser wurden aufpoliert und firmieren heute unter dem Namen „The Oval"; es gibt Restaurants, Spas und Geschäfte. **Wheeler's Estate** (wheelersestate.com) besitzt einen beeindruckenden grünen Rasen mit Blick auf einen Spielplatz zum Thema Luftfahrt. Man kann ein Picknick im Freien genießen oder im **The Verandah** australische Küche in minimalistischem Rahmen. Das nahe **Wildseed Café at The Summerhouse** (thesummerhouse.sg) ist eine hundefreundliche Alternative mit Kaffee, Kuchen und Brunch am Wochenende.

Am Rand des Seletar Aerospace Park verläuft ein Bohlenweg (nahe Hyde Park Gate) parallel zum Flughafen. Holzbänke, die

CHANGI AIRPORT

Flughafen-Freaks, die schon die Starts in Seletar genossen haben, sollten Changi Airport (S. 107) besuchen. Neben einer großen Anzahl von Geschäften und Restaurants protzt der Flughafen auch mit dem höchsten Indoor-Wasserfall, dem Rain Vortex.

OUTDOOR-AKTIVITÄTEN IM NORDEN & IM ZENTRUM

SAFRA Yishun
Eine echte Herausforderung ist die große Höhe beim Canopy Sky Walker; auf einer Höhe zwischen 15 und 18 m müssen Hindernisse beseitigt werden.

HomeTeamNS Khatib
Das Freizeitzentrum, eines der größten Singapurs, bietet eine riesige Kletterwand, einen Hindernisparcours, ein Freibad und noch mehr!

Passion Wave Sembawang
Alle Arten von Wassersport – von Kajaks bis zu Drachenbooten, Segeln, Windsurfen und Stand-Up-Paddling.

GUTE RESTAURANTS IM NORDEN & IM ZENTRUM

Wheeler's Estate
Casual Dining und australische Küche in einem beeindruckenden Kolonialbau im Seletar Aerospace Park. **$$$**

Canopy Bishan
Umgeben von üppigen Gärten; in dem Lokal in Bishan Park glaubt man in einem Gewächshaus zu speisen. **$$**

Mellben Seafood
Weithin für die besten Krebse der Stadt geschätzt. Zu den Spezialitäten gehört Krebs im Tontopf *been hoon*. **$$**

Sembawang Hot Spring

an gefaltete Papierflugzeuge erinnern, laden zum Sitzen ein und zum Beobachten der Sportflugzeuge, die in den Sonnenuntergang starten. Geht man Richtung Osten, kommt man zum neueröffneten **Hampstead Wetlands Park**, einem einladenden Feuchtgebiet mit Aussichtsterrassen zum Beobachten der Vögel. Der Bohlenweg führt weiter am See mit Seerosen entlang, hier kann man Eisvögel und Bartvögel sehen.

ABKÜHLEN IM NORDEN & IM ZENTRUM

SAFRA Yishun
Die einzelnen Becken der Anlage sind untereinander verbunden. Vom Sportbecken bis zum Kinderbecken im Piratenstil mit Rutsche ist alles vorhanden.

Sengkang Pool
Das Schwimmbad bietet an heißen Tagen eine gute Abkühlung, es gibt acht Wasserrutschen, zwei Schwimmbecken und einen Whirlpool.

SAFRA Punggol
Die 2100 m² große Indoor-Anlage bietet acht Terrassen, fünf Rutschen und einen Spielplatz.

Entspannen in Sembawang Hot Spring KARTE 24

Sprudelnde Wellness

Es ist für viele überraschend, dass in Singapur, einer Insel weit entfernt von jeglicher tektonischer Aktivität, eine heiße Quelle existiert. Die Thermalquelle von Sembawang wurde 1909 entdeckt und schnell bei den Einheimischen beliebt. Sie schrieben dem Wasser Heilkräfte zu. Im Jahr 1922 übernahm der Softdrink-Riese Fraser & Neave die Quelle und füllte das Wasser in Flaschen ab. Im Zweiten Weltkrieg verwandelten die Japaner den Ort in ein Thermalbad (Onsen) bis eine Bombe die Quelle zerstörte und sie unbenutzbar machte. In den frühen 1960er-Jahren wurde sie wiederhergestellt.

DIE SCHÖNSTEN BARS IM NORDEN & IM ZENTRUM

Sixteen Ounces Bar & Kitchen
Stimmungsvolle Bar in der Rail Mall mit Craftbier und herzhaftem Essen. $$

YOUNGS Bar & Restaurant
Idyllischer Ort für ein Glas Erdinger und moderne europäische Küche an einem entspannten Sonntag. $$

Nelson Bar
Die ehrwürdige Nelson Bar pflegt ihre Geschichte mit alten Bildern von Seefahrern und Kritzeleien an den Wänden. $$

Der öffentliche Druck führte dazu, dass die Regierung sich für den Erhalt der Quelle einsetzte und sie später in den **Sembawang Hot Spring Park** umwandelte, der im Januar 2020 eröffnet wurde. Heute bildet die Quelle einen kaskadenförmigen Pool, in den das Wasser direkt aus der Erde fließt (mit heißen 70 °C) und sich dann zu angenehmen 40 °C in den tieferen Becken abkühlt. Highlight ist der unterste Pool, an dem man sitzen und seine Füße baden kann. Die Badesachen kann man zu Hause lassen, da man nur die Füße ins Wasser tauchen darf!

Die Einheimischen bringen gerne Eier mit und kochen sie an der Eierstation. Man nimmt sich ein Eimerchen, legt die Eier hinein und lässt das kochende Wasser die Arbeit tun. Neben Eiern benötigt man Becher und Löffel. Das verglaste Café im Park bietet gute hausgemachte Gerichte wie Hühnchen in Buttercreme.

Eine Fahrt nach Toa Payoh

KARTE 11 14 19 20

Tempel und Gedenkhallen

Wer das wahre Singapur sehen möchte, muss ins Kernland fahren. **Toa Payoh** mit seinen vielen Tempeln und nostalgischen Wahrzeichen spiegelt den Geist Singapurs. Toa Payoh, eines der ältesten Viertel der Stadt, war ursprünglich ein großes Feuchtgebiet (*toa payoh* bedeutet in Hokkien „großer Sumpf"), später dann berüchtigt für Hausbesetzer und Kriminelle. Nach dem Beschluss der Regierung Toa Payoh in ein Wohngebiet zu verwandeln, wurde das Viertel aufgeräumt und Hausbesetzer vertrieben. Heute stehen hier viele Hochhäuser.

Die Besichtigung beginnt mit einem der ältesten buddhistischen Tempel Singapurs: **Lian Shuang Lin Monastery**. Er wurde 1898 gegründet und gleicht dem Xi Chang Shi Tempel in Fuzhou (China). Zwei große Tore markieren den Eingang, rechts davon befindet sich eine siebenstöckige, mit Schnitzereien verzierte Pagode. In der Anlage führen schattige Pfade von Höfen mit Bonsai zu den drei Haupthallen des Klosters; am beeindruckendsten ist Mahavira Hall. In den hinteren Hallen leben und arbeiten immer noch Mönche.

Links vom Kloster steht der verwitterte **Cheng Huang Temple** (shuanglin.sg), er ist dem Stadtgott gewidmet, dem Verwalter des Rechts in der Unterwelt. Die dicken Balken der Haupthalle, 1912 erbaut, sind schwarz vom jahrzehntelangen Rauch der Räucherstäbchen. Kloster und Tempel liegen 1 km östlich der Toa Payoh MRT Station.

Auf der anderen Seite des Highway befindet sich ein weiteres wichtiges Gebäude, die **Sun Yat Sen Nanyang Memorial Hall** (sysnmh.org.sg), die dem ersten provisorischen Präsidenten Chinas gewidmet ist. Das Nationaldenkmal wurde in den 1880er-Jahren erbaut und war das Hauptquartier von Sun Yat Sens chinesischem revolutionären Bündnis in Südostasien, das zum Sturz der Qing-Dynastie und Gründung der ersten chinesischen Republik führte. Sun Yat Sen hielt sich hier kurz auf während er in Asien um Unterstützung für seine Pläne warb. Das Haus ist ein schönes Beispiel für eine viktorianische Villa aus der Kolonialzeit und beherbergt ein Museum mit Ausstellungsstücken zu Suns Leben und Wirken.

ANDERE ORTE IM NORDEN & IM ZENTRUM

Woodlands
Das Gebiet befindet sich an Singapurs nördlicher Spitze, hier verläuft der Damm nach Malaysia.

Ang Mo Kio
Das lebhafte Viertel besitzt ein quirliges Einkaufszentrum und einen Verkehrsterminal.

Punggol
Das boomende Neubaugebiet dehnt sich immer weiter aus, fast im Minutentakt entstehen neue Gebäude und Einkaufszentren.

Bukit Timah
Umgeben von grünen Reservaten und mit einer fantastischen Lage finden sich in Bukit Timah einige der teuersten Immobilien Singapurs.

Holland Village, Botanischer Garten & Dempsey Hill

THEMENGÄRTEN UND EXKLUKSIVE WOHNGEBIETE

Kaum zu glauben, dass sich so dicht an Singapurs Stadtzentrum eine ruhige Grünfläche und kleine Enklaven mit netten Boutiquen, Bioläden und Gourmet-Restaurants befinden – aber es gibt sie.

Hauptattraktion in diesem Teil der Insel ist Singapore Botanic Gardens mit Orchideengärten, Schmetterlingsgehegen und Freiluftcafés. Man sollte auf jeden Fall einen halben Tag einplanen, um alle Ecken dieses grünen Paradieses zu erkunden.

Nach dem Intermezzo im Park locken die netten Cafés und Feinkostläden im nahen Dempsey Hill. Das grüne Viertel bietet eine Reihe von kleinen Feinkostläden, gut bestückten Lebensmittelgeschäften und stimmungsvollen Antiquitätenläden, die eine wohltuende Abwechslung zu den großen, vollen Einkaufszentren im nahen Geschäftsviertel der Orchard Road bieten. PS. Cafe besitzt einen einladenden Garten, das mit einem Michelinstern ausgezeichnete Candlenut lockt mit aufwendigen, kreativen Genüssen.

Abends ist das lebhafte Holland Village die erste Wahl für gutes Essen und Trinken mit einer bunten Schar von Expats. Aber nicht nur die genießen die internationale Küche in Holland Village – gut betuchte Singapurer strömen in muntere Jazz-Bars und einfache Kneipen, um Craftbier und kalte Cocktails zu trinken. Holland Village entwickelt sich auch zur Talentschmiede für einheimische Kreative, mehrere aufstrebende Modedesigner und Chefköche haben in diesem Viertel ihre Läden aufgemacht. Kunst- und Antiquitätengeschäfte sind eine Alternative für alle, die lieber in kleinen Geschäften einkaufen als in großen Malls.

In der Nähe liegt auch One-North, Singapurs neues Forschungs- und Technologiezentrum. In den futuristischen Gebäuden befinden sich auch Büros, tolle Cafés und schicke Restaurants. In der mit Graffiti geschmückten Markthalle Timbre+ gibt es singapurische Küche und Livemusik.

Oben & rechts: Singapore Botanic Garden (S. 134)

NICHT VERSÄUMEN

SINGAPORE BOTANIC GARDENS

Der richtige Ort für ein Picknick auf dem gepflegten Rasen oder einen Spaziergang durch den Regenwald und die Themengärten.

S. 134

DEMPSEY HILL

Eine Fundgrube an kleinen Geschäften, schattigen Cafés und Antiquitätengeschäften verleiht dem ruhigen Viertel viel Charakter und Charme.

S. 132

HOLLAND VILLAGE

Der exklusive Stadtteil besitzt gute Lokale mit Livemusik und internationale Restaurants.

S. 136

TOP TIPP

Singapore Botanic Gardens sieht auf dem Stadtplan wie ein kleiner grüner Fleck aus, erstreckt sich aber über 81 ha. Am besten vorher überlegen, was man sehen möchte und einen ganzen Nachmittag einplanen, die Themengärten liegen weit auseinander.

LOCAL TIPP: TOP-ADRESSEN IN HOLLAND VILLAGE & DEMPSEY HILL

Ashley Lim, Chef-Finanzdienstleister bei Prudential, verrät seine Lieblingsadressen.

SPRMRKT
Mein Lieblingsort in Dempsey Hill für einen Brunch – mit einer Auswahl an Eiern, Smoothie Bowls und Wagyu-Rind.

Ah Di Dempsey Durian
Der schlichte Durian-Imbiss ist bekannt für erstklassige Stinkfrucht-Gerichte, die man vorsichtshalber auch eingeschweißt zum Mitnehmen bekommen kann.

Cluny Court
Entspannte Wochenendstimmung, in dem Gebäude im Kolonialstil gibt es viele Cafés, Boutiquen und Einrichtungsgeschäfte.

Adam Road Food Centre
Hier gibt es die besten Straßenhändler; eine gute Adresse für schmackhafte Gerichte, beispielsweise das malaysische *nasi lemak* (Kokosnussreis mit frittierten Anchovis).

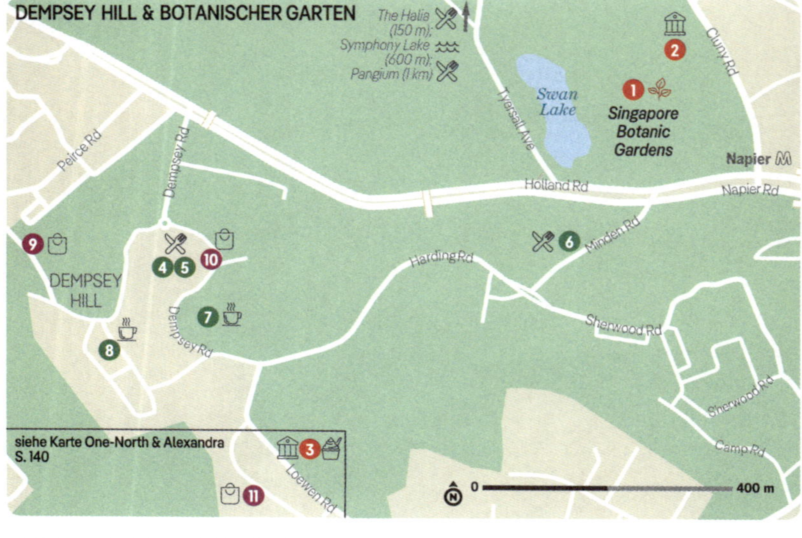

HIGHLIGHTS
1 Singapore Botanic Gardens

SEHENSWERTES
2 Heritage Museum
3 Museum of Ice Cream

ESSEN
4 Candlenut
5 Dempsey Cookhouse & Bar
6 Open Farm Community

AUSGEHEN & NACHTLEBEN
7 PS Cafe Harding Road
8 SPRMRKT

SHOPPEN
9 Ah Di Dempsey Durian
10 Dover Street Market
11 Terra Madre

Dempsey Hill

KARTE P132, 4 5 7

Hill Station wird zur Enklave für Expats

Dempsey Hill (dempseyhill.com), früher ein Erholungsort in den Bergen, ist mit seinen tropischen Bäumen, exklusiven Restaurants und schicken Antiquitätengeschäften besonders anziehend für Expats und wohlhabende Singapurer. Verglichen mit Holland Village ist Dempsey exklusiver und unauffälliger. Die Gegend ist weniger städtisch und liegt versteckt in den Bäumen – hier war früher eine Kaserne.

Dempsey Hill, ehemals Tanglin Barracks, wurde 1861 gebaut und war eine der ersten britischen Kasernen in Singapur. Die Soldaten wohnten in geräumigen Holzhäusern mit Dächern aus *attap* (Zuckerpalmenwedeln). Zu den Annehmlichkeiten der Kaserne

GUT ESSEN IN DEMPSEY HILL

Dempsey Cookhouse & Bar
Das Restaurant von Chefkoch Jean-Georges Vongerichten glänzt mit köstlichem Essen in tollem Ambiente. **$$$**

Candlenut
In dieses Sternerestaurant mit regionaler Küche führen Singapurer gerne auswärtige Besucher. **$$$**

Open Farm Community
Farm-to-table-Küche, aus frischesten Zutaten werden moderne europäische Gerichte. **$$$**

gehörten Krankenstationen, Waschhäuser, Küchen, eine Bücherei, eine Schule und Büros. Die Kaserne diente zwischen 1972 und 1989 als Hauptsitz des Verteidigungsministeriums, bis sie kürzlich als schicke Location zum Brunch und Abendessen neu erfunden wurde.

Dempsey Cookhouse & Bar (comodempsey.sg), das vom gefeierten Gourmetkoch Jean-Georges Vongerichten gegründet wurde, besticht nicht nur durch die schwarz-weiße Inneneinrichtung, sondern auch mit einer fantastischen Speisekarte (Schnapper mit Kräuterkruste und Kaviar). Daneben liegt das mit einem Michelinstern ausgezeichnete Peranakan-Restaurant **Candlenut** (comodempsey.sg/restaurant/candlenut), in dem der singapurische Koch Malcolm Lee einen Mix aus traditioneller und moderner chinesisch-malaiischer Küche serviert. Wer zum Brunch kommt, darf im schicken **PS. Cafe Harding Road** (pscafe.com) das herzhafte, fotogene marokkanische Couscous mit geräucherter Aubergine und Kräutertomaten nicht verpassen. Da man für den Brunch am Wochenende nicht reservieren kann, sollte man besser vor 9 Uhr kommen.

Dempsey Hil

SHOPPEN IN DEMPSEY HILL

Bungalow 55
Die australische Stylistin Nina Beale vertritt den „Jungalow Look" (pflanzenbetontes Design) mit schicken Accessoires und Möbeln. $$$

Dover Street Market
Der Concept Store wurde von der Designerin Rei Kawakubo und ihrem Mann gegründet und bietet Luxusmode und Streetwear. $$$

EM Gallery
Die japanische Designerin Emiko Nakamura arbeitet mit Bergstämmen aus Nord-Laos zusammen und entwirft naturgefärbte, handgewebte Taschen und Kissen. $$

Terra Madre
Geschäft und Restaurant mit Singapurs größtem Angebot an Bio-Lebensmitteln, auch viele vegane Alternativen. $$

MARCO BICCI/SHUTTERSTOCK ©

National Orchid Garden

HIGHLIGHT

Singapore Botanic Gardens

PRAKTISCHES
Die Gärten sind täglich (5–24 Uhr) geöffnet. Der Eintritt ist, mit Ausnahme des Orchid Garden, kostenlos. Die Botanic Gardens MRT Station (Circle Line) ist nahe bei Bukit Timah Gate, beim Children's Garden. Den Orchid Garden erreicht man über das Tanglin Gate bei der Napier MRT Station (Thomson-East Coast Line). Von Farrer Road MRT (Circle Line) läuft man acht Minuten zum Woollerton Gate nahe der Como Adventure Grove.

Singapore Botanic Gardens, die erste Unesco-Welterbestätte des Landes, ist seit 1875 ein Zentrum für Pflanzenschutz und Forschung in Südostasien. Die Gärten sind mehr als nur erfrischendes Grün in der geschäftigen Stadt – sie sind eine hinreißende Sammlung von alten Regenwaldbeständen, Themengärten, seltenen Orchideen, kostenlosen Konzerten und Schlemmerlokalen im Freien.

National Orchid Garden

Seit 1928 werden im National Orchid Garden (15/frei S$; Erw./Kind) Orchideen gezüchtet und kultiviert. In dem 3 ha großen Gelände wachsen mehr als 1000 Arten sowie 2000 Kreuzungen, etwa 600 davon werden immer ausgestellt. Das futuristische gläserne **Tropical Montane Orchidetum** imitiert das Klima eines Bergwaldes, während das **Tan Hoon Siang Mist House** einen paläotropischen Garten mit Hochlandbedingungen spiegelt.

Ginger Garden

Neben dem Orchideengarten befindet sich der 1 ha große Ginger Garden, ein lauschiger Lebensraum für mehr als 250 Mitglieder der Familie der Ingwergewächse. Dieser Themengarten beeindruckt mit einem wunderbaren Wasserfall, hinter dem sich eine Höhle versteckt und ein stiller Teich mit Amazonas-Seerosen. Für eine Pause bietet sich **The Halia** (thehalia.com) an, ein tolles Restaurant mit dem Motto Ingwer.

Symphony Lake

Über 200 verschiedene Arten von Palmen verteilen sich auf den breiten Hängen von Palm Valley. In der Mitte erhebt sich eine Bühne und scheint wie eine Insel auf dem Wasser von Symphony Lake zu schwimmen. Hier finden kostenlose Konzerte statt, so auch das allmonatliche **SSO in the Park** (sso.org.sg) des Singapore Symphony Orchestra. Gelegentlich werden an den Hängen von Palm Valley auch kostenlos Filme gezeigt.

Learning Forest

Von den höher gelegenen Fußwegen des Learning Forest, dem neuesten Themengarten, können verschiedene Habitate erkundet werden – vom bewaldeten Feuchtgebiet bis zum Tieflandregenwald. Im **Walk of Giants** bieten einige der höchsten Bäume Asiens Schatten, das 8 m hohe **Canopy Web** lädt zum Entspannen ein und die Promenade entlang der **Keppel Discovery Wetlands** zu einem Spaziergang.

Heritage Museum

Wenn es zu heiß wird, lockt das 240 m^2 große Heritage Museum in der Holttum Hall – hier zeigen Multimedia-Ausstellungen das reiche Erbe des Gartens. Alte Fotografien, Artefakte, Pflanzenexemplare und seltene Botanikbücher aus dem frühen 19. Jh. gewähren einen faszinierenden Einblick in die Vergangenheit. Das Museum ist jeden letzten Montag eines Monats geschlossen.

Eine Welt für Kinder

Besucher mit kleinen Kindern dürfen **Jacob Ballas Children's Garden** am Nordende des Gartens nicht verpassen. Die auf junge Gäste fixierte Grünanlage bietet interaktive Bereiche zu Naturthemen, u. a. einen Sinnesgarten. Erlebnishungrige werden von der Hängebrücke, dem Baumhaus und der Schwimmplattform begeistert sein. Nach all den Anstrengungen können sich die Knirpse mit den bunten Wasserspielen abkühlen. Am Westende des Gartens liegt die neue **Como Adventure Grove** rund um einen 10 m hohen nachgebauten Banyanbaum mit Kletterseilen, Hängematten und einem Ausguck für Kinder zum Hochklettern und sich Abseilen. Es gibt Schaukeln, einen Hindernisparcours und eine Kletterskulptur. In der Nähe der Como Adventure Grove steht das schicke **Pangium** (restaurantpangium.sg). Der singapurische Chefkoch Malcolm Lee serviert gehobene Küche. Wer nicht so viel Geld ausgeben möchte, sollte das gegenüber dem Nordeingang liegende **Adam Road Food Centre** besuchen, es gilt als eine der besten Garküchen der Insel.

NICHT VERPASSEN

- National Orchid Garden
- Ginger Garden
- Symphony Lake
- Heritage Museum
- Learning Forest
- Como Adventure Grove
- Pangium

TOP TIPPS

- Beste Zeit für einen Besuch der Botanical Gardens ist frühmorgens, wenn es noch nicht so heiß ist.
- Es gibt viele schattige Bereiche – trotzdem ist es sinnvoll, einen Sonnenhut, Sonnencreme und viel Wasser mitzunehmen.
- Achtung wilde Tiere – besonders Warane. Abstand halten und auf keinen Fall füttern.
- Die Website (nparks.gov.sg/sbg) informiert über die Konzerte, die am Symphony Lake kostenlos aufgeführt werden.
- Jeden Samstag (außer am 5. Sa im Monat) werden kostenlose Führungen angeboten. Anmeldung am Infoschalter.

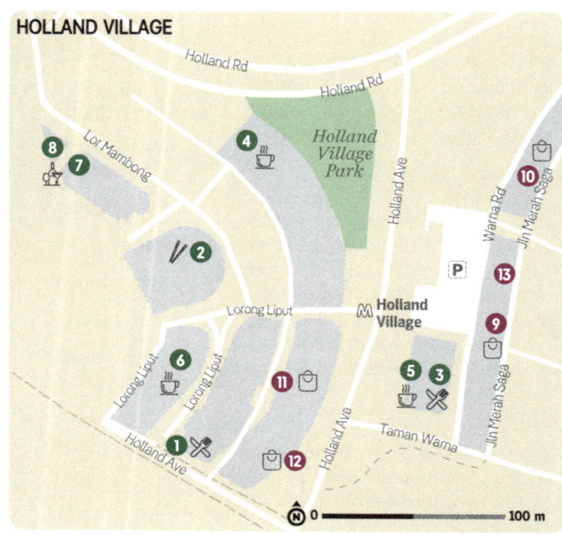

ESSEN

1 2am: dessertbar
2 363 Katong Laksa
3 Black Marble by Otto
4 Craftsmen Coffee
5 Haakon Superfoods
6 Tai Cheong Bakery

AUSGEHEN & NACHTLEBEN

7 Tango's
8 Wala Wala Cafe Bar

SHOPPEN

9 Atelier Ong Shunmugam
10 Bynd Artisan
11 Cluny Court
12 Lim's Holland Village
13 Our Second Nature

Holland Village

KARTE P136, 7 8 9 10 13

Alternative Kunst- und Ausgehszene

Westlich von Dempsey Hill liegt Holland Village – beliebt bei Expats und voll mit internationalen Restaurants, lebhaften Bars und Kunsthandlungen. Lorong Mambong verläuft als Verkehrsader durch Holland Village, wird aber abends zur Fußgängerzone und hat beliebte Restaurants und Kneipen. Attraktive Angebote zur Happy Hour locken Scharen von Angestellten in die Bars, die den Feierabend genießen.

Eine Top-Adresse ist die **Wala Wala Cafe Bar** (walawala.sg), die besonders am Wochenende dauernd überfüllt ist. Sie lockt Bierliebhaber mit Biertürmen und großen Bildschirmen mit Sportberichten. Nebenan ist **Tango's** (tangos.com.sg) – hier trifft man sich nach Feierabend zu einem günstigen Bier und leckerem Barfood.

Tagsüber ist das Publikum in Holland Village ganz anders: Expats stöbern hier nach Kunst, Kunsthandwerk und ausgefallener Mode. Das außergewöhnliche **Bynd Artisan** (byndartisan.com) bietet eine Auswahl an personalisierten Schreibwaren,

UNTERWEGS VOR ORT

Singapore Botanic Gardens, Holland Village und One-North liegen an der Circle Line (MRT), Queenstown hat eine Station an der East-West Line. Dempsey Hill liegt nicht am MRT. Es ist zu Fuß vom Singapore Botanic Gardens erreichbar oder mit dem Bus (7, 75, 77, 105, 106, 123, 174) ab Orchard Boulevard, Rückseite Orchard MRT. Das Taxi kostet ab CBD 10–15 S$.

ESSEN IN HOLLAND VILLAGE

Tango's
Muntere Bar mit tollem Getränkeangebot; auf der Karte stehen Käseplatten, Rippchen und Steaks. **$$**

Tai Cheong Bakery
Ein Stück Hongkong in Singapur, es gibt heiße Bolo Buns und Egg Tarts direkt aus dem Ofen. **$$**

363 Katong Laksa
Einer der besten Orte um *laksa* (Reisnudeln in würziger Kokosnussbrühe) zu probieren. **$**

Holland Village

Leder und Schmuck – man kann einen Workshop belegen und lernt eigene Werke zu personalisieren. Nebenan hat sich die Boutique **Our Second Nature** (oursecondnature.com) auf leichte, lässige Alltagsmode spezialisiert, dabei erzählt jedes Teil mit einzigartigen Drucken eine Geschichte. In der selben Straße liegt **Atelier Ong Shunmugam** (ongshunmugam.com), das galerieartige Geschäft von Priscilla Shunmugam, einer der angesagtesten jungen Designerinnen Singapurs.

SHOPPEN IN HOLLAND VILLAGE

Lim's Holland Village
Das Einrichtungsgeschäft bietet asiatische Haushaltswaren und Möbel, vom chinesischen Hochzeitsschrank bis zu Ingwertopf-Lampen.

Bynd Artisan
Große Auswahl an personalisierten Schreibwaren, Leder und Schmuck, außerdem Kurse um eigene Entwürfe zu schaffen.

Our Second Nature
Singapurische Boutique mit bequemer, leichter Mode für jeden Tag.

Atelier Ong Shunmugam
Einzigartige, maßgeschneiderte Mode der aufstrebenden Designerin Priscilla Shunmugam.

ESSEN IN HOLLAND VILLAGE

Black Marble by Otto
Perfekt gegrilltes Fleisch – vom dry-aged Ribeye bis zu Lammkarree mit Knoblauch-Confit. $$$

Craftsmen Coffee
Selbst gebraute Gourmetbohnen, dazu köstlicher Brunch mit belegten Waffeln und Croissant-Sandwiches. $

Haakon Superfoods
Das nordisch angehauchte Café bietet Nahrung für Leib und Seele mit Açai Bowls und nahrhaften Poke Bowls. $$

HOW HWEE YOUNG/EPA-EFE/SHUTTERSTOCK ©

Museum of Ice Cream

NÄCHTLICHER HEISSHUNGER

KARTE P136, 1

2am: dessertbar (2amdessertbar.com) ist ein Paradies für Naschkatzen. Das spannende, stimmungsvolle Lokal beeindruckt mit einer Gefolgschaft von süßen Hits wie Mango-Kokosnuss Panna cotta, Pandan-Kaya-Eis mit Pistazienbiskuit und Brombeer-Sumak-Parfait auf Lavendel-Marshmallow. Hinter den kreativen Ideen steckt die hochgelobte Janice Wong, mit dem World Gourmet Summit Award ausgezeichnete Patissière der Jahre 2011, 2013 und 2015.

MEHR IN HOLLAND VILLAGE, IM BOTANISCHEN GARTEN & DEMPSEY HILL

Ausflippen im Museum of Ice Cream

KARTE P140, 1

Wieder zum Kind werden

Mit psychedelischem Pink und riesigem Sprinklerbecken ist das **Museum of Ice Cream** (museumoficecream.com/singapore) ein Wunderland zum Thema Dessert und ein multisensorisches Abenteuer für knipswütige Reisende. Das Ganze ist nicht wirklich ein Museum, sondern 14 Installationen regen Besucher an neu über Eiscreme nachzudenken. Das Museum eröffnete zuerst 2016 als Pop-up in Manhattan und expandierte seitdem, u. a. in Austin, Chicago und Singapur. Anders als seine Pendants berücksichtigt dieses MOIC die Kultur Singapurs mit Installationen wie The Scoop, einer Hommage an die traditionellen Drachenspielplätze, die es in den 1970er-Jahren in Wohngebieten gab.

Der Besuch ist wie ein Besuch in Willy Wonkas Schokoladenfabrik – man spielt mit interaktiven Displays, taucht in das größte Sprinklerbecken Asiens und genießt unbegrenzt Eiscreme! Die Sorten sind einzigartig – von *lychee bandung* (pinker Rosensirup) bis zu Pink-Kokosnuss und *pulut hitam* (schwarzem klebrigen Reis). Der Besuch ist keinesfalls pädagogisch; er ist schlicht und einfach nur ein unendliches Vergnügen für Groß und Klein.

Queenstown erleben

KARTE P140, 4 5 6 11 13 19

Die Königin der Siedlungen

Direkt südlich von Dempsey Hill liegt das ruhige Wohnviertel Queenstown, eine der ersten Trabantenstädte Singapurs. Das wegweisende Projekt des Housing Development Board (HDB) wurde 1951 errichtet und erhielt anlässlich der Krönung von Queen Elizabeth II. diesen Namen. Früher war Queenstown ein sumpfiges Tal und wurde von Hokkien, Teochew und Hakka bewohnt. Als das HDB die Gegend in den Blick nahm, wurden die Sümpfe trocken gelegt und, bevor das Gebiet entwickelt wurde, die Bewohner umgesiedelt.

Aktuelle Siedlungsprojekte sorgen für neuen Schwung in Singapurs ältester HDB-Siedlung. **SkyVille @ Dawson** und **SkyTerrace @ Dawson** sollen nach den Plänen von HDB für einen neuen, modernen Touch in dem Viertel sorgen. Der Dachgarten im 47. Stock im hochmodernen Skyville ist öffentlich zugängig und kostenlos. Mit dem Fahrstuhl kommt man direkt nach oben und kann den atemberaubenden Blick vom Dach genießen. Der ruhige Garten bietet viele Bänke und geschützte Stellen, außerdem Wandbilder vom Comiczeichner Troy Chin, die die Geschichte von Queenstown darstellen.

Glücklicherweise wurden nicht alle alten Gebäude in Queenstown abgerissen – einige schwarz-weiße Kolonialhäuser stehen immer noch in **Wessex Estate**. Die niedrigen Blocks mit Apartments und Doppelhäusern wurden früher von britischen Offizieren und Soldaten bewohnt, heute dienen einige auch als Ateliers für Künstler. Die Kantine der British Army ist inzwischen ein nettes altmodisches *kopitiam* (Kaffeehaus). Die Colbar, Abkürzung für „Colonial Bar", ist sehr beliebt und bietet eine gute Auswahl an westlichen und asiatischen Gerichten sowie britischem Bier.

Neben der Colbar liegt das trendige Pop-up **Restaurant Focal** (restaurantfocal.sg), das geistige Kind von Chefkoch Tan Ken Loon vom angesehenen Restaurant Naked Finn (S. 147) in den Gillman Barracks. Mit dem schicken schwarzen Restaurant schuf Tan eine Plattform für talentierte junge Köche unter 30, die sich verbessern und ihr Können demonstrieren wollen. Jeden Monat kreiert ein anderer Koch ein mehrgängiges Menü für die Glücklichen, die einen Tisch ergattert haben. Etwas nördlich auf der Portdown Road liegt das entzückende **Under Der Linden** (underderlinden.com.sg), ein tierfreundliches Café-Restaurant mit geblümten Torbögen und sanften Pastellfarben. Das Café, wie auch andere Filialen in Singapur, wurde inspiriert vom mittelalterlichen, deutschen Lyriker Walther von der Vogelweide, dessen Gedichte die Wände des Cafés schmücken.

Im Südosten von Wessex Estate steht das altmodische **Queensway Shopping Centre**, das nicht ganz in das moderne Singapur passt, aber für ältere Singapurer birgt es kostbare Erinnerungen. Seit den 1970er-Jahren ist Queensway eine gute Adresse für erschwingliche Sportartikel, v.a. Laufschuhe und Sneaker sind hier günstig zu haben.

EINHEIMISCHE LOKALE IN QUEENSTOWN

Keng Eng Kee Seafood
Meeresfrüchte-Restaurant mit Spezialitäten wie knusprige Krabbenbrötchen und Fischkopf mit schwarzen Bohnen. $$

Depot Road Zhen Shan Mei Claypot Laksa
Der Imbissstand im Alexandra Road Food Village erhielt für seine *laksa* (Nudeln in scharfer Kokosnussbrühe) vom Michelin die Auszeichnung Bib Gourmand. $

Durian Lab Cafe
Durian steht in diesem Café im Mittelpunkt – von luftigen Torten bis zu Cheesecake. $

Colbar
Unkonventionelles *kopitiam* (Kaffeehaus) mit guter Auswahl an asiatisch-westlichen Gerichten. $$

BRITISCHE KOLONIALHÄUSER

Wem Wessex Estate gefallen hat, sollte auch den Seletar Aerospace Park (S. 126) besuchen, ein weiteres Wohngebiet mit schwarz-weißen Häusern der Briten, in denen sich heute schöne Restaurants und Lokale befinden.

SEHENSWERTES
1 Museum of Ice Cream
2 one-north
3 Shipping Container Hotel
4 SkyTerrace @ Dawson
5 SkyVille @ Dawson
6 Wessex Estate

ESSEN
7 ABC Brickworks Food Centre
8 Casa Pietrasanta
Siehe 13 Ce Soir
9 Depot Road Zhen Shan Mei Claypot Laksa
10 Keng Eng Kee Seafood
11 Restaurant focal
12 Timbre+
13 Under Der Linden

AUSGEHEN & FEIERN
14 Bread Yard
15 Colbar
16 Durian Lab Cafe
17 Dutch Colony Coffee Co.
18 Jimmy Monkey Cafe

SHOPPEN
19 Queensway Shopping Centre
20 Terra Madre

JUSTIN ADAM LEE/SHUTTERSTOCK ©

Bürogebäude, One-North

Blick in die Zukunft in One-North

KARTE P140, 2 3 8 12 14 17

High-tech-Forschungszentrum

An der westlichen Ecke von Queenstown befindet sich **One-North**, Singapurs neuestes Zentrum für Forschung und Technologie. Der Name bezieht sich auf Singapurs geografische Lage (nur einen Grad nördlich des Äquators). Der Hochtechnologiepark beeindruckt durch futuristische Gebäude, in denen Forschungszentren, technische Start-ups und Weltfirmen sitzen. Die Gebäude sind in Gruppen angeordnet und haben futuristische Namen wie Biopolis, Fusionopolis und Mediapolis.

Aber nicht nur Business prägt One-North, inzwischen ist das Viertel eine eigene Stadt geworden. Cafés, Sporthallen und Supermärkte sind überall aus dem Boden geschossen. Aus der Masse sticht **Timbre+** (timbreplus.sg) heraus, ein Food Park mit Industriedesign im JTC LaunchPad. Schmuddeliges Graffiti an den Wänden ist ein nettes Fotomotiv, es gibt einheimische und internationale Küche und Livemusik (tgl. ab 20.30 Uhr). Um die Ecke befindet sich das **Shipping Container Hotel** (tinypod.com), eine Ansammlung von Containern wurde in minimalistische Schlafkapseln verwandelt. Die Doppelsuite, Container Nr. 4, ist von außen völlig verspiegelt, reflektiert die Umgebung, ist aber selbst fast unsichtbar!

Jenseits der Ayer Rajah Avenue liegt Fusionopolis mit fast noch mehr Essensangeboten. Für einen kleinen Snack bietet sich **Bread Yard** (bread yard.com.sg) an, eine Bäckerei mit frisch gebackenen Sauerteigbroten und blättrigen Matcha-Cruffins. **Dutch Colony Coffee Co.** (dutchcolony.sg) röstet vor Ort den Kaffee und bietet dazu ganztägig herzhaftes Frühstück. Wer sich satt essen möchte, geht zu **Casa Pietrasanta** (casapietrasanta.com) – einem modernen italienischen Restaurant von zwei Brüdern aus der Toskana, die authentische Pasta und köstliches Risotto servieren.

GUT ESSEN IN ONE-NORTH

Timbre+
Food Center mit erschwinglicher internationaler und regionaler Küche, dazu gibt es abends Livemusik. $

Casa Pietrasanta
Köstliche frisch zubereitete Pasta und authentische Gerichte in einem Restaurant mit italienischen Besitzern. $$$

Jimmy Monkey Cafe
Das Kaffeehaus bietet Kaffeekultur aus Melbourne, dazu den ganzen Tag Brunch und beliebte Kaffeesorten. $$

Dutch Colony Coffee Co.
In dem Kunstcafé hat sich dem Third-wave-Coffee verschrieben, dazu gibt es herzhafte Toasts und Bagels. $$

TOP TIPP

Singapurs Westen und Südwesten erstrecken sich über ein große Gebiet – man benötigt mehrere Tage, um das Gebiet zu erkunden. Nicht alle Sehenswürdigkeiten lassen sich bequem mit Bus und Bahn erreichen. Am besten besucht man Attraktionen, die in einer Gegend liegen und spart so Fahrzeit.

LOCAL TIPP: DIE GEHEIMEN SEITEN VON SINGAPUR

Jerome Lim, Liebhaber des kulturellen Erbes und Mitautor von Secret Singapore, verrät seine Geheimtipps. *thelongnwindingroad.wordpress.com*

Thow Kwang Pottery Jungle
Einer der beiden noch existierenden Drachen-Brennöfen; mit Glück erlebt man das Anfeuern. Die gastfreundliche Familie Tan unterstützt eine Gemeinschaft von Töpfern.

Rail Corridor
Ich empfehle als Startpunkt für eine Wanderung einen gut zugänglichen Eisenbahntunnel unter der Clementi Road.

Mount Faber
Auch die Southern Ridges (S. 144) laden zum Wandern ein. Auf dem Mount Faber gibt es ein geheimnisvolles Grab (16. Jh.) und ein malerisches ehemaliges Reservoir.

Der Westen & Südwesten von Singapur

WILDE WUNDER

Trotz Modernisierung und Singapurs Ruf als gepflegter Gartenstadt finden sich im Westen und Südwesten der Insel immer noch wilde Flecken. Die Region, in der sich schöne Naturreservate für Wanderungen und Tierbeobachtungen befinden, ist ein unterschätztes Kleinod.

Historisch gesehen erlebte das Gebiet im Zweiten Weltkrieg während der Invasion der Japaner einige heftige Schlachten – davon zeugen ergreifende Denkmäler.

Singapurs früheste Entwicklung entstand hauptsächlich durch Hafen und Handel im Süden und griff dann auf den Rest des Landes über als die Bevölkerung wuchs. Die Industrialisierung erreichte den Westen erst spät, sogar noch Anfang des 20. Jhs. bestand dieser Teil Singapurs zum größten Teil aus Plantagen, sumpfigem Marschland und Bergen mit dichtem Wald. Es war eine eigene Welt abseits des Stadtzentrums.

Die Situation änderte sich in den 1970er-Jahren, als das inzwischen unabhängige Singapur seine wirtschaftlichen Ambitionen verstärkte und viele Grünflächen für die Industrie weichen mussten. Auch neue Wohnviertel, die geschaffen wurden, damit der Weg zur Arbeit kürzer wurde, benötigten mehr Platz. Neuland wurde gewonnen und die Küstenlinie verschoben, um Platz für expandierende Häfen und Fabriken zu schaffen, sogar Offshore-Inseln wurden in Zentren der Schwerindustrie umgestaltet.

Inzwischen ist Singapurs westlicher Bezirk das größte Produktionszentrum des Landes mit stetigem Bevölkerungszuwachs, hier entstehen immer mehr große, staatseigene Wohnblocks und Einrichtungen. Ein Masterplan soll die Verkehrsinfrastruktur verbessern und Jurong, das Zentrum im Westen, entwickelt sich allmählich zu einem zweiten Central Business District.

Die Sehenswürdigkeiten in West-Singapur sind nicht so bekannt wie die im Stadtzentrum, aber wer Zeit hat und die Natur liebt, wird mit einem Kontrapunkt zum Ballungsraum Singapur belohnt.

Links: Henderson Wave (S. 146); oben: Drachen, Haw Par Villa (S. 147)

NICHT VERSÄUMEN

SOUTHERN RIDGES
Der 10 km lange Wanderweg von Kent Ridge bis Harbourfront bietet spektakuläre Natur- und Stadtansichten.
S. 144

SUNGEI BULOH NATURE RESERVE
Singapurs erster Asean Heritage Park ist ein Paradies für Mangroven und Zugvögel. **S.150**

HAW PAR VILLA
Ungewöhnlicher Park mit skurrilen Skulpturen und lebensgroßen Dioramen zu chinesischer Ethik und Geschichte.
S.147

WANDERUNG IN DEN SOUTHERN RIDGES

Man kann einen ganzen Tag für diese schöne 10 km lange Tour einplanen oder nur einzelne Abschnitte erkunden. Start ist am ❶ **Kent Ridge Park**, wo ein Baumkronenpfad eine schöne Aussicht bietet und zum ❷ **Reflections at Bukit Chandu** führt, einem kleinen Museum zum Zweiten Weltkrieg in einem renovierten Kolonialhaus. Weiter geht es zum ❸ **HortPark** mit Themengärten, Spielplätzen und den Vorbildern für die klimatisierten Gewächshäuser bei Gardens by the Bay. Ein Abstecher führt nach Süden vorbei an den ❹ **Gillman Barracks**, in der ehemaligen Militärsiedlung befinden sich heute Galerien mit moderner Kunst. Direkt hinter Labrador Park MRT Station liegt der ❺ **Berlayer Creek Boardwalk**, er windet sich durch Mangrovenwälder zur Küste. Das bewaldete Gebiet bildet das ❻ **Labrador Nature Reserve** mit Singapurs einziger geschützter Felsküste sowie Relikten aus dem Krieg. Es geht zurück bis HortPark und über den blattförmigen ❼ **Alexandra Arch**. Hinter der Brücke befindet sich ein weiterer Baumkronenpfad, der ❽ **Forest Walk** für Vogelbeobachter, der zum ❾ **Telok Blangah Hill Park** führt, bekannt für den Terrace Garden. Die ❿ **Alkaff Mansion** lädt zu einem Imbiss ein, man kann aber auch einfach durch den Forest of Giants weitergehen. Ein kurzer Weg führt über die Henderson Road zur 36 m langen Skulptur ⓫ **Henderson Waves**, der höchsten Fußgängerbrücke Singapurs. Auf der anderen Seite liegt ⓬ **Faber Point** mit schöner Sicht vom ⓭ **Mount Faber** über die südliche Küstenlinie. Von hier führt der Weg bergab über den ⓮ **Marang Trail** bis zum ⓯ **Vivo City Shopping Centre** – oder man nimmt die Seilbahn am Faber Peak und schwebt zur Sentosa Island.

Blick vom Alexandra Arch

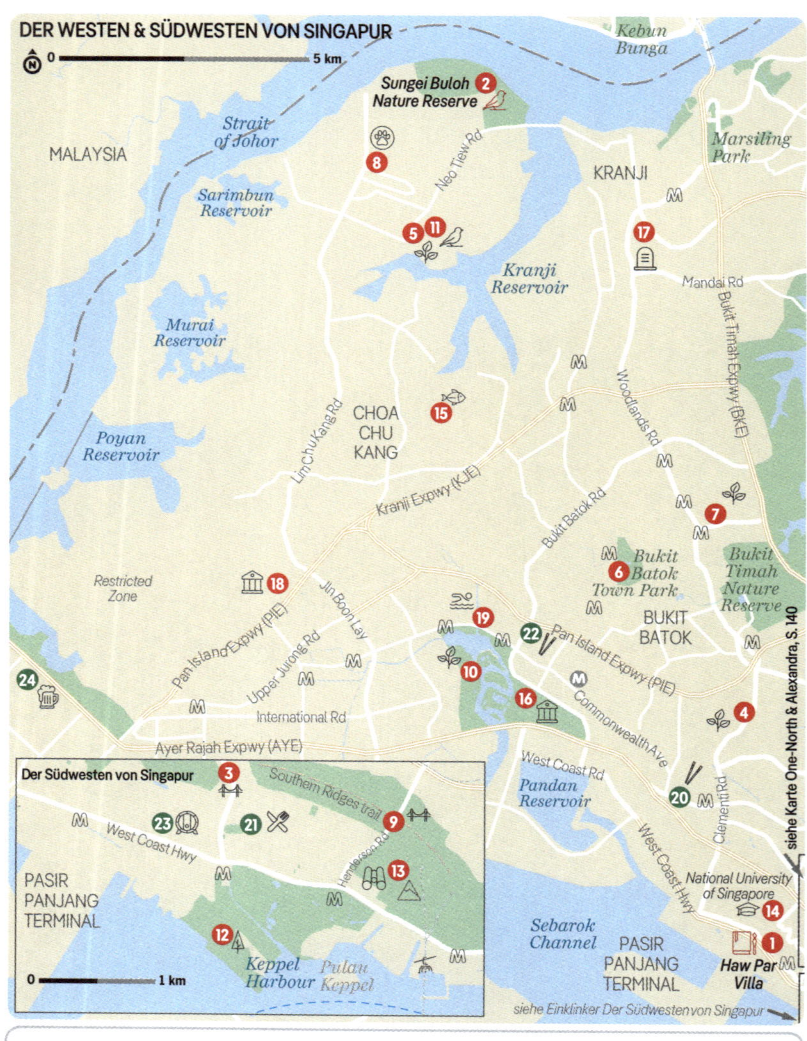

HIGHLIGHTS
1 Haw Par Villa
2 Sungei Buloh Nature Reserve

SEHENSWERTES
3 Alexandra Arch
4 Bee Amazed Garden
5 Bollywood Farms
6 Bukit Timah Nature Reserve
7 Dairy Farm Nature Reserve
Siehe 12 Fort Pasir Panjang
8 Hay Dairies
Siehe 1 Hell's Museum
9 Henderson Waves
10 Jurong Lake Gardens
11 Kranji Marshes
Siehe 17 Kranji War Memorial
12 Labrador Nature Reserve
Siehe 14 Lee Kong Chian Natural History Museum
13 Mt Faber
14 National University Of Singapore (NUS)
Siehe 14 NUS Museum
15 Qianhu Fish Farm
16 Science Centre Singapore
17 Singapore State Cemetery
18 Thow Kwang Pottery Jungle

AKTIVITÄTEN
19 Jurong East Swimming Complex

ESSEN
20 Clementi 448 Food Centre
21 Naked Finn
22 Yuhua Village Food Centre

AUSGEHEN & FEIERN
23 Brass Lion Distillery
24 Tiger Brewery

Haw Par Villa

MEHR IM WESTEN & SÜDWESTEN

Singapurs bizarrster Themenpark

KARTE 1

Dioramen mit chinesischer Folklore

Haw Par Villa gehörte Aw Boon Haw und Aw Boon Par, den Söhnen des Mannes, der die berühmte Salbe Tiger Balm erfand. Der Park, früher Tiger Balm Gardens, spiegelt die Liebe der Familie zur chinesischen Kultur und zeigt viele bekannte chinesische Geschichten in detaillierten, fantasievollen Dioramen – besonders bizarr sind die halb-tierischen Skulpturen.

Der Eintritt ist kostenlos, nur das neu renovierte **Hell's Museum** kostet Eintritt (18/10 S$; Erw./Kind). Es präsentiert auch die berüchtigte Ausstellung Ten Courts of Hell, eine schaurige Darstellung der schrecklichen Qualen, die Sünder nach ihrem Tod erwarten.

Zurück zur Schule

KARTE 14

Geheimtipp in der Universität

Der Campus der **National University of Singapore** beherbergt zwei unterschätzte Museen. Das grasbedeckte, felsartige Gebäude mit dem **Lee Kong Chian Natural History Museum** zeigt über eine Million Präparate, die die Biodiversität Südostasiens und Singapurs demonstrieren und eine his-

LOHNENDE RESTAURANTS

Keng Eng Kee (KEK) Seafood
Das familiengeführte Restaurant hat mehrere Auszeichnungen von Michelin sowie Features auf Netflix und bietet deftige chinesische *zi char* (Hausmannskost) Küche in lockerer Umgebung. $$

Naked Finn
Natürliche Aromen und wenig Gewürze bestimmen die Küche in dem Seafood-Restaurant, das zwischen den Kunstgalerien in Gillman Barracks liegt. $$$

Ce Soir
Blumen, Fantasie und Fine Dining treffen sich in dem französischen Restaurant in einem charmanten schwarz-weißen Kolonialhaus an der Portsdown Rd. $$$

SCHÖNE AUSSICHTEN BEI NACHT

Southern Ridges
Jeden Abend ab 19 Uhr illuminieren zahllose LEDs die Brücken Henderson Waves und Alexandra Arch.

Mount Faber
Ein Blick auf Singapurs südliche Wasserfront aus der Seilbahn vom Mount Faber zu Sentosa Island.

Labrador Nature Reserve
Umwerfender Platz für grandiose Sonnenuntergänge und die glitzernden Lichter von Sentosa Island.

torische Sammlung aus dem 19. Jh. Das Hightech-Museum ist familienfreundlich und besitzt viele interaktive Elemente. Unbedingt Prince, Apollonia und Twinky begrüßen, die drei riesigen Diplodociden-Sauropoden-Skelette im Zentrum.

Nebenan ist das NUS Museum, ein kulturelles Highlight mit einer Sammlung von mehr als 8000 Kunstwerken und Artefakten – von antiken chinesischen Keramiken und indischen Skulpturen bis zu modernen südostasiatischen Kunstwerken. Ein Ausstellungsraum ist den Skulpturen des berühmten Bildhauers Ng Eng Teng aus Singapur gewidmet.

RAIL-CORRIDOR-ROUTE

Der größte Teil des Rail Corridor (S. 118) ist zugänglich, im Norden gibt es kleinere Umwege, der südlichste Punkt **Tanjong Pagar Railway Station** soll 2026 eröffnet werden. Für die 24 km lange Strecke benötigt man ohne Pause 5–6 Stunden; eine ausführliche Erkundung dauert einen ganzen Tag. Sonnenschutz ist unbedingt erforderlich, besonders für den nördlichen Teil, der kaum Schatten bietet. Zum Schnuppern eignet sich der 3 km lange mittlere Teil zwischen der renovierten **Bukit Timah Railway Station** (King Albert Park MRT Station) und der schwarzen **Upper Bukit Timah Truss Bridge** (Hillview MRT Station). Man kann auch einen Abstecher in die Bukit Timah Nature Reserves machen oder die historische **Ehemalige Ford-Fabrik** (S. 120) besichtigen.

Geheimnisvolles Labrador Nature Reserve

KARTE 12

Maritime Geschichte zwischen Mangrovenpfaden

Labrador Nature Reserve, das kleinste der vier Naturreservate in Singapur, ist nur 10 ha groß und bietet Besuchern mehr als einen kurzen Spaziergang. Tierliebhaber werden von Singapurs einziger Meeresklippe auf dem Festland begeistert sein und den drei Wegen, die sich durch Mangroven und Wälder schlängeln. Geschichtsfans können die Artilleriereste am Fort Pasir Panjang erkunden, das einst den nahe gelegenen Keppel Harbour schützte.

HUNTERGOL HP/SHUTTERSTOCK ©

Labrador Nature Reserve

ÜBERNACHTEN IM WESTEN

Genting Hotel Jurong
Dicht am Zentrum Jurong East, mit Pool auf der Dachterrasse und Shuttleservice nach Sentosa. **$$$**

Oasia Residence Singapore
Apartments mit Service nahe zum Technologiezentrum und dem ruhigen West Coast Park. **$$$**

Momentus Hotel Alexandra
Schicke, moderne Zimmer am Rand der ehrwürdigen Wohnviertel Redhill und Queenstown. **$$$**

Seilbahnfahrt am Mount Faber

Beeindruckender Blick über Süd-Singapur

Mount Faber, ehemaliger Signalpunkt und Verteidigungsfort, bietet eine grandiose Aussicht über die südliche Küstenlinie Singapurs – der höchste Punkt liegt 100 m über dem Meer. Der Gipfel befindet sich an einem Ende des **Southern Ridges** Wanderweges, die meisten Besucher benutzen allerdings die Seilbahn, die Mount Faber mit Harbourfront und der Ferieninsel **Sentosa** verbindet. Bei der Fahrt unbedingt auch nach unten sehen – in den bewaldeten Hügeln stehen mehrere schwarze-weiße Kolonialhäuser, ein großer Kontrast zur Architektur der luxuriösen Wohnkomplexe an der Wasserfront.

Auf dem Gipfel gibt es mehrere Restaurants, die zum Essen mit Aussicht locken – besonders beliebt bei Sonnenuntergang. Die Toilette soll diejenige mit der schönsten Aussicht von Singapur sein, sie bietet beim Händewaschen durch deckenhohe Fenster einen atemberaubenden Blick über die Skyline. Wer weder mit der Seilbahn fahren noch auf dem Marang Trail wandern will, kann auch ein Taxi zum Gipfel nehmen.

NOCH MEHR SEILBAHNFAHRTEN?

Für Fans der Seilbahn nach Sentosa Island gibt es gute Nachrichten: Die Insel bietet eine eigene Seilbahn, die von Imbiah Lookout bis Siloso Point Aussicht auf Strand und Baumwipfel bietet, dazu kommt noch die 79 m hohe **SkyHelix Sentosa Gondel** (S. 161).

Spaziergang durch Jurong Lake Gardens

KARTE 10

National Garden im Zentrum

Die **Jurong Lake Gardens** mitten im Zentrum sind Singapurs neuester National Garden und bequem von den MRT Stationen Chinese Garden und Lakeside zu erreichen. Der ausladende **Lakeside Garden** an der Westküste bietet viel Interessantes für Besucher, von schlängelnden Pfaden und Spielplätzen bis zu natürlichen Habitaten mit Mangrovensümpfen, Flüssen und Grasland. Vor Kurzem sind auch der **Chinese Garden** und der **Japanese Garden** für Besucher eröffnet worden.

Lernen & Spielen

KARTE 16

Wunderwelt für junge Forscher

Das Science Centre Singapore bietet Spaß für alle Altersgruppen. Mehr als 20 interaktive Ausstellungen laden zum Erkunden unterschiedlichster Themen ein – vom Ökosystem bis zur Anatomie des Menschen und optischen Täuschungen, außerdem gibt es regelmäßig Shows und Vorführungen. Das

DER GESCHMACK VON SINGAPUR

KARTE 23

Der kultige Singapore Sling ist ein Gin-Cocktail – wer echten Gin aus Singapur probieren möchte, sollte die **Brass Lion Distillery** besichtigen, einer der Begründer des Insel-Gins.

Der berühmte Singapore Dry Gin ist eine Komposition aus 22 heimischen Pflanzen, u.a. asiatischen Aromen wie Zitronengras, Fackelingwer und Galgant.

Auf dem Gelände an der Alexandra Terrace werden Führungen und Verkostungen angeboten, man kann auch seinen eigenen Gin destillieren.

GARKÜCHEN FÜR EINEN SCHNELLIMBISS

ABC Brickworks Food Centre
Gutes Essen unweit der Southern Ridges; benannt nach dem ehemaligen Ziegelwerk. $

Clementi 448 Food Centre
Nahe der Clementi MRT Station und dem Busbahnhof. Wer früh hierher kommt, vermeidet langes Warten. $

Yuhua Village Food Centre
Versteckter Schatz im Zentrum nahe Jurong Lake Gardens mit dem von Bib Gourmand ausgezeichneten Imbissen. $

WARUM ICH SINGAPURS WESTEN LIEBE

Jaclynn Seah, Autorin

Für mich ist ein Besuch im Westen Abenteuer pur. Als Stadtmensch bin ich an die engen Straßen und Wolkenkratzer in Singapur gewöhnt. Wenn ich dann zwischen den Mangroven in den Sungei Buloh Wetlands stehe und kein Hochhaus sehe, ist das ganz komisch.

Auf Reisen liebe ich neue Wanderwege, aber zu Hause probiere ich das nicht aus – zu heiß! Zu beschäftigt! Zu viele Ausreden! – aber das änderte sich, als ich zum ersten Mal im Bukit Batok Town Park wanderte und Colugos über meinen Kopf schwebten und ein Schuppentier meinen Weg kreuzte, nur wenige Meter entfernt. Singapur besteht aus mehr als nur schicker Architektur und Wohnblocks.

Omni-Theatre bietet eine gigantische IMAX-Leinwand, die Action lebendig werden lässt; **Snow City** mit Temperaturen unter Null und Schneehängen eignet sich perfekt, um der großen Tropenhitze zu entkommen. **Kids-STOP** ist ein Bereich für Kinder unter acht Jahren.

BIER MIT AUSSICHT

Die weltweit höchste städtische Mikrobrauerei ist **Level 33** (S. 54), hier werden fünf Craftbiere gebraut. Bei einem kühlen Pint lässt sich die tolle Aussicht über Marina Bay genießen.

Zeit für ein Bier KARTE 4

Eine Besichtigung von Singapurs Brauerei

Ein Abend in einer Bar kann in Singapur ganz gut ins Geld gehen, aber eine Besichtigung der berühmten Brauerei lohnt sich auf jeden Fall. Die Tiger Brewery befindet sich im Industriegebiet Tuas, aber das hält die vielen Besuchern nicht ab, die hierher strömen um während der 45-minütigen Tour zu erfahren, wie Tiger Beer gebraut wird und dabei fünf Sorten zu probieren. Und eine Flasche für den Heimweg gibt es auch noch.

Wanderung im Öko-Wunderland KARTE 2 11

Mangroven und Zugvögel

Vogelbeobachter besuchen **Sungei Buloh Nature Reserve**, hier lebt über die Hälfte aller Vogelarten Singapurs und hier rasten Zugvögel – September bis März ist die beste Zeit zum Beobachten. Mit über 200 ha Lebensraum – von Schlickwatt und Mangroven bis zu Teichen und Wäldern – bietet das Reservat Wanderungen, bei denen man Schlammspringer, Warane und auch ein Salzwasserkrokodil sehen kann.

Wem das nicht reicht, der sollte die **Kranji Marshes** aufsuchen, einen der größten Frischwassersümpfe Singapurs. Vom **Raptor Tower** bietet sich eine wunderbare Aussicht über die Umgebung, dabei lassen sich zwischen November und März auch seltene Raubvögel beobachten.

Respektvoll am Hilltop Memorial KARTE 17

Im Gedenken an die Gefallenen

Über 4400 weiße Grabsteine reihen sich säuberlich auf einem grünen Hang am **Kranji War Memorial** auf. Dieser

TOLLE ORTE FÜR KINDER

Science Centre Singapore
Interaktive Ausstellungen und Vorführungen, die Wissenschaftsmodelle witzig zum Leben erwecken.

Jurong Lake Gardens
Ausgedehnter Park mit Sand- und Wasserspielplätzen, Landschaftsgärten und Spazierwegen.

Jurong East Swimming Complex
Sehr günstiges Schwimmbad mit Rutschen, Wellenbad und Strömungskanal.

stille Friedhof erinnert an alliierte Soldaten des britischen Commonwealth, die im Zweiten Weltkrieg fielen. Die mehr als 24 000 Namen auf den vier Gedenksteinen auf dem Berg erinnern an diejenigen, die nicht bestattet werden konnten. In der Nähe liegt der **Singapore State Cemetery**, hier ruhen die beiden ersten Präsidenten Singapurs. Ein Gedenkgottesdienst wird am Sonntag beim 11. November, Remembrance Day, gehalten.

Einfach mal Töpfern

KARTE 18

Workshops an einem historischen Ofen

Singapurs einzigen, noch in Betrieb befindlichen Drachenofen gibt es bei Thow Kwang Pottery Jungle. Er ist im Besitz der Familie Tan, die seit 1965 in der dritten Generation Keramik fertigt. Da die Bedienung des holzbefeuerten Ofens viel Arbeit ist, wird er nur wenige Male im Jahr betrieben, die Töpferkurse finden allerdings ganzjährig statt. Obwohl der Betrieb abgelegen ist, gehen Keramikfans hier kaum mit leeren Händen wieder weg – das Angebot an handgetöpfertem Geschirr und Peranakan-Keramik ist riesig.

Ein Hauch von Landleben

KARTE 4 5 8 15

Landwirtschaft im Nordwesten

Land ist knapp in Singapur, es gibt kaum Landwirtschaft und die meisten Lebensmittel werden importiert, aber es gibt auch Farmen, die besichtigt werden können. Sie bieten eine seltene Chance eine weniger großstädtische Seite von Singapur zu sehen.

Die **Gegend um Kranji** in der nordwestlichen Ecke von Lim Chu Kang ist am bekanntesten. **Hay Dairies** ist Singapurs einzige Ziegenfarm, hier kann man frische Ziegenmilch probieren, beim Melken zusehen und die Ziegen füttern. Auf dem Bio-Hof **Bollywood Farms** kann man die Felder besichtigen und sich dann mit einem üppigen Farm-to-fork-Lunch im Bistro Poison Ivy stärken. In der **Qianhu Fish Farm** locken die Becken mit bunten Fischen, man kann kleine Fische keschern, Koi füttern oder Fisch-Pediküre genießen.

Weiter weg ist der **Bee Amazed Garden** in Clementi, hier trifft man auf einheimische Honigbienen, lernt alles über ihre Haltung und kann Honig probieren.

UNTERWEGS VOR ORT IN KRANJI

Die ländliche Gegend von Kranji ist kaum durch öffentlichen Verkehr erschlossen, es gibt nur zwei Buslinien. Bus 925 fährt zum Kranji Reservoir Parkplatz B unweit vom Sungei Buloh Nature Reserve Visitor Centre; Bus 925M verkehrt nur sonn- und feiertags.

Der Kranji Farms Shuttle bringt Besucher von der Kranji MRT Station zu einigen Farmen und Sehenswürdigkeiten in Kranji. Wer im Bus einen Tagespass für 5 S$ kauft, kann den ganzen Tag fahren und überall ein- und aussteigen. Der Shuttle verkehrt nur samstags, sonn- und feiertags.

UNGEWÖHNLICHE HOTELKONZEPTE

Villa Samadhi
Gemütliche Zimmer in einem renovierten Kolonialhaus aus den 1920er-Jahren mitten im Naturreservat. **$$$**

Shipping Container Hotel @ Haw Par Villa
Container wurden in Schlafkabinen mit Kochecke, Bad und Terrasse verwandelt. **$$**

Gardenasia Farmstay Villas
Drei einzigartige Villen in schwarz-weißen Bungalows mitten in den Wäldern und Farmen von Kranji. **$$**

Sentosa Island

FERIENINSEL MIT UNGEWÖHNLICHER GESCHICHTE

Wer in einer Schlange vor den Universal Studios wartet oder sich durch die Touristenmassen am Imbiah Lookout wühlt, kann sich kaum vorstellen, dass die schicke Ferieninsel Sentosa früher einmal das ruhige, baumbestandene Pulau Blakang Mati war, Heimat kleiner Fischerdörfer und von auf Booten lebenden Seenomaden.

Sentosa liegt vor der Südküste Singapurs, durch die Meerenge getrennt, die zum Haupthafen führt. 1878 machten die Briten die Insel zu einem Militärstützpunkt, um die wichtige Handelsroute zu schützen. Im Zweiten Weltkrieg waren die meisten Geschütze nach Süden ausgerichtet, um Angriffe von See abzuwehren, aber die japanischen Truppen fielen einfach aus dem Norden ein. So entstand der alte Scherz darüber, dass die britischen Kanonen in die falsche Richtung ausgerichtet waren.

In den 1970er-Jahren und dem Beginn der Unabhängigkeit Singapurs erhielt die Insel den Namen Sentosa und wurde in ein Ferienresort umgewandelt. Auf 500 ha verteilen sich die unterschiedlichsten Touristenattraktionen, aber so richtig ging der Boom erst mit dem Bau der Resorts World Sentosa 2010 los. Vor der Corona-Pandemie kamen jährlich über 19 Mio. Besucher nach Sentosa – die Zahl ist besonders beachtlich, wenn man bedenkt, dass die Bevölkerung von Singapur nur 5 Mio. beträgt.

Von der einst verschlafenen Fischerinsel ist nicht viel übrig geblieben; stattdessen findet man im Zentrum der Insel jede Menge künstlicher Attraktionen, umgeben von sorgfältig kultivierten Freiflächen, die das wichtige Tropengefühl ausstrahlen. An der Westküste liegen einige der schönsten Strände Singapurs – mit importiertem weißen Sand. Im Osten bei Sentosa Cove gibt es exklusive Wohnhäuser und nicht nur einen, sondern zwei Golfplätze.

Sentosa ist ein riesiger Spielplatz, auf dem man sich richtig austoben kann.

Oben: Sentosa Gateway. Rechts: Siloso Beach (S. 160)

NICHT VERSÄUMEN

S.E.A. AQUARIUM
Eines der größten Aquarien mit über 100 000 Meeresbewohnern in spektakulären Präsentationen.
S. 158

UNIVERSAL STUDIOS SINGAPORE
Die aufregenden Fahrgeschäfte und an Filmen orientierten Themenparks sind eine der Hauptattraktionen von Sentosa. **S. 154**

FORT SILOSO
Singapurs einzige erhaltene Küstenfestung bietet eine herrliche Aussicht vom zugehörigen elfstöckigen Siloso Skywalk.
S. 160

PALAWAN BEACH
Der familienfreundliche weiße Sandstrand besitzt eine tolle Mischung aus Aktivitäten und Annehmlichkeiten.
S. 160

TOP TIPP

Sentosa ist ein sehr beliebtes Touristenziel, aber Eintritt, Essen und Shoppen kosten ein hübsches Sümmchen – Letzteres ist hier besonders teuer. Günstigere Möglichkeiten zum Shoppen und Essen bieten VivoCity und das Seah Im Food Centre in Harbourfront, direkt auf der anderen Seite des Wassers.

I VIEWFINDER/SHUTTERSTOCK ©

LOCAL TIPP: GEHEIMNISSE VON SENTOSA

Toh Thiam Wei, Gründer von Indie Singapore Tours, verrät, wie man mehr von Sentosa entdeckt.

Verlassene Forts erkunden

Fort Siloso ist die am besten erhaltene Festung auf Sentosa Island, Fort Serapong und der verbliebene Beobachtungsposten von Fort Connaught können allerdingsnur im Rahmen einer Führung besichtigt werden.

Einmal einen verrückten reichen Asiaten spielen

Ximula Sail und Wanderlust Adventures bieten erschwingliche Fahrten in den Sonnenuntergang und Tages-Segeltouren, um das Highlife zu erleben oder man kann sich in der Boaters' Bar in ONE°15 Marina und im Greenwood Fish Market entspannen.

Sentosas versteckten Strand entdecken

Das Schutzgebiet Tanjong Rimau (Siloso Headland) ist ein einsamer Strand mit versteckten Höhlen und aufgegebenen Wachposten. Es ist jedoch nur bei Ebbe erreichbar.

LIFESTYLE TRAVEL PHOTO/SHUTTERSTOCK ©

PRAKTISCHES
QR-Code scannen um den Besuch zu planen – rwsentosa.com/en/attractions/universal-studios-singapore.

HIGHLIGHT

Universal Studios Singapore

Südostasiens erste und einzige Universal Studios sind ein kleiner Park, der eine Reihe von Fahrgeschäften und interaktiven Shows bietet, hinzu kommen Restaurants und Geschäfte, die die Namen von Hollywood-Blockbusters tragen. Für jeden ist etwas dabei – von kinderfreundlichen Attraktionen bis zu nervenzerreißenden Fahrten; in der Hauptsaison muss man mit langen Warteschlangen rechnen.

NICHT VERPASSEN

- Battlestar Galactica: CYLON
- Revenge of the Mummy
- TRANSFORMERS The Ride: The Ultimate 3D Battle
- Jurassic Park Rapids Adventure
- Canopy Flyer
- Raptor encounter
- Lights. Camera, Action! Hosted by Steven Spielberg

Atemberaubende Achterbahnen & Fahrgeschäfte

Battlestar Galactica: HUMAN vs CYLON in der Sci-fi-Zone besteht aus zwei Achterbahnen – die rote HUMAN-Spur ist schon aufregend, aber wer es noch extremer liebt, sollte die blaue CYLON-Spur wählen. Revenge of the Mummy im Bereich Ancient Egypt ist eine holprige Fahrt durch dunkle Tunnel auf der Suche nach dem *Book of the Living*. Bei TRANSFORMERS The Ride sorgen 3D-Brillen für ein Eintauchen in die Action während man mit den Autobots durch die Stadt saust und die Decepticons bekämpft. Das Jurassic Park Rapids Adventure beginnt als entspannte Floßfahrt, wird aber schnell aufregender, wenn sich plötzlich Dinosaurier austoben! Am besten nimmt man eine Regenjacke mit – alternativ zahlt man ein kleines Vermögen für ein Stückchen Plastik.

Ein Treffen mit den Lieblingen

Wer seinen Kindern (oder sich selbst) etwas Gutes tun möchte, kann tolle Fotos mit Filmfiguren machen, die in Lebensgröße überall im Park herumlaufen. Sie stammen aus beliebten Filmen oder Fernsehserien wie *Ich – Einfach Unverbesserlich*, *Madagascar*, *Kung Fu Panda*, *Shrek*, *Sesamstraße* und *Die Mumie*. Fans von *Jurassic Park* werden begeistert sein von der lebensechten Begegnung mit einem schrecklich realistischen Animatronik-Dinosaurier. Auch die flanierenden Transformer mit ihren bissigen Bemerkungen sind ein Hit.

Publikumshits

Die beliebte Show *WaterWorld*, angelehnt an den Film mit Kevin Costner, ist ein Publikumsmagnet mit der richtigen Mischung aus explosiver Pyrotechnik, akrobatischen Stunts und ganz viel Wasser. *Lights, Camera, Action! Hosted by Steven Spielberg* bietet einen lustigen Einblick in die Magie des Films und die Wunder, die Spezialeffekte bewirken. Beim Shrek 4-D Adventure fühlt man sich, als wäre man tatsächlich mittendrin in der Welt von *Shrek*.

Für die Kids

Gute Nachrichten für Zartbesaitete und Eltern mit Kindern: Nicht alle Fahrgeschäfte sind so nervenzerfetzend. Wer es etwas ruhiger möchte, sollte mit Far Far Away beginnen – hier gibt es kleinere Achterbahnen wie Puss in Boots: Giant Journey und Enchanted Airways. Beliebt ist auch Treasure Hunters in Ancient Egypt, dabei „fährt" man durch eine Ausgrabungsstätte. Der Canopy Flyer bietet einen Flug über die Menge wie ein Pterodaktylus und bei Dino-Soarin' fliegen die Kids rittlings auf ihrem Lieblings-Dino auf und davon. Das Sesame Street Spaghetti Space Chase ist ein weiteres entspanntes Fahrgeschäft für die ganze Familie – mit Elmo und Grover fliegt man ins Weltall.

PENGUIN.JUNE/SHUTTERSTOCK ©

Achterbahn Battlestar Galactica

UNIVERSAL EXPRESS

Universal Express ist eine Ergänzung zur Eintrittskarte, mit der man die Express-Schlangen bei den beliebten Fahrgeschäften nutzen darf. Angebot und Preis richten sich nach der Auslastung des Parks; Universal Express kann teurer sein als der Eintritt. Man kann es vorher kaufen oder im Park, wenn man einschätzen kann, ob die Menschenmassen die Extra-Ausgabe rechtfertigen.

TOP TIPPS

- Wer plant, kann sparen – es ist oft günstiger, den Eintritt in die Universal Studios mit anderen Attraktionen auf Sentosa zu kombinieren.
- Manche Online-Tickets erlauben direkt den Eintritt in den Park, andere muss man extra an der Kasse in eine Eintrittskarte umwandeln – das kostet wegen der Warteschlangen wertvolle Zeit.
- Die Schließfächer in den jeweiligen Bereichen sind unterschiedlich lange kostenlos. Eine Kreditkarte ist hilfreich, falls man wegen der Warteschlangen die Gratis-Zeit überschreitet.

HIGHLIGHTS
1 Fort Siloso
2 Palawan Beach
3 S.E.A. Aquarium
4 Universal Studios

SEHENSWERTES
5 Adventure Cove Waterpark
6 Central Beach Bazaar
7 Fort Connaught
8 Fort Serapong
9 Fort Siloso Skywalk
10 Madame Tussaud's Wax Museum
11 MegaAdventure
Siehe 6 Sentosa Musical Fountain
Siehe 6 Sentosa SkyJet
12 Siloso Beach
13 SkyHelix Sentosa
14 Skyline Luge Sentosa
15 Tanjong Beach
16 Tanjong Rimau
Siehe 6 Wings of Time

AKTIVITÄTEN & TOUREN
17 Coastal Trail
18 HydroDash
19 iFly Singapore
20 Imbiah Nature Trail
21 Skypark Sentosa by AJ Hackett

SCHLAFEN
22 Capella Singapore
23 Equarius Ocean Suites
24 Equarius TreeTop Lofts
25 Oasia Resort
26 Outpost Hotel Sentosa
27 The Barracks Hotel
Siehe 26 Village Hotel Sentosa
28 W Singapore

ESSEN
29 Cassia
Siehe 6 Good Old Days Food Court
30 Greenwood Fish Market
31 International Food Street
32 Malaysian Food Street
33 Ocean Restaurant
Siehe 30 Quayside Isle
Siehe 28 Skirt Restaurant
34 table65

AUSGEHEN & FEIERN
35 Boaters' Bar
36 FOC Sentosa
37 Ola Beach Club
38 Rumours Beach Club
39 Tanjong Beach Club
Siehe 28 WOOBAR

TRANSPORT
40 Sentosa Cable Car Line

DER PREIS FÜR DEN WEG NACH SENTOSA

Die Kosten für den Weg nach Sentosa sind recht unterschiedlich. Zu Fuß oder mit dem Rad von Harbourfront über die Sentosa Boardwalk Bridge ist es kostenlos. Die Anfahrt mit dem Bus 123 kostet nur den üblichen Preis für die Fahrt.

Die Sentosa Express Monorail ab VivoCity Shopping Centre zu den Resorts World Sentosa, Mount Imbiah und Beach Station kostet 4 S$ pro Person. Für kleine Gruppen empfiehlt sich eine Fahrt mit dem Auto oder Taxi – je nach Tageszeit kostet ein Fahrzeug 2–6 S$.

Am beeindruckendsten erreicht man Sentosa mit der Seilbahn vom Mount Faber oder dem Harbourfront Centre. Das Ticket für Hin- und Rückfahrt kostet bis zu 35 S$ pro Person.

CREATIVA IMAGES/SHUTTERSTOCK ©

S.E.A. Aquarium

MEHR AUF SENTOSA ISLAND

Ein Paradies unter Wasser

KARTE 3

Abtauchen im S.E.A.

Eines der weltweit größten Aquarien, das S.E.A. Aquarium, weist über 100 000 Meeresbewohner aus 1000 Arten auf und eignet sich perfekt für eine maritime Lehrstunde. Die interaktiven Ausstellungen und Aquarien sind fesselnd und eindrucksvoll. Das **Open Ocean Habitat** beeindruckt mit einem 36 m breiten und 8,3 m hohen Sichtfenster, durch das man Teufelsrochen und andere Meerestiere durchs Wasser gleiten sieht. Auf keinen Fall sollte man **Apex Predators of the Sea** verpassen, wo mehr als 100 Haie zu sehen sind.

Zusätzliche Attraktionen sorgen für intensivere Erlebnisse – das VIP-Angebot schließt auch einen Blick hinter die Kulissen ein; Besucher mit Tauchlizenz dürfen sogar im Wasserbecken des Open Ocean Habitat abtauchen.

GÜNSTIG ESSEN AUF EINER TEUREN INSEL

Malaysian Food Street
Beliebtes Streetfood gegenüber vom Damm. $

Good Old Days Food Court
Nähe Beach Station, der Food-Court bietet lokale und asiatische Gerichte und sogar ein Büfett. $

International Food Street
Food-Truck mit Fingerfood am Strand beim Central Beach Bazaar. $

Adventure Cove Waterpark

KARTE 5

Plantschen und schnorcheln

Der schwülen Hitze Singapurs trotzen und sich amüsieren – das ist hier möglich. Der Adventure Cove Waterpark besitzt mehrere Wasserrutschen für Mutige – **Pipeline Plunge** ist besonders spannend, denn dort schießt man durch dunkle und kurvenreiche Tunnelrutschen mit urplötzlichem Gefälle. Für die Kleinen gibt es das kindgemäße **Big Bucket Treehouse** und den Wasserspielplatz **Seahorse Hideaway**.

Wer es beschaulicher liebt, kann im riesigen Wellenbad **Bluwater Bay** dümpeln, sich bei **Adventure River** durch den Park treiben lassen oder im **Rainbow Reef** mit mehr als 20 000 tropischen Fischen schnorcheln.

Ein Adrenalin-Kick

KARTE 12 14 19 21

Nervenkitzel pur

Neben den Achterbahnen und Fahrgeschäften der Universal Studios gibt es auf Sentosa noch genügend andere Möglichkeiten für einen Adrenalin-Kick. **MegaAdventure** bietet einen Kletterkurs und Trampoline, das Highlight ist allerdings MegaZip, die 450 m lange Zipline über die Baumspitzen und den Strand. Bei **Skyline Luge Sentosa** fährt der Skyride Sessellift zum Gipfel des Mount Imbiah, dann rast man auf Rennschlitten den Berg hinunter.

Bei **iFly Singapore**, einem der weltweit größten Windkanäle (etwa 6 Stock hoch), können Besucher Fallschirmfliegen. **Skypark Sentosa by AJ Hackett** lockt mit einem rund 50 m hohen Bungee-Sprung, außerdem gibt es noch die Riesenschaukel am Siloso Beach.

Einzigartige Hotels

KARTE 23 24 26 27

Unvergesslicher Aufenthalt

Wer schon immer wissen wollte, wie man unter Wasser schläft, sollte sich ein Zimmer in den **Equarius Ocean Suites** leisten – hier beobachten Fische und Rochen die schlafenden Gäste durchs Fenster. Mit dieser Aussicht kann man sich auch den Besuch im S.E.A. Aquarium sparen. Wer die Welt lieber aus der Vogelperspektive beobachtet, bucht ein Baumhaus in den **Equarius TreeTop Lofts**.

Geschichtsfans interessieren sich eher für ein Zimmer im **The Barracks Hotel**, das sich in einem renovierten schwarz-

DIE INSEL DES TODES

Sentosa bedeutet auf Malaiisch „Ruhe" – ein passender Name für eine Ferieninsel, die der Erholung und Entspannung dient. Der frühere Name der Insel wäre für die Touristen allerdings weniger attraktiv gewesen: Sie hieß ursprünglich Pulau Belakang Mati („die Insel des Todes").

Woher dieser ominöse Namen kommt, ist nicht bekannt. Eine These besagt, dass er von den blutrünstigen Piraten kommt, die hier früher hausten.

Nach einer anderen Theorie soll die Insel als Begräbnisstätte für die Unterlegenen von Zweikämpfen zwischen benachbarten Stämmen gedient haben.

Bei einem landesweiten Wettbewerb wurde ein passender Name gesucht, um den Tourismus auf der Insel zu fördern. Im Jahr 1972 wurde Pulau Belakang Matis offiziell in Sentosa umbenannt.

DIE BESTEN GRATIS-AKTIVITÄTEN AUF SENTOSA

Sentosas Strände
Mit einem Picknickkorb kann man einen entspannten Tag an einem der drei weißen Sandstrände verbringen.

Fort Siloso
Ein Spaziergang durch Singapurs letzte erhaltene Küstenfestung und eine tolle Aussicht vom Siloso Skywalk.

Märchenhafte Küsten
Eine interaktive Licht- und Tonshow erweckt den Siloso Beach jeden Abend zum Leben.

weißen Kolonialhaus befindet. Die meisten Hotels auf Sentosa sind sehr familienfreundlich, wer lieber seine Ruhe haben möchte, sollte im **Outpost Hotel Setosa** (nur für Erwachsene) übernachten; es bietet einen exklusiven Pool auf der Dachterrasse und die 1-Altitude Coast Bar.

WAS IST LOS IN SENTOSA COVE?

KARTE 28 30
Im protzigen Sentosa Cove im Osten der Insel stehen teure Anwesen, aber es gibt auch ein tolles Angebot an Restaurants wenn es im Zentrum der Insel zu voll ist.

Das einzige Hotel in diesem Teil der Insel ist das Designer-Hotel W Singapore. Es beeindruckt mit einem riesigen Pool; sowohl Hotelgäste als auch Besucher können im ausgezeichneten Restaurant **SKIRT** speisen oder sich in der **WOOBAR** einen Drink geneh-migen.

Das nahe gelegene **Quayside Isle** verfügt über eine gute Auswahl an Restaurants und Cafés, außerdem lädt ein Pier zum gemütlichen Bummeln ein.

Sentosa Cove liegt 10 Minuten mit dem Sentosa Shuttle Bus B (gratis) von der Beach Station entfernt oder 15 Minuten von der Harbourfront Bus Station (3 S$).

Nichtstun an weißen Sandstränden

KARTE 2 6 12 15 18 19 38 39

Sonne, Sand und Meer

Jeder der drei Strände auf Sentosa ist besonders und hat sein eigenes Publikum. **Tanjong Beach** liegt etwas abseits der Action und ist daher eher ruhig, trotzdem sind die Liegen am Pool des preisgekrönten **Tanjong Beach Club** immer belegt.

Am familienfreundlichen Palawan Beach befindet sich der aufblasbare Hinderniskurs **HydroDash** – ein toller Spaß für alle, die eine Herausforderung mögen und ein Bad im Meer. Viel entspannter ist der Aufenthalt im FOC **Sentosa Beach Club**.

Sentosas Festzeltshow **Wings of Time** sowie die **Sentosa Musical Fountain** und **Sentosa Skyjet** befinden sich am **Central Beach Bazaar** zwischen Palawan Beach und **Siloso Beach**.

Am **Ola Beach Club** werden Kajaks und SUP verliehen, ebenso Doughnut oder Banana Boat. Am **Siloso Beach** besitzt die meisten Beach Clubs. Besonders beliebt ist **Rumours Beach Club** mit drei Pools.

Die meisten Beach Clubs und Bars erwarten von ihren Gästen einen Mindestbetrag für die Nutzung der Anlage, besonders während der Hauptsaison. Wer auf den Cent achten muss, sollte Proviant, eine Matte und einen Schirm mitnehmen. Es gibt viel Platz auf dem Strand und sogar überdachte Plätze in den **Sapphire** und **Emerald Pavilions** am Siloso Beach.

Spaziergang durch Sentosas Geschichte

KARTE 1 9 10 20 25 26 27

Ein Blick in die Vergangenheit

Fort Siloso an der Westspitze von Sentosa ist Singapurs letzte gut erhaltene Küstenfestung. Skurrile Kunst und heimische Kultur schmücken den Weg zu den Bunkern; die

BRITISCHE KAPITULATION

In der einstigen Ford Factory (S. 12[illegible] an der Upper Bukit Timah Road übe[illegible] ließen die Briten im Zweiten Weltkri[illegible] die Insel den Japanern. Heute ist hier ein Museum; eine Gedenkstätte erinnert an die Zeit als Singapur Syonan-to hieß.

RESTAURANTS, DIE IHR GELD WERT SIND

Ocean Restaurant
Moderne europäische Küche mit Meeresfrüchten inmitten der Aquarien des S.E.A. Aquarium. $$$

table65
Dank der offenen Küche kann man in diesem Stern-gekrönten Restaurant den Köchen bei der Arbeit zusehen. $$$

Cassia
Das elegante Restaurant im Capella Hotel überzeugt mit modernen Dim-Sum-Klassikern. $$$

Kapitulationsraum, Fort Siloso

ehemaligen Kasernen und Stollen wurden zu Galerien umfunktioniert, die Episoden aus Singapurs Zeit unter britischer Herrschaft mit Dioramen und Audioclips zeigen. Einen guten Abschluss bietet die Aussicht vom elfstöckigen **Siloso Skywalk**, der die Festung mit Siloso Point verbindet.

Wer auf dem **Imbiah Nature Trail** wandert, kann nicht nur die Überbleibsel der Imbiah Battery sehen, sondern auch Gleisteile der Monorail, die früher rund um die Insel führte.

Viele Kolonialgebäude, die früher Kasernen und Quartiere waren, haben eine neue Verwendung gefunden; in den berühmten schwarz-weißen Häusern befinden sich heute **Madame Tussaud's**, **The Barracks Hotel** und die **Capella Singapore**, das **Village Hotel Sentosa** und das **Oasia Resort**.

Manche mögen's wild

KARTE 8 17 20

Sentosas grüne Seite

Trotz all der kultivierten Grünanlagen bietet Sentosa auch ein paar kurze Naturlehrpfade für eine entspannte Wanderung. Im bewaldeten **Imbiah Nature Trail** gibt es Wildtiere und kleine Wasserfälle und sogar einige „Drachenknochen" als Highlight für die Kleinen.

Der **Coastal Trail** nahe Fort Siloso beeindruckt mit einer fantastischen Aussicht auf Keppel Harbour. Bei **Gogreen Eco Adventure** kann man Fahrräder leihen und dann die 3 km von Siloso Beach bis Tanjong Beach am Strand entlangradeln.

Sentosa organisiert geführte Touren mit Zugang zu den geschützten Zonen wie Siloso Headland und **Fort Serapong** (sentosa.com.sg/en/things-to-do/events).

WARUM ICH SENTOSA LIEBE

Jaclynn Seah, Autorin

Sentosa war nicht immer der glitzernde (und kostspielige) Ferienort von heute. Ich erinnere mich an Fahrten mit der Monorail, dabei hielt ich den Kopf aus dem Fenster in den Wind, an den Kick bei der 10-minütigen Fahrt mit der Fähre von Keppel Harbour zum alten Terminal von Sentosa und die Übernachtung in einer Hängematte am Palawan Beach während eines Schullagers; wilde Pfauen stolzierten vorbei.

Seit sich die Resorts World Sentosa hier ansiedelte, mit der großen Vielfalt an Aktivitäten, Restaurants und Unterkünften, wurde die Insel schicker und kommerzieller, aber ich freue mich immer wenn ich auf Sentosa Erinnerungen an meine Kindheit finde.

DIE BESTEN AUSSICHTSPUNKTE AUF SENTOSA

Fort Siloso Skywalk
Die 11 Stockwerke hohe Brücke (kostenlos!) zum Fort Siloso bietet Sicht auf Siloso Beach und Keppel Harbour.

SkyHelix Sentosa
In der Open-Air-Gondel am Mount Imbiah mit 360-Grad-Aussicht baumeln die Füße 79 m über dem Boden.

Sentosa Cable Car Line
Vom Imbiah Lookout bis zum Siloso Point Sail schwebt man über die Baumspitzen mit Blick auf den Strand und die Inseln.

MALAYSIA
Danga Bay
Johor Bahru
MALAYSIA
Pasir Gudang
MALAYSIA
Tanjung Belungkur
Pulau Ubin
Pulau Tekong
NORTH WEST
NORTH EAST
Restricted Zone
SOUTH WEST
CENTRAL SINGAPORE
SOUTH EAST
Singapore Changi Airport
Straße von Jurong
SINGAPUR
Jurong Island
Straße von Singapur
Südliche Inseln
Batu Ampar
Nongsa
Sambau
Batu Besar
Bengkong
Sekupang
Nagoya
Batam Centre
Batam
Waterfront City
Pulau Batam
INDONESIEN
Telaga Punggur
Sagulung
Bagan
Pasir Lagoi
Bintan
Kota Sebung
Bugis
Pulau Bintan
Batu 66
Tanjung Uban
INDONESIEN
Busung
Simpang
Loban
Tembeling
0
20 km
N

Tagesausflüge von Singapur

SCHNELL MAL RAUS AUS DER GARDEN CITY

In weniger als einer Stunde Fahrt lässt sich Singapur von Ost nach West durchqueren; da mag es überraschen, dass man für einige Tagesausflüge keinen Pass vorzeigen muss. Die Insel Singapur ist Teil eines größeren Archipels aus 64 Inseln, von denen aber nur eine Handvoll besucht werden kann.

Singapur besitzt Landverbindung nach Malaysia über Johor Bahru im Norden und ist im Süden nur durch eine schmale Meeresstraße von Batam und Bintan – zwei der indonesischen Riau-Inseln – getrennt. Dank der geografischen Nähe teilen diese Orte einiges an Geschichte und Kultur mit Singapur, und doch hat jeder einen ganz eigenen Zauber, der eine weitere Erkundung lohnt.

Ein Tagesausflug nach Malaysia oder Indonesien ist auch eine gute Möglichkeit, das Reisebudget zu strecken, denn Essen, Verkehrsmittel und Shoppen kosten in diesen Ländern allgemein deutlich weniger als in Singapur. Am Wochenende und an Feiertagen mag an diesen beliebten Ausflugszielen der Eindruck aufkommen, man habe Singapur gar nicht verlassen, denn dann ist man dort von gleichgesinnten Singapurern auf der Suche nach einem billigen, leicht erreichbaren Refugium umgeben.

Wer Singapurs Hauptsehenswürdigkeiten abgegrast und noch Zeit hat, kann mit diesen Tagesausflügen seinem Besuch mehr Tiefe und Vielfalt verleihen.

NICHT VERPASSEN

CHEK JAWA WETLANDS
Üppige Mangrovensümpfe und eine Gezeitenzone voller Meereslebewesen am Ostufer von Pulau Ubin. S. 164

LAZARUS BEACH
Wohl Singapurs attraktivster weißer Sandstrand, einfach weil es hier keine Menschenmassen gibt. S. 168

BARELANG-BRÜCKE
Batams berühmte Brücke, die seine Inseln verbindet, ist eine tolle Kulisse für ein herzhaftes Fischessen. S. 170

PULAU PENYENGAT
Mit dem Motorroller die kompakte historische Insel nahe Tanjung Pinang in Bintan erkunden. S. 172

JALAN TAN HIOK NEE
Bezaubernde Gasse im historischen Zentrum von Johor Bahru gleich gegenüber von Singapur. S. 174

LEGOLAND
Lebendiger Themenpark mit vielen Fahrgeschäften und Attraktionen für die ganze Familie. S. 174

Pulau Ubin

SINGAPURS ZWEITGRÖSSTE INSEL IST EINE SCHATZKAMMER DER ARTENVIELFALT UND ERÖFFNET EINEN BLICK IN FRÜHERE ZEITEN.

ANREISE NACH PULAU UBIN

Mit einem öffentlichen Bus oder Taxi geht es zum Changi Point Ferry Terminal, von dort fahren viele kleine Händlerboote in nur 10 Minuten nach Pulau Ubin. Jedes Boot kann bis zu zwölf Personen befördern, einen festen Fahrplan gibt es nicht, die Boote legen ab, wenn sie voll sind. Eine Strecke kostet 4 S$ pro Person, für ein Fahrrad werden zusätzlich 2 S$ fällig; das Geld passend bereit halten, denn der Fahrpreis wird bar gezahlt. Die Boote verkehren 6–18 Uhr; allerdings empfiehlt sich eine rechtzeitige Rückkehr, es gibt keine andere Möglichkeit, die Insel zu verlassen.

„Pulau Ubin" bedeutet Granitinsel, und Granit ist einer der gewichtigsten Gründe, warum sich Menschen einst hier ansiedelten. Das heutige Pulau Ubin ist wie eine Zeitkapsel, eine Erinnerung an Singapurs Hauptinsel in einer Zeit, bevor die Tropenwälder zum Betondschungel wurden. Zwar hat der frühere Steinabbau viel von der ursprünglichen Vegetation zerstört, aber Zeit und Naturschutz haben die Insel wieder grün gemacht – über 1000 Tier-, Insekten- und Pflanzenarten sind zu finden, und auch fast alle bekannten Mangrovenarten Singapurs. Außerdem gehört sie zu den letzten Orten, an denen der alte Lebensstil in einem *kampung* (Dorf) erkennbar ist.

Singapurs wilde Seite

Überfülle an tropischer Biodiversität

Augen auf bei der Naturbeobachtung auf Pulau Ubin: einige der Pflanzen und Tiere, die man entdecken kann, gibt es auf dem Festland nicht mehr. Die 100 ha großen Chek Jawa Wetlands an der Ostküste der Insel verdienen besondere Aufmerksamkeit: sechs verschiedene Ökosysteme in einem Gebiet. Es ist sehr beliebt, um Zugvögel zu beobachten und Gezeitenzonen zu untersuchen. Aber Vorsicht: Unterwegs könnte man auf Wildschweinen und Makaken stoßen.

Auf ins Abenteuer

Wandern, radeln, paddeln

Das 10 km² große Pulau Ubin lässt sich leicht durchwandern, aber Radfahren spart Zeit und Energie – mit dem Fahrrad sind es 20 Minuten zwischen den am weitesten vom Hauptort entfernten Punkten im Osten und Westen (zu Fuß 45 Min.). Im Dorf gibt es viele Optionen, um Räder zu leihen.

Mountainbiker können ihre Fähigkeiten auf den Wegen des Ketam Mountain Bike Park, neben einem aufgegebenen Steinbruch auf der Westseite der Insel, testen

Wer lieber paddelt, bucht eine Kajaktour entlang der Küste und über die Wasserwege, die von Mangrovenwäldern gesäumt werden.

TOP TIPP

Beim Besuch an Wochentagen entgeht man den Massen, einige Läden und Lokale sind dann zu; keine Geldautomaten.

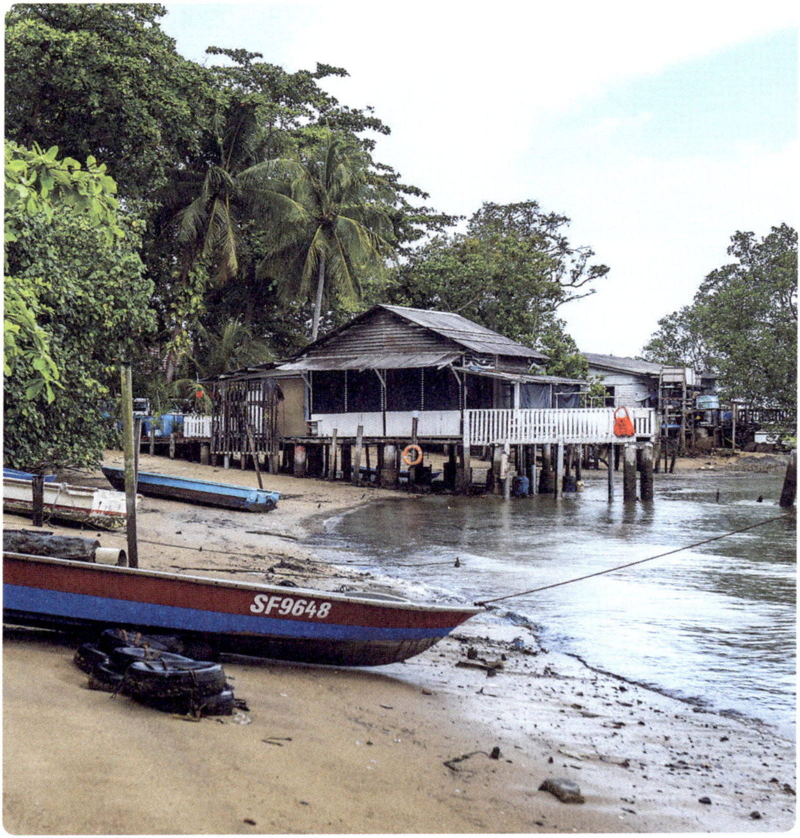

Strand, Pulau Ubin

Fisch & Meeresfrüchte im schwimmenden Restaurant

Festschmaus auf der Fischfarm

Kelongs (schwimmende Fischfarmen) waren früher ein gewohnter Anblick an Singapurs Küsten. Das Smith Marine Floating Restaurant, direkt vor der Südspitze von Pulau Ubin, ist eine der letzten verbliebenen *kelongs* des Landes. Hier kann man umgeben von Wasser ein Mahl genießen, das aus dem Meer direkt auf den Tisch kommt. Eine Reservierung ist unerlässlich; es wird eine Extragebühr für das gecharterte Boot erhoben, das die Gäste vom Changi Point Ferry Terminal hierher bringt.

ESSEN AUF PULAU UBIN

Cheong Lian Yuen
Kleines Lokal im Hauptort, das hausgemachtes *zi char* und Fischgerichte serviert. $

Ah Ma Drink Stall
Direkt vor der Jelutong-Brücke; Abkühlung mit frischem Kokossaft unter Mangroven. $

Melah Cafe
Nur wochenends auf: Serviert werden malaiische Halal-Gerichte wie *lontong* (Kokos-Curry Gemüseeintopf). $

EIN TAG MIT DEM FAHRRAD AUF PULAU UBIN

Nach Verlassen der Fähre im ❶ **Hauptort** ein Fahrrad mieten und der Jalan Durian nach Osten zu den ❷ **Chek Jawa Wetlands** folgen. Das Rad am Eingang abstellen und zum ❸ **House No. 1** schlendern, einem gut erhaltenen Herrenhaus im Tudor-Stil aus den 1930er-Jahren, das auch als Besucherzentrum dient. Weiter geht es mit dem Fahrrad an der ❹ **Uferpromenade** vorbei an Stränden und Mangrovenwäldern (am besten bei Ebbe, wenn die Strände frei liegen). Unterwegs die sieben Etagen des ❺ **Jewaji-Turms** erklimmen für einen Panoramablick und Gelegenheit, Küstenvögel zu beobachten. Auf dem Rückweg zum Hauptort steht ein Abstecher zum ❻ **Ubin Fruit Orchard** an, in dem über 30 tropische Obstbaumarten wachsen, darunter Rambutan, Breiapfel und Wasserjambus. Wie ein typisches Dorfhaus aussieht, lässt ❼ **Teck Seng's Place** erkennen, dann geht es auf den gewundenen ❽ **Sensory Trail**, der einen Eindruck von den alten Plantagen vermittelt. Nach einem Imbiss im Hauptort führt der Weg nach Westen auf der Jalan Jelutong zu den aufgegebenen Granitsteinbrüchen. Über 140 Schmetterlingsarten leben auf ❾ **Butterfly Hill**, der auch einen Blick auf die Feuchtgebiete im nahen ❿ **Pekan Quarry** eröffnet; heute stehen hier Nistplattformen für Reiher. Immer weiter radeln bis ⓫ **Puaka Hill**, wo ein kurzer, aber steiler Anstieg mit Blick hinunter auf Ubin Quarry zu bewältigen ist. Der westlichste Punkt für Freizeitradler ist ⓬ **Ketam Quarry**, wo Neugierige den seltsamen ⓭ **German Girl Shrine** besichtigen und geübte Mountainbiker die Trails im ⓮ **Ketam Mountain Bike Park** testen, bevor es zurück zum Fährterminal geht.

Südliche Inseln

NUR EINIGE DER UNBEWOHNTEN INSELN SÜDLICH VON SINGAPUR SIND ZU BESUCHEN, DENN DIE MEISTEN SIND STANDORTE DER SCHWERINDUSTRIE.

Von den drei meistbesuchten südlichen Inseln, die mit öffentlichen Fähren zu erreichen sind, hat das bescheidene St John's die schillerndste Geschichte: Einst war es Quarantänezentrum und Rehastation für Opiumsüchtige, was heute beim Gang durch die Ruinen der alten Bauten nicht mehr zu erkennen ist. Die Insel ist über einen Damm mit Lazarus Island und dessen schönem weißen Sandstrand verbunden; auf der Nachbarinsel Kusu beten Gläubige zu den lokalen Gottheiten um Wohlstand und Gesundheit. Die Korallenriffe der benachbarten Sisters' Islands haben sich in den letzten Jahren erholt. Sie sollen bald wieder für die Allgemeinheit geöffnet werden mit zusätzlichem Schnorchelpool und Waldpfad.

Pilgerreise zu einer legendären Insel

Stätte alljährlicher Anbetung

Kusu Island ist die „Schildkröteninsel" – der Name basiert auf der Legende von einer Riesenschildkröte, die sich in eine Insel verwandelte, um Matrosen vor dem Ertrinken zu retten. Gewöhnlich ist es hier ruhig, doch im 9. Mondmonat (September/Oktober) erlebt Kusu einen Ansturm, wenn Scharen von Gläubigen ihre jährliche Pilgerfahrt unternehmen, um im **Da Bo Gong Tempel** und an den drei **malaiischen keramat** (Schreinen) hinter dem Tempel zu beten.

Tauchen auf Unterwasserpfaden

Schätze unterhalb der Wellen

Singapurs trübe Gewässer sind meilenweit entfernt von den kristallklaren Meeresgebieten seiner Nachbarinseln, doch leidenschaftliche Muck-Taucher können mit Hilfe einer guten Taschenlampe einige Überraschungen entdecken. In den Sporttauchrevieren rund um die Inseln **Pulau Hantu** und **Pulau Jong** leben Krebse, Sepia und ungewöhnliche Nacktkiemer. Auf den Sisters' Islands ist ein Unterwasserpfad für Tauchende angelegt worden, der bald wieder eröffnet werden soll.

ANREISE ZU DEN SÜDLICHEN INSELN

Vom Marina South Ferry Terminal haben Singapore Island Cruises und Marina South Ferries täglich Verbindungen zu den Inseln **St John's** und **Kusu**. Die Rückfahrkarte kostet 15 S$, die Fähren verkehren ab 9 Uhr, das letzte Boot verlässt die Inseln gegen 18 Uhr. Von Sentosa fährt Marina South Ferries am Wochenende vom **Sentosa Jetty@ Cove** zum Seringat Jetty auf **Lazarus**. Ein Rückfahrticket kostet 20 S$, die Boote fahren ab 9 Uhr (alle 2 Std.). Marina South Ferries bietet Dinner-Cruises und einen privaten Wassertaxidienst für die südlichen Inseln an. **Pulau Hantu** ist nur mit dem eigenen Boot zu erreichen, die limitiert besuchbare **Pulau Satumu** nur im Rahmen einer Spezialtour.

Kleine Fluchten aus der Stadt

Auf den Inseln übernachten

Fünf Schiffscontainer, die in kleine Hotels inklusive Klimaanlage, angebautem Bad und sogar Patio umgewandelt wurden, bilden direkt am Strand auf Lazarus das **Tiny Escape @ Lazarus Island**. Übernachtungsgäste müssen selbst für Verpflegung sorgen, denn auf den Inseln gibt es weder Freizeiteinrichtungen noch Geschäfte.

Auf **Pulau Ubin** und **Pulau Hantu** gibt es Zeltplätze, auf **St John's** sogar Camping-Lodges; die erforderliche Erlaubnis (Temporary Occupation License), um in Singapur im Freien zu zelten, kann allerdings nur ein Ortsansässiger mit einem Singpass-Account buchen und bezahlen.

TOP TIPP

Wer beim Besuch der südlichen Inseln Wert auf Flexibilität legt, chartert eine Jacht, um einen Tag herumzuschippern.

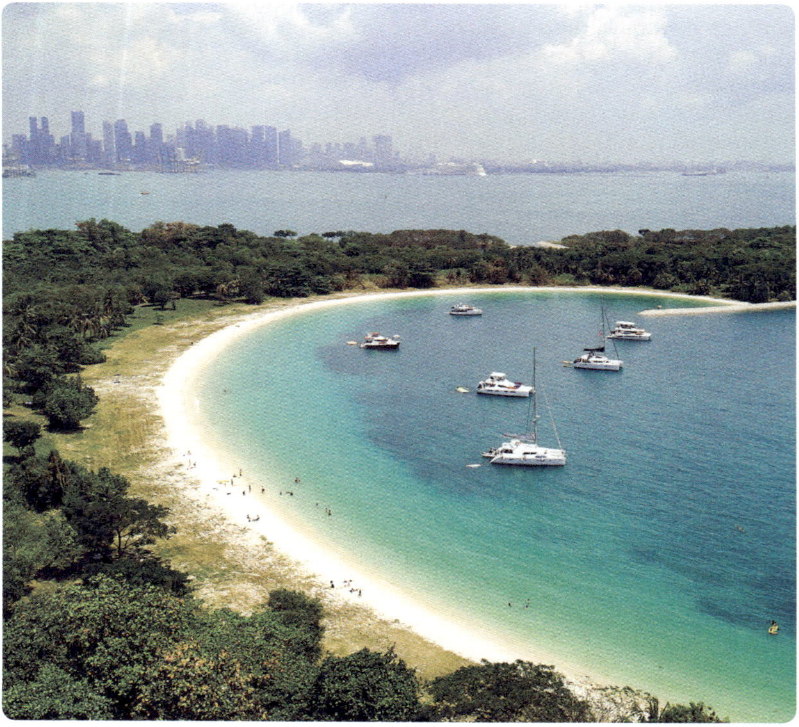

Lazarus Island

AKTIVITÄTEN AUF DEN SÜDLICHEN INSELN

Singapurs südlichsten Leuchtturm besuchen
Die Hafenbehörde organisiert monatlich eine Tour zum Raffles-Leuchtturm auf Pulau Satumu.

Fischen gehen
In Pulau Ubin oder auf den südlichen Inseln die Angel auswerfen oder auf eine Angeltour gehen.

Gezeiten erforschen
Geführte Naturwanderung mit Untamed Paths zu Inseln vor der Küste wie z.B. Pulau Hantu.

GANZTÄGIGE KREUZFAHRT ZU DEN SÜDLICHEN INSELN

Die südlichen Inseln lassen sich sehr gut mit der Fähre vom 1 **Marina South Ferry Terminal** erkunden. Erster Halt ist die Insel 2 **St John's** – von dort bummelt man über den Damm zur Insel 3 **Lazarus** und erfreut sich eine Weile an dem schönen weißen Sand am 4 **Lazarus Island Beach**. Anschließend geht es zur Nordspitze, die früher eine separate Insel, 5 **Pulau Kias**, war, und genießt den Blick auf das Stadtpanorama von Singapur. Der Weg führt zurück auf St John's und dann nach Westen vorbei an der Mole. Das 6 **Old Governor's House** steht auf einem kleinen Hügel mit Blick auf 7 **St John's Island Beach**, an dem Bänke für ein Picknick stehen. Die asphaltierten Straßen landeinwärts führen zu den Ruinen des alten Dorfes, dem einstigen Quarantänezentrum. Die Ostseite von St John's gehört der Meeresforschung, die 8 **Sisters' Islands Marine Park Public Gallery** ist für Besuchende geöffnet, allerdings nur für zwei Stunden am Vorabend eines Feiertags. Zurück an der Mole geht es mit dem Boot zur Insel 9 **Kusu**. Hinter dem Pier rechts führt der Weg zum 10 **Da Bo Gong Temple**. Etwas weiter führt eine schmale Treppe mit 152 Stufen einen Hügel hinauf zu drei 11 **malaiischen keramat** (Schreinen), an denen Gläubige für Wohlstand und Gesundheit beten. Ebenfalls sehenswert ist das 12 **Tortoise Sanctuary**, Heimat Hunderter Schildkröten. Der Rest der Insel besteht aus offenen Flächen mit einer geschützten Bucht im Norden und Picknick-Pavillons. Es gibt keine Übernachtungsmöglichkeitn: also unbedingt die letzte Fähre zurück erwischen.

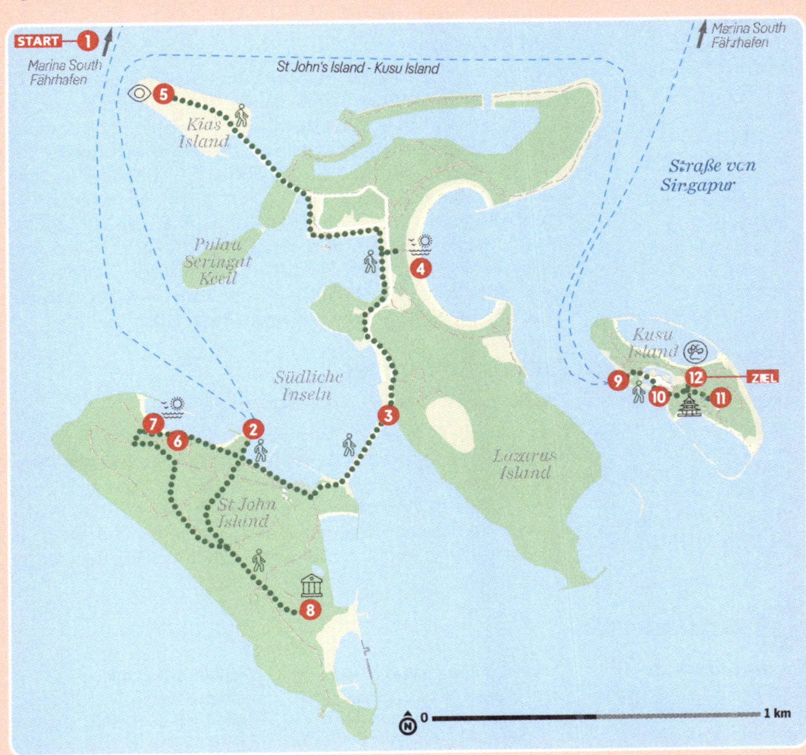

Batam

SONNE, SEAFOOD UND SHOPPING BEIM TAGESAUSFLUG ZUR INDONESISCHEN INSEL WENIGER ALS EINE STUNDE VON SINGAPUR ENTFERNT

ANREISE & UNTERWEGS AUF BATAM

Die ersten Fähren verlassen Singapurs Cruise Centre am Harbourfront um 7.40 Uhr, die letzten legen um 20.30 Uhr in Batam ab. Man kann am Fährterminal ein Auto mieten, aber das Fahren auf Batam kann stressig sein, wenn man nicht mit den Straßen vertraut ist. Besser ist es, ein Auto mit Fahrer zu buchen – das ist normalerweise billiger und bequemer als Taxifahren. Fast alle Fahrer nutzen WhatsApp zur Kommunikation mit ihren Kunden. Apps zur Transportvermittlung wie Grab und Gojek können ebenfalls genutzt werden; wegen der Spannungen mit den lokalen Taxiunternehmen gibt es aber nur eine begrenzte Zahl an Treffpunkten.

Batam ist die größte Stadt des Riau-Archipels und eins der beliebtesten Ziele für Tagesausflüge und Wochenendtrips der Singapurer. Eine kurze Fährfahrt entfernt, bietet Batam eine einfache Möglichkeit für einen entspannten Tag, ohne die Reisekasse zu strapazieren. Es gibt eine Fülle an erschwinglichen Outdoor-Aktivitäten und Wassersportarten, Feinschmecker können sich auf ein Festmahl mit Meeresfrüchten stürzen oder in schnuckeligen Cafés abhängen, oder man verbringt ein paar Stunden mit Shoppen und einem Spa-Besuch.

Die Barelang-Brücke überqueren

Eine Batam-Ikone

In Batam gibt es keine wirklichen Sehenswürdigkeiten, aber die **Barelang-Brücke** kann als ein Wahrzeichen der Stadt gelten. Tatsächlich besteht sie aus sechs Brücken und ist nach den drei größten Inseln benannt, die diese verbinden: Batam, Rempang und Galang. Passionierte Radfahrer können die 50 km lange Strecke bewältigen – aus Sicherheitsgründen sollte man eine geführte Radtour in Erwägung ziehen, da sich der Verkehr im Bereich der Brücke staut, wenn viel los ist. Fisch und Meeresfrüchte in einem *kelong* auf Stelzen nahe der Brücke, sind ebenfalls beliebt, zum Beispiel bei **Barelang Bridge Seafood** oder **Kopak Jaya 007**.

Auf ins Abenteuer

Erschwingliche Familienunternehmung

Batam ist ein Paradies für Wassersport-Fans mit kleinem Geldbeutel. Beliebt sind u.a. **Harris Resort** und **Batam View Beach Resorts** für Jetski- und Bananenbootfahren und Parasailing, **Batam WakePark** für Wakeboarden an Seilbahnen. Arrangieren lassen sich auch Sporttauchen oder Schnorcheln auf der abgelegenen Insel **Abang** südlich der Insel Galang.

ESSEN IN BATAM

Nagoya Food Court
Mit mehr als 60 Ständen ist dies einer der besten Orte, um Batams lokale Gaumenfreuden zu probieren. $

Pasar Penuin Wet Market
Lokaler Treff, der besonders für Frühstück beliebt ist; es gibt mehrere Imbissstände. $

Grand Batam Mall
Eine der besten Einkaufspassagen in Batam mit einer guten Mischung aus internationalen und lokalen Marken. $$

Wer lieber auf dem Trockenen bleibt, steuert die Gokartbahn **Golden City Go-Kart** in Bengkong an, absolviert einen Abenteuerparcours mit hohem Schwierigkeitsgrad und Paintball im **Belalang Adventure** oder wandert im **Panbil Naturreservat**. Ruhiger geht es an den Stränden **Nongsa Beach** oder **Melayu Beach** oder beim Abschlag auf einem der vielen Golfplätze in Batam zu.

Spirituelles

Die Tempel der Stadt entdecken

Maha Vihara Duta Maitreya ist eine riesige, 4,5 ha große buddhistische Tempelanlage; sie ist dem Maitreya gewidmet ist, der umgangssprachlich der „Lachende Buddha" genannt wird. Traditioneller und ebenfalls einen Besuch wert ist Nagoyas leuchtend roter **Vihara Budhi Bhakti Temple**, der der Gottheit Tua Pek Kong geweiht ist.

NUTTSUE/SHUTTERSTOCK ©

Maha Vihara Duta Maitreya Tempel

TOP TIPP

In Batam wird hauptsächlich bar bezahlt; deshalb sollte man vor der Anreise indonesische Rupien eintauschen. Sonst gibt es auch Geldwechsler und Geldautomaten im Fährterminal.

MEINE LIEBLINGS-LOKALE IN BATAM

Chandrana Rachman, leidenschaftlicher Gourmet, verrät besonders empfehlenswerte Restaurants in seiner Heimatstadt. *@batamliciouz*

Volla Social House
Das Café mit weitläufigen Räumen und viel Holz serviert gute Drinks zu köstlicher asiatischer und westlicher Küche. Außerdem ist es das einzige Café in der Stadt, das bis 1 Uhr geöffnet hat.

Love Seafood Batam Center
Das frischeste Seafood gibt es in diesem beliebten Restaurant, das außerdem günstig mitten im Batam Center liegt.

Warunk Masbeb KDA
Das typisch indonesische Lokal hat zweifellos das beste Hähnchen und den besten Fisch vom Grill. Unbedingt die knusprige Grillhähnchenhaut bestellen.

Bintan

DAS FÜR ALL-INCLUSIVE-RESORTS BEKANNTE BINTAN BIETET SCHÖNE STRÄNDE UND EINEN ENTSPANNTEN TAGESAUSFLUG.

ANREISE & UNTERWEGS IN BINTAN

Fähren nach Bintan legen am **Tanah Merah Ferry Terminal** in Singapur ab. Es bestehen Verbindungen in den Hauptort **Tanjung Pinang** im Südwesten oder nach **Bandar Bentan Telani (BBT)** im Norden, wo die Strandresorts liegen. Beide Routen dauern etwa eine Stunde.

Eine kurze Bootsfahrt ab **Tanjung Pinang** führt zu beliebten Orten wie **Pulau Penyengat** und **Senggarang**.

Am bequemsten kommt man mit dem Taxi oder einem Auto mit Chauffeur voran, denn es gibt kaum öffentlichen Personenverkehr und Apps wie Grab und Gojek funktionieren nicht. Alternativ kann man an den Fährterminals ein Auto oder Motorrad mieten.

Bintan, eine einstündige Fährfahrt von Singapur entfernt, ist die größte von über 3000 Inseln des Riau-Archipels. Wegen seiner schönen Strände und der All-inclusive-Resorts ist es ein beliebter Ort für Wochenendtrips. Die meisten Gäste verbringen ihre Tage in den luxuriösen Rückzugsorten rund um die Lagoi-Bucht im Norden und setzen nie einen Fuß nach draußen, aber wer sich Zeit nimmt, um Bintan zu erkunden, wird positiv überrascht sein. Früher ein bedeutender Handelsposten war die Insel das historische Zentrum des malaiischen Reichs Riau-Lingga, bis im späten 18. Jh. die Holländer und Briten kamen und das Sultanat schließlich aufteilten.

Historischer Blick auf Pulau Penyengat

Riaus ehemaliger Sultanssitz

Die winzige **Pulau Penyengat**, eine kurze Speedbootfahrt westlich von Tanjung Pinang, war einst eine Residenz des Johor-Riau-Sultanats. Mit einem *becak* (Motorroller) sind die Hauptsehenswürdigkeiten der Insel zu erreichen. Dazu gehören die markante gelbe Königliche Moschee des Riau Sultan, die königlichen Mausoleen der Bugis-Prinzessin, die die Insel als Mitgift erhielt, sowie der einzigartige Mix aus javanesischer und holländischer Architektur im früheren Palast.

Sonnenbad am Trikora-Strand

An Bintans lokalem Strand entspannen

Trikora Beach an der Ostküste mag nicht so luxuriös sein wie die privaten Sandstrände der Resorts, aber es gibt viele schattige Hütten, und man kann den lokalen Bootsbauern bei der Arbeit zusehen. Mittags bietet sich ein Besuch der Pizza Casa Italia an, die von einer italienischen Familie geführt wird und einen Holzofen besitzt.

ESSEN IN BINTAN

Pujasera Lagoi
Zehn Fahrminuten vom BBT Ferry Terminal entfernt; reichlich lokales Streetfood. $

Kampoeng Kelong Seafood
Fischrestaurant auf Stelzen, perfekt für eine Mahlzeit nach einer Mangroventour. $$

Bude Nino Ayam Presto
Hier gibt es beliebtes Gericht mit frittiertem Huhn; Filiale nahe dem Trikora Beach. $

Bummel durch Senggarang

Chinesisches Dorf, auf dem Wasser gebaut

Mit dem Wassertaxi geht es in 15 Minuten über die Bucht von Tanjung Pinang zu der überwiegend chinesischen Siedlung **Senggarang**, einer Gemeinde, die entstand, als chinesische Zuwanderer Schutz vor dem Monsum suchten. Das ruhige Dorf steht vorwiegend auf Stelzen oberhalb des Wassers und hat mehrere chinesische Tempel. **Sun Te Kong** ist der älteste mit einer schätzungsweise 350-jährigen Geschichte, während der **Banyan Tree Temple** – leicht zu erraten – großenteils von den Wurzeln eines großen Banyanbaums umschlossen wird.

TOP TIPP

Trotz der Nähe zu Singapur richten sich Bintan und Batam nach der West-Indonesischen Zeit und sind damit gegenüber Singapur eine Stunde zurück.

AKUT WIBOWO/SHUTTERSTOCK ©

Trikora Beach

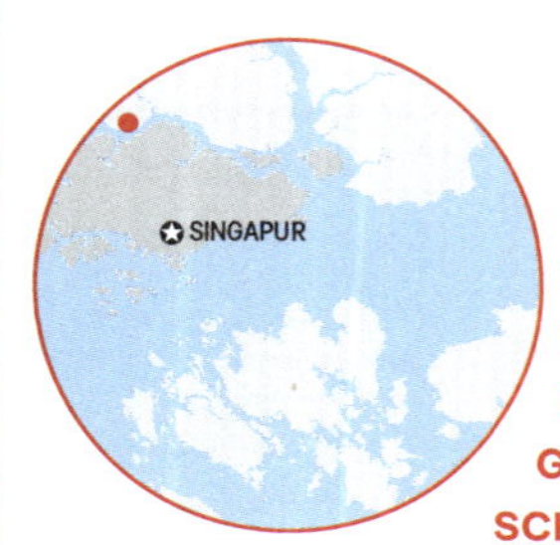

Johor Bahru

NACH EINER KURZEN FAHRT ÜBER DEN DAMM IST DIESE MILLIONENSTADT ERREICHT. DIE NÄCHSTGELEGENE OPTION FÜR EINEN SCHNELLEN UND ERSCHWINGLICHEN TAGESAUSFLUG.

Johor Bahru (normalerweise als JB abgekürzt) ist das wirtschaftliche Zentrum des Bundesstaates Johor und von Singapur aus das Einfallstor nach Malaysia. Es gibt andere, weiter entfernte malaysische Städte für Leute, die mehr kulturelle Vielfalt erleben möchten und mehr Zeit erübrigen können, aber JB ist eine gute Option für Tagesausflügler. Besonders spricht es Reisende mit knapper Kasse an. Viele Singapurer trotzen der Staugefahr, um in JBs Malls, Cafés und Restaurants zu schwelgen, denn Singapurs starker Wechselkurs sorgt dafür, dass viele Dinge in JB billiger ist.

ANREISE NACH JOHOR BAHRU

Busse sind eine tolle Option für Tagesausflüger (kein Park- oder Verkehrsstress!). Causeway Link, SBS, SMRT und Transtar legen die Strecke auf verschiedenen Routen mit vielen Haltstellen in Singapur und JB Sentral zurück. In Woodlands oder Tuas mit dem Auto den Damm zu überqueren, bietet sich für Gruppen an – man muss für die die Einreise nicht aussteigen –, aber nicht in den Schulferien und an Feiertagen, wenn der Verkehr zu stundenlangen Wartezeiten führen kann. Der Zug KTM Shuttle Tebrau ab Woodlands Station nach JB Sentral braucht nur wenige Minuten. Tickets für die Hauptverkehrszeit möglichst frühzeitig buchen.

TOP TIPP

Man sollte unauffällige Kleidung tragen, auf seine Sachen achten und den Kopf einschalten, um in JB sicher zu sein.

Den historischen Stadtkern erkunden

Altstadt-Freuden

Weniger als zehn Minuten vom Causeway und direkt gegenüber von Singapur liegt **Jalan Tan Hiok Nee**, eine Altstadtstraße, die nach einem chinesischen Handelspionier benannt ist. Dort gibt es viel gutes Essen in Lokalen mit einer langen Geschichte – unbedingt das Red House ansehen.

In der nahe gelegenen Jalan Trus kann man frühstücken und Hainan-Hühnchen vom **Restoran Hua Mui** genießen oder ins **IT Roo Cafe** gehen, das ein spezielles Hähnchengericht anbietet. Die altmodische **Hiap Joo Bakery and Biscuit Factory** gibt es schon seit etwa 80 Jahren – lecker sind Bananenkuchen und Kokossemmel oder traditionelles bengalisches Gebäck in der **Salahuddin Bakery** an der angrenzenden Jalan Dhoby. Hier ist auch das **Johor Bahru Chinese Heritage Museum** zu finden, das über Leben und Kultur von JBs frühen chinesischen Siedlern informiert.

Den Tag in LEGOLAND verbringen

Alles ist fantastisch

Mit dem Auto sind es von Tuas Second Link in Iskandar Puteri nur 30 Minuten zum **LEGOLAND**, ein sehr bequemer Tagesausflug von Singapur.

Der Themenpark besteht aus dem **LEGOLAND Park** mit mehr als 40 Attraktionen – eine Fahrt mit **The Dragon** sorgt für Nervenkitzel, im **Miniland** kann man die kunstvollen Nachbauten weltweiter Baudenkmäler aus LEGO-Steinen bewundern. Gleich nebenan ist **LEGOLAND Water Park** mit Wasserrutschen, Wellenbad und Lazy River. Im **SEA LIFE Aquarium** leben 13 000 Lebewesen aus elf Lebensräumen.

RedHouse, Jalan Tan Hiok Nee

HISTORISCHE ORTE AUFSUCHEN

Arulmigu Sri Rajakaliamman
JBs ältester Hindutempel ist innen mit ca. 300 000 Mosaiksteinen aus Glas geschmückt.

Istana Bukit Serene
Fotos schießen mit den lustigen Skulpturen und gepflegten Gärten vor der offiziellen Residenz des Sultans von Johor.

Johor Ancient Temple (Rou Fo Gu Miao)
Fünf chinesischen Gottheiten Respekt zollen in diesem kleinen Tempel aus dem 19. Jh.

Trishaw Uncle

WILLKOMMEN IN SINGAPUR

PRAKTISCHES

Dieser Abschnitt behandelt die wichtigsten Themen und Wissenswertes rund um Singapur. Die Kapitel sind voller praktischer Informationen und wertvoller Einblicke, die dir helfen Singapur zu verstehen und dich zurechtzufinden, um das Beste aus deiner Reise herauszuhclen.

Little India (S. 72)

Ankunft

Der Weltklasse-Flughafen Changi, das Kronjuwel der Luftfahrt in Singapur, ist praktisch ein Reiseziel für sich (mit Kinos, Schmetterlingsgarten, Schwimmbad, Spas). Dieses wichtige asiatische Drehkreuz bedient eine Vielzahl regionaler und internationaler Flugrouten. Busse und Züge verbinden Singapur auch mit Thailand, Malaysia und Indonesien jeweils in beiden Richtungen.

Visa

Die meisten Besucher erhalten bei der Einreise eine 30- oder 90-tägige Aufenthaltserlaubnis ohne Visum. Bürger aus Indien, China und bestimmten anderen Ländern müssen vor der Ankunft ein Visum beantragen.

SIM-Karten

Prepaid-SIM-Karten sind ganz einfach an einem der Changi-Recommends-Stände am Flughafen oder inselweit bei Telekommunikationsanbietern und in Geschäften (stets gegen Vorlage eines Reisepasses) erhältlich.

Ankunftskarte

Die SG Arrival Card (SGAC) mit Gesundheitserklärung ist für alle Besuche obligatorisch und kann bis zu drei Tage vorher über eservices.ica.gov.sg/sgarrivalcard, die MyICA-App oder QR-Code bei der Einreise eingereicht werden.

WLAN

Hotspots gibt es in Malls, Museen, MRT-Stationen und an öffentlichen Plätzen. Die App Wireless@SGx ermöglicht kostenlosen Internetzugang auf der ganzen Insel. An den Changi Recommends-Ständen gibt es Leihgeräte für große Datenmengen.

Vom Flughafen in die Stadt

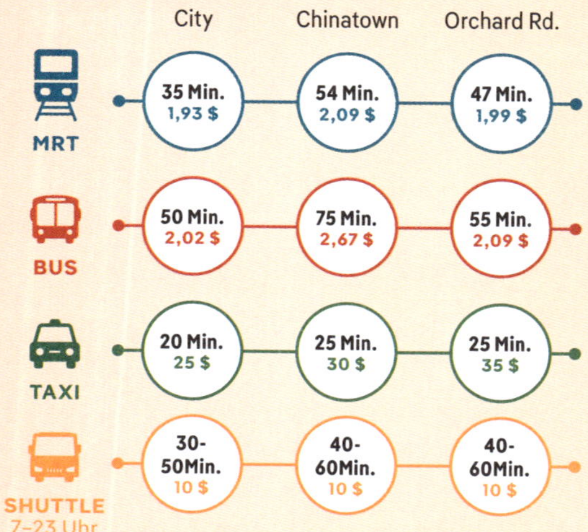

ZOLLBESTIMMUNGEN

Singapur nimmt den Zoll sehr ernst. Es ist illegal, Kaugummi, Feuerwerkskörper, obszönes oder aufrührerisches Material, Feuerzeuge in Form einer Pistole, bedrohte Tierarten oder deren Nebenprodukte sowie Raubkopien oder Publikationen mitzubringen. Wer sich vor seiner Ankunft 48 Stunden oder länger außerhalb von Singapur aufgehalten hat und nicht aus Malaysia kommt, darf insgesamt 2 Liter zollfreien Alkohol mitnehmen, davon nur 1 Liter Spirituosen. Tabakwaren müssen verzollt werden; andernfalls droht eine hohe Geldstrafe. Die Konsequenzen für die illegale Ein- oder Ausfuhr von Drogen sind hart und beinhalten die Todesstrafe.

Unterwegs vor Ort

Singapurs weltbekanntes ÖNPV-System ist blitzsauber und supereffizient . Man erreicht alle Ecken der Insel, sodass die Erkundung ein Kinderspiel ist.

MRT

Sechs MRT-Linien durchqueren die Insel und bringen dich im Grunde überall hin, oder zumindest sehr nah an dein Ziel. Achte darauf, dass du dir den Namen der letzten Station der Linie merkst, mit der du fährst, denn so kannst du den richtigen Bahnsteig zum Einsteigen finden.

Bus

Die Busse in Singapur sind modern, sicher, erschwinglich und klimatisiert (!). Ausgewiesene Busspuren sorgen für verlässliche Fahrzeiten, aber zu den Hauptverkehrszeiten vor und nach der Arbeit kann es sehr voll werden. Hebe deine Hand, um den Fahrer herbeizuwinken.

TAXI & GRAB

Pandemiebedingt sind viele Taxifahrer in Ruhestand gegangen und die Preise wurden erhöht, sodass Taxifahren in Singapur nicht mehr ganz so günstig ist. Fahrten außerhalb der Stoßzeiten und wenn es nicht regnet, sind immer noch erschwinglich. Über die Taxi-Apps CDG Zig oder Grab (Singapurs Uber) lassen sich Preise vereinbaren. Ansonsten gilt das Taxameter.

Bike-Sharing

In Singapur gibt es etliche Bike-Sharing-Anbieter. Das Ausleihen geht relativ einfach: App herunterladen, ein Konto einrichten, QR-Code des Fahrrads scannen und losfahren! Ein eingebautes GPS führt zu ausgewiesenen Parkplätzen. Falsch parken kostet 5 S$.

Per pedes

Die Stadtteile lassen sich am besten zu Fuß erkunden. Das ganze Jahr über kann es extrem heiß und schwül werden, deshalb empfiehlt sich leichte und atmungsaktive Kleidung. Ein kleiner Regenschirm kann vor der Sonne oder plötzlichen Regengüssen schützen.

TRANSPORT-ABC

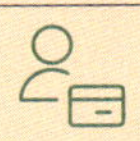

Tourist Pass

EZ-Link bietet einen 1-3-Tages-Touripass für unbegrenzte Fahrten mit Zügen und Bussen sowie Rabatte in Geschäften und bei Attraktionen. Die Karte ist am Flughafen Changi und an anderen Simply-Go-Schaltern erhältlich; thesingaporetouristpass.com.sg

Citymapper

Diese App liefert multimodale Verkehrsinformationen in Echtzeit.

Karte einlesen

Die EZ-Link-Karte beim Aussteigen immer entwerten, sonst zahlt man den vollen Fahrpreis bis zur Endhaltestelle.

Etikette & Geldstrafen

Man hält sich meist links, vor allem auf Rolltreppen. Auf dem Bahnsteig gibt es markierte Wartezonen. Drängeln ist verboten. Bußgelder werden fällig bei Essen und Trinken im Bahnhof, beim Einsteigen in einen vollen Zug, bei Trunkenheit oder Mitnahme großer Taschen und wenn man länger als zwei Stunden im Bahnhof verweilt.

REISEKOSTEN

EZ-Link-Touristenpass 1–3 Tage
Ab 22 S$ inkl. 10 $ Anzahlung

Sentosa Express Monorail
4 S$

Shared-Bike-Verleih
Ab 1 S$ pro 30 Min.

Bus nach Johor Bahru, Malaysia
Ab 3,50 S$

Übernachten

Übernachten mal anders!

Co-Living boomt in Singapur, das mit Serviced Apartments oder Hotels noch nie viel am Hut hatte. Diese Option bietet den Gästen Privatsphäre und gleichzeitig die Möglichkeit, Mitbewohner kennenzulernen – es ist wie eine stilvollere Version eines Backpacker-Hostels und bietet tolle Freizeitbereiche und Aktivitäten. Ursprünglich war eine Mindestbuchungsdauer von einem Monat erforderlich. Einige bemerkenswerte Co-Living-Plattformen, die man kennen sollte, sind Owen House, Coliwoo, Lyf und ST Signature.
Viel Spaß!

Günstig schlafen

Die Übernachtungspreise in Singapur sind im Allgemeinen hoch, vor allem im asiatischen Vergleich, aber es gibt immer mehr zentrale, günstige Hotels und Hostels. Vergiss die schmuddeligen Schlafsäle – hier findest du schicke, flippige Unterkünfte für alle Arten von Reisenden. Günstigere Unterkünfte gibt es außerhalb der Stadt, die in wenigen Minuten mit der MRT erreichbar sind.

Kolonialer Prunk

Das ehrwürdige Raffles Hotel, einer der weltweit pompösesten Schlaftempel der Welt, ist, gelinde gesagt, teuer – die Zimmer kosten über 1000 S$ pro Nacht. Da jedoch immer mehr Hoteliers koloniale Gebäude, historische Bungalows und Reihenhäuser renovieren, kann man das ewiggestrige Gefühl für deutlich weniger als eine Nacht im Raffles Hotel haben.

MEGA-RENNEN

ENDE SEPTEMBER HEULT DAS FORMEL-1-GRAND-PRIX-NACHTRENNEN UM DEN JACHTHAFEN.

DER ALLJÄHRLICHE KURS AM BAY SANDS HOTEL(DERZEIT BIS 2028) IST EIN HIGHLIGHT IM TOURISMUSKALENDER. WÄHREND DIESER ZEIT VERDOPPELN SICH DIE HOTELPREISE UND VERDREIFACHEN SICH SOGAR FÜR DIEJENIGEN, DIE IN DER NÄHE DER RENNSTRECKE WOHNEN.

WAS KOSTET EINE NACHT IM ...

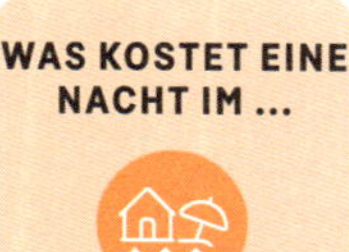

Luxushotel
600 $

Standardhotel
200 $

Hostel-Bett
30 $

KURZZEITAUFENTHALTE

Die Vorschriften für Kurzzeitvermietungen (weniger als drei Monate) müssen in Singapur noch geklärt werden (je nach Art des Objekts, Belegungsbeschränkungen und Buchenden). Reservierungen könnten in letzter Minute storniert werden oder man wird vom Sicherheitsdienst des Gebäudes abgewiesen.

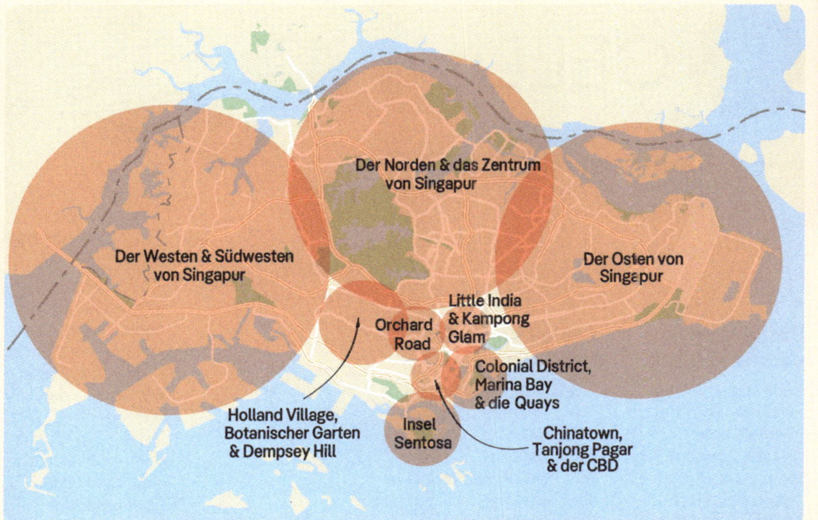

STADTBEZIRKE	PRO & CONTRA
Colonial District, Marina Bay & die Quays	In unmittelbarer Nähe befinden sich viele der wichtigsten Museen, Attraktionen, Malls, Restaurants und Bars der Stadt. Leicht erreichbar mit zahlreichen MRT-Stationen. Meist gehobene Hotels.
Chinatown, Tanjong Pagar & der CBD	Lebendiges Viertel mit Märkten, großen Garküchen, Tempeln, trendigen Bars und Straßenkunst. Die Unterkünfte reichen von schicken Hotels bis zu hippen Hostels. Gute Anbindung an den ÖPNV.
Little India & Kampong Glam	Große Auswahl an Hostels und günstigen Unterkünften. Es gibt auch ein paar schöne Boutique-Hotels der gehobenen Klasse. Viel Straßenlärm, vor allem an den Wochenenden.
Orchard Road	Singapurs Einkaufsmeile mit vielen Grandhotels, aber kaum Angebot für Budget-Reisende. Nur ein paar angesagte Restaurants und Bars.
Der Osten von Singapur	Joo Chiat/Katong ist das beste Viertel zum Übernachten, und die neue MRT-Linie ermöglicht einen einfachen Zugang zur Stadt. In der Nähe des East Coast Park und des Flughafens.
Der Norden & das Zentrum von Singapur	Jede Menge Outdoor-Abenteuergebiete und Naturattraktionen, darunter das Mandai Wildlife Reserve. Weit weg von der Stadt.
Holland Village, Botanischer Garten & Dempsey Hill	Der Botanische Garten und die trendigen Einkaufs- und Gastronomieviertel sind nur wenige Minuten von der Orchard Road entfernt, aber die Unterkunftsmöglichkeiten sind minimal.
Der Westen & Südwesten von Singapur	Zwei Bezirke voller Museen sowie etliche Naturschutzgebiete (vor allem das Bukit-Timah-Reservat) und skurrile Attraktionen, für die man normalerweise ein Taxi braucht.
Insel Sentosa	Hotels im Resort-Stil und einfacher Zugang zu kinderfreundlichen Attraktionen, Stränden und Sportaktivitäten. Von der Insel wegzukommen kann allerdings ein kleines Problem sein.

GELD

WÄHRUNG: **SINGAPUR-DOLLAR (S$)**

Barzahlung oder Kreditkarte

Die gängigen Kreditkarten werden weitgehend akzeptiert, auch für den digitalen Zahlungsverkehr. Kleinere Läden und Verkaufsstände akzeptieren oft nur Bargeld; also ein paar Scheinchen mitnehmen!

Geldautomaten & Wechselstuben

Geldautomaten sind in Malls, MRT-Stationen und Geschäftsvierteln leicht zu finden. Banken können Geld wechseln, aber in der Regel sind die Devisenkurse bei den Wechselstuben in den Einkaufszentren besser.

GST & Servicegebühren

Singapur erhebt eine Steuer von 9 % auf Waren und Dienstleistungen (GST). In den meisten Preisen in Geschäften und Restaurants ist diese bereits enthalten; das Symbol ++ zeigt an, dass die GST und die Servicegebühr (10 %) nicht enthalten sind und aufgeschlagen werden. Dies ist in Hotels, Restaurants und Luxus-Spas üblich.

Feilschen oder Trinkgeld?

In Singapur gibt man für gewöhnlich kein Trinkgeld. Stattdessen wird meist eine Servicegebühr von 10 % aufgeschlagen und in den großen Garküchen wird kein Trinkgeld erwartet. Beim Taxifahren gilt es als höflich, den Fahrpreis aufzurunden oder dem Fahrer das Wechselgeld zu überlassen. In der Regel sind die Preise fest, außer auf bestimmten touristischen Märkten und in Geschäften, in denen Feilschen erlaubt ist. Beim Verhandeln immer freundlich bleiben!

WIE VIEL KOSTET EIN(E) ...

Stadtrundgang
40–60 $

Museumsticket
8–40 $

lokale Theateraufführung
30–80 $

Sunbed im Beach Clu[b]
50–100 $

WIE MAN... einige Dollar spart

- Mit Studentenausweis gibt es bei Attraktionen und Museen einen kleinen Rabatt und mit Kombitickets kommt man definitiv günstiger weg.
- Kostenlose Touren findet man auf visit singapore.com).
- Günstiges und leckeres Essen gibt es in den großen Garküchen oder in den Food-Courts der Einkaufszentren.
- Die öffentlichen Verkehrsmittel sind nicht nur preiswert, sondern bringen dich auch schnell und bequem in die meisten Gebiete der Insel.

LOCAL TIPP

Für Garküchen und Nassmärkte sollte man immer ein paar Münzen dabei haben, denn manche verlangen 10 bis 20 Cent für die Benutzung der Toiletten.

GST-RÜCKERSTATTUNG FÜR TOURISTEN

Bei Ausgaben über 100 SGD wird Touristen in Geschäften mit Tax Free Shopping-Logo) 9 % GST auf Waren und Dienstleistungen rückerstattet. An den eTRS-Kiosken am Flughafen oder am Kreuzfahrt-Terminal kann man gegen Vorlage des Reisepasses einen entsprechenden Antrag stellen.

Sicher reisen

VERSICHERUNGEN

Singapur hat ein Weltklasse-Gesundheitssystem. Notaufnahmen gibt es in privaten und öffentlichen Krankenhäusern, die Wartezeiten sind in der Regel kurz und die Kosten im öffentlichen System sind angemessen. Natürlich ist eine umfassende Reiseversicherung auf jeden Fall ratsam.

Erschöpfung vor Hitze

In Singapur ist es das ganze Jahr über schwülheiß. Wer nicht an hohe Temperaturen gewöhnt ist, sollte sich tagsüber möglichst wenig draußen aufhalten und immer einen Hut tragen und die Haut schützen. Flüssigkeitszufuhr ist wichtig. Wer zu starkem Schwitzen neigt, sollte regelmäßig Wasser trinken und einen Fächer dabei haben.

Tiere

Singapur ist faunareich. Die meisten Tiere sind harmlos, aber es gibt ein paar, vor denen man sich in Acht nehmen muss. Affen und Wildschweine leben in bewaldeten Gebieten und man sollte einen Bogen um sie machen – das Füttern von Wildtieren wird mit einer Geldstrafe geahndet. Die Otterpopulation des Landes boomt und hat sich seit 2019 mehr als verdoppelt.

DENGUE

In Singapur greift dieses durch Mückenstiche übertragene Fieber zunehmend um sich. Am aggressivsten sind die Mücken in der Morgen- und Abenddämmerung, aber es ist am besten, den ganzen Tag über regelmäßig Insektenschutzmittel aufzutragen und langärmlige Oberteile und lange Hosen zu tragen, wenn man sich draußen in der Natur aufhält. Zu den Symptomen gehören hohes Fieber, starke Kopf- und Gliederschmerzen und Hautausschlag.

Aktuelle Smog-Lage abrufen

SMOG-INDEX

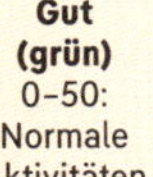

Gut (grün)	Moderat (blau)	Ungesund (gelb)	Sehr ungesund (orange)	Gefährlich (rot)
0–50: Normale Aktivitäten	51–100: Normale Aktivitäten	D101–200: längere oder anstrengende körperliche Tätigkeiten im Freien reduzieren.	D201–300: längere oder anstrengende körperliche Tätigkeiten im Freien vermeiden.	D>300: Outdoor-Aktivitäten auf ein absolutes Minimum reduzieren.

LEITUNGSWASSER

Leitungswasser kann man gefahrlos trinken.

KRIMINALITÄT

Singapur hat eine der niedrigsten Verbrechensraten der Welt. Das liegt an strengen Gesetzen, harten Strafen, einer schnellen Justiz und dem CCTV-Netzwerk, das praktisch jeden Zentimeter der Insel überwacht. Daher ist es unwahrscheinlich, dass man überfallen, ausgeraubt, übervorteilt oder angemacht wird. Taschendiebstähle sind nicht ganz ungefährlich In belebten Gegenden sollte man wachsam sein.

OBEN: ROBERT ANG/SHUTTERSTOCK ©, MITTE: VICTOR MOUSSA/SHUTTERSTOCK ©

Mit Kindern

Mit Kind und Kegel durch Singapur macht Spaß – die Stadt ist sicher, sauber und super effizient. Kinder sind überall willkommen und es gibt altersgerechte Einrichtungen und Annehmlichkeiten. „Oh", und bitte nicht wundern, wenn die Einheimischen die Kids anhimmeln!

Unterwegs vor Ort

Kinder unter 90 cm Größe fahren in Begleitung eines zahlenden Erwachsenen kostenlos. In allen MRT-Stationen gibt es Aufzüge. Wer einen Kinderwagen benutzt, sollte auf die blauen Vorfahrtsschilder achten. Kinderwagen sind in den Bussen willkommen und es gibt ausgewiesene Plätze mit Halterungssystemen. Der Taxidienst Grab bietet Familienmitfahrgelegenheiten mit Kindersitzen an; über die App zu buchen.

Einrichtungen

Malls und viele Restaurants sind mit Wickelräumen, Elternzimmern und Kinder-WCs ausgestattet. Stillen in der Öffentlichkeit ist nicht üblich, aber mit der sich ändernden Einstellung und Aufklärung ist es immer mehr im Kommen. Die Gehsteige sind einwandfrei, sodass Kinderwagen problemlos darauf rollen. Die meisten Hotels stellen Kinderbetten bereit, aber man sollte sie besser vorab reservieren.

Vergünstigte Tickets

Kleine Kinder erhalten ermäßigten oder freien Eintritt zu vielen Museen und Attraktionen Mit dem Studentenausweis erhält man an vielen Orten ermäßigten Eintritt.

Abkühlung

Viele Parks, Attraktionen und Einkaufszentren im Freien, darunter der Zoo, die Gardens by the Bay und der Jurong Lake Garden, bieten Wasserspielbereiche gratis an.

UNSERE FAVORITEN

Mandai Wildlife Reserve
Es gibt vier Tierparks: Bird Paradise, Singapore Zoo, Night Safari und River Wonders. (S. 123)

Gardens by the Bay
Futuristische botanische Wunderwelt mit Kindergarten Wasserpark, Abenteuerpfad und Spielplatz. (S. 40)

ArtScience Museum
Lustige und lehrreiche Ausstellungen, die Kinder jeden Alters fesseln. (S. 51)

Singapore Duck Tours
Die Marina Bay (zu Land und zu Wasser) an Bord eines dieser bunten Amphibienfahrzeuge zu erkunden, ist für Kinder ein Riesenspaß. (S. 51)

SENTOSA: DIE SPASS-INSEL

Sentosa ist Singapurs sorgfältig konzipierte Badeinsel: der perfekte Ort für einen Tagesausflug für Jung und Alt! Hier findet man palmengesäumte Sandstrände mit Restaurants, Beachclubs und Unterhaltungsangeboten mit Nervenkitzel – wie wäre es mit einer Rutsche im Aquapark oder Beach Bungee? Nur wenige Augenblicke vom Strand entfernt, wartet der Rest der Insel mit Themen- und Vergnügungsparks, abendlichen Spektakeln, luxuriösen Resorts und einem VIP-Jachthafen auf. Kleine Geschichtsinteressierte wird Fort Siloso, Singapurs einziges erhaltenes britisches Küstenfort, gefallen. Der Zugang über den 181 m langen Skywalk (auf Höhe der 11. Etage) ist bereits der halbe Spaß!

Barrierefrei reisen

Singapur ist bestrebt, Produkte und Umgebungen zu schaffen, die für so viele Menschen wie möglich zugänglich sind, und folgt dabei den Grundsätzen des Universellen Designs, das die Gleichberechtigung und Flexibilität eines Raums betont. Dank eines erstklassigen ÖPNV und einer barrierefreien Infrastruktur ist Singapur zweifellos eine der egalitärsten Städte der Welt.

Taxis

Für Rollstühle wird kein Taxi-Zuschlag erhoben, aber normalerweise passen nur kleinere, faltbare Rollstühle in den Kofferraum. Die Taxizentrale Grab bietet GradAssist (ein faltbares Hilfsmittel) und Assist Plus (rollstuhlgerechte Fahrzeuge) an.

MRT

Alle Bahnhöfe verfügen über Behindertenaufzüge, Braille-Wegweiser, leicht verständliche Beschilderung, optische und akustische Signale in den Aufzügen und auf den Bahnsteigen sowie barrierefreie WCs. Im Bedarfsfall wendet man sich ans Servicezentrum.

Busse

Alle öffentlichen Busse und fast alle Haltestellen sind barrierefrei. Die Rampe an der hintersten Tür wird ausgefahren und der Busfahrer hilft beim Einsteigen. Ausgewiesene Plätze sind markiert; Bremsen anziehen, sobald man rückwärtsgerichtet steht.

Barrierefreie schlemmen

Die meisten Hawker-Zentren (große Garküchen) in Singapur wurden mit Rampen, Aufzügen und barrierefreien Zugängen ausgestattet. Es gibt auch Tische mit speziellen Parkplätzen für Rollstuhlfahrende.

Übernachten

Viele größere, moderne Hotels in Singapur sind mit barrierefreien Zimmern und Bädern ausgestattet, aber ältere Unterkünfte in Wohnheimen und Hostels sind es oft nicht. Ein Anruf genügt, um Anforderungen zu klären.

Flughafen

Der Flughafen Changi unterstützt Mobilitäts-, Seh- oder Höreingeschränkte sowie unsichtbare Handicaps. Auf changiairport.com/de/airport-guide/special-assistance.html) findet man Infos über spezielle Hilfeleistungen (48 Std. im Voraus anfordern), den Verleih von Mobilitätshilfen, barrierefreie Einrichtungen und Orientierungshilfen.

ROLLSTÜHLE ZUM AUSLEIHEN

Die meisten Hauptattraktionen bieten kostenlose Rollstühle nach dem Prinzip „Wer zuerst kommt, mahlt zuerst" an. AGIS Medical (agis.com.sg) hat Mobilitätsroller und Rollstühle für den täglichen Verleih inklusive Lieferung und Abholung.

WEB-INFOS

Visit Singapore
bietet Infos rund um Singapurs Verkehrsmittel und wie man sich im öffentlichen Raum zurechtfindet.

HWA
kann Informationen über Barrierefreiheit in Singapur geben und bietet auch Transportdienste an.

Planet Abled
Ein Reisebüro, das sich an Reisende mit verschiedenen Behinderungen wendet.

MyTransport.SG
Diese App in den Stores von Google Play und Apple zeigt an, ob auf einer ausgewählten Route ein Aufzug ausgefallen ist.

Essen, Trinken & Feiern

Wann?

Frühstück Das singapurische Frühstück besteht aus *Kaya* (Kokosnussmarmelade), Toast, weich gekochten Eiern und *Kopi* (Kaffee).

Mittagessen Normalerweise wird von 11.30 bis 14.30 Uhr serviert. Dann sind die Hawker-Zentren und Food-Courts überfüllt.

Happy Hours Viele Bars bieten mehrere Happy Hours an (beginnend um 12 und 21 Uhr).

Dinner Restaurants öffnen normalerweise um 18 Uhr und schließen um 23 Uhr.

Wo?

Hawker-Zentrum Eine Ansammlung von Essensständen im Freien, an denen etliche lokale Gerichte verkauft werden und die ein Gemeinschaftsgefühl vermitteln.

Kopitiam Sehr lässiges Café mit offener Ladenfront und ein paar Ständen drinnen.

Food-Court Sie befinden sich in Einkaufszentren, meist im Untergeschoss. Food-Courts sind im Grunde klimatisierte Straßenverkaufszentren mit etwas höheren Preisen.

Buffet-Restaurant Normalerweise in Grandhotels. Die luxuriösen Champagner-Brunches am Sonntag (und manchmal auch am Samstag) sind legendär.

Restaurants Man hat die Wahl zwischen lokalen Hotspots, trendigen Cafés und Gourmetlokalen mit Starköchen.

KULINARISCHES

Dabao Essen zum Mitnehmen.

Marktpreis Vor der Bestellung immer den Preis checken.

Zi Char Gekocht und gebraten; beschreibt Sino-Klassiker, die man gewöhnlich teilt.

Makan Essen

Ayam Hühnchen

Congee Reis-Porridge

Bee hoon Fadennudeln

Ho fun dicke Reisnudeln

Mian handgezogene Weizennudeln

Mee gelbe Weizennudeln

Wonton chinesische Teigtasche

Murtabak Indischer gefüllter Pfannkuchen

Roti prata Südindisches Fladenbrot

Char Gebraten

Laksa Reisnudel-Kokos-Suppe

Popiah hauchdünne Frühlingsrolle

Nasi padang Gedämpfter Reis aus indonesischen Padang; verschiedene Gerichte

Rojak Gemüse- und Obstsalat

Kueh Häppchen oder Desserts aus Reismehl oder Klebreis

Ice kachang Geschabtes Eis, rote Bohnen, Gelee und Süßsirup als Dessert

WIE MAN... Garküchen-Profi wird

In den Hawker-Zentren kann es ziemlich voll werden, deshalb ist es ratsam, sich vorher einen Platz zu sichern. Auch wenn jemand aus einer Gruppe an einem Tisch sitzt, ist es üblich, die Anzahl der benötigten Plätze zu reservieren, indem man ein Tempo-Päckchen dorthin legt. Das Teilen von Tischen mit Fremden ist in diesen Lokalen üblich. Servietten kann man in der Nähe des Eingangs kaufen. Wenn es eine Tischnummer gibt, sollte man diese notieren, da der Standbesitzer sie als Referenz für die Essenslieferung verwendet. Wenn der Stand ein Self-Service-Schild hat, muss man das Essen selbst zum Tisch tragen. Es ist jetzt gesetzlich vorgeschrieben, dass man sein Tablett an eine dafür vorgesehene Geschirrstation zurückbringt, wenn man fertig ist, aber es gibt auch ein paar Servicekräfte, die leere Tabletts abräumen oder entgegennehmen.

WIE VIEL KOSTET EIN(E)...

Kopi
1,10 S$

Hawker-Mahlzeit
4–7 S$

Flasche Bier im Hawker-Zentrum
750ml
8 S$

Glas Wein in einer Barr
18–25 S$

Cocktail
25–35 S$

Mahlzeit im Restaurant
25–35 S$

Gourmet-Dinner
150–500 S$

WIE MAN... Auf singapurische Art einen Kaffee bestellt

Trotz der britischen Kolonialgeschichte und der überwiegend asiatischen Bevölkerung Singapurs ist das Nationalgetränk nicht Tee, sondern Kaffee – *Kopi*, um genau zu sein, auf Basis koffeinreicher Robusta-Bohnen. Diese werden mit Butter, Margarine oder Schmalz und manchmal auch mit Zucker geröstet, bis sie schön karamellisiert sind. Dann werden sie gemahlen, in einem Flanellbeutel aufgebrüht und aus einem langhalsigen Kessel gegossen. *Kopi* wird traditionell in einer Porzellantasse serviert, aber er kann auch in einem hohen Glas angeboten werden. Waschechte Singapurer trinken vier bis sechs Tassen pro Tag.

Kopi Schwarzer Kaffee mit Kondensmilch
Kopi-O Schwarzer Kaffee mitZucker
Kopi O kosong Schwarzer Kaffee ohne Zucker
Kopi C Schwarzer Kaffee mit Zucker und Kondensmilch
Kopi C kosong Schwarzer Kaffee mit Milchschaum
Kopi gah dai Schwarzer Kaffee mit viel Kondensmilch
Kopi siew dai Schwarzer Kaffee mit weniger Kondensmilch
Kopi pok Milder Kaffee mit Kondensmilch
Kopi gau Starker Kaffee mit Kondensmilch
Kopi peng Eiskaffee mit Kondensmilch.

Schön buttrig!

Die Singapurer stehen seit Jahrzehnten auf den supercremigen Butterkaffee. Er heißt *Kopi gu you* und ist ein robustes Gebräu mit Butterzusatz. Verkosten kann man ihn bei Heap Seng Leong.

AUSGEHEN

Ein typischer Abend in Singapur beginnt mit einem After-Work-Drink in einer authentischen Bar, wo die Happy-Hour-Preise für einen Massenansturm sorgen. Wenn die Sonne untergeht, zieht es die temperamentvollen Einwohner der Stadt ans Wasser oder in die Rooftop-Bars, entweder an die faszinierende Marina Bay oder entlang der gewundenen Quays. Die besten Plätze sind schnell vergeben, daher ist eine Reservierung oft notwendig.

Mit Einbruch der Nacht beginnt die Gastrosause. Die Genussmenschen schwärmen aus und schlemmen sich durch die Hawker-Zentren oder lassen sich in den Trend-Restaurants nieder. Die Wohlhabenden treffen sich in den neuesten Gastrotempeln und genießen die besten Plätze um 20 Uhr. Versteckte Bars öffnen leise ihre Türen. Hier können sich Cocktail-Fans an der Kunstfertigkeit der besten Mixologen Singapurs erfreuen.

Gegen 23 Uhr schlägt die Stimmung dann deutlich um. Einige ziehen sich diskret nach Hause zurück, während die Nachteulen auftauchen, um die Tanzflächen der pulsierenden Clubs in Clarke Quay und Marina Bay vibrieren zu lassen. Glücksspiel-Fans zieht es in die glitzernden unterirdischen Casinos, wo niemand mehr weiß, ob es nun Tag oder Nacht ist.

Aber keine Angst, der Gastrotrip geht weiter! Inmitten der nächtlichen Ausgehorgie gibt es einige Dim-Sum-Lokale, um das Partyvolk mit Dumplings und Nudeln bei Laune zu halten.

Doch trotz aller Aufregung sollte man daran denken, dass die Nacht in Singapur ihre eigenen Gesetze hat. Zwischen 22.30 Uhr und 7 Uhr morgens ist der Verkauf von Alkohol in Supermärkten, Lebensmittelläden, Tankstellen und ähnlichen Einrichtungen verboten und die Straßen der Stadt sind eine alkoholfreie Zone.

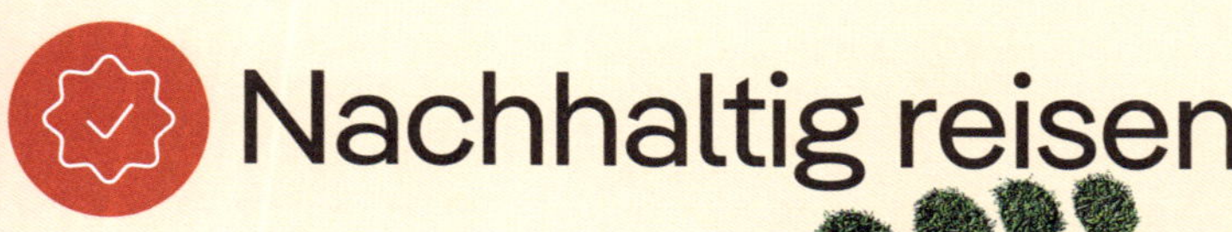

Nachhaltig reisen

Reisen & Klimawandel

Die Auswirkungen unseres Herumreisens lassen sich unmöglich ignorieren und es ist wichtig, im Rahmen des Möglichen etwas zu ändern. Lonely Planet fordert alle Reiselustigen auf, sich mit ihrem ökologischen Fußabdruck auseinanderzusetzen. Es gibt viele CO_2-Rechner im Internet, mit denen man seinen Impact abschätzen kann; siehe resurgence.org/resources/carbon-calculator.html. Viele Airlines und Buchungsportale bieten die Möglichkeit der CO_2-Kompensation, womit sie einen Beitrag zur Klimaneutralität in aller Welt leisten. Wir werden auch weiterhin den CO_2-Fußabdruck aller Reisen unseres Lonely Planet-Teams kompensieren, sind uns aber bewusst, dass dies das Problem eher abschwächt, aber nicht wirklich bannt.

ACHTSAM SHOPPEN

Der Social Space ist ein Multi-Konzept-Laden mit einem Café, Fair-Trade-Shopping und einem Nagelstudio. Er steht ganz im Zeichen der Nachhaltigkeit und fördert einen bewussteren Lebensstil.

Ökotraum auf Lazarus Island

Man wohnt in einem umweltfreundlichen Tiny House, das hauptsächlich mit Solarenergie betrieben wird. Lebensmittelabfälle werden vor Ort kompostiert und die Gäste verwenden klimaneutrale Shampoos und Körperpflegeprodukte.

Baden für die Zukunft

Das singapurische Label Sandbar Swimwear stellt aus alten Plastikflaschen Öko-Badebekleidung für die ganze Familie her. In der gesamten Lieferkette gibt es kein Plastik. Jeder Kauf einer Recycling-Badehose bedeutet 1 kg Plastik im Meer weniger.

Der Singapore Green Plan 2030 soll Singapurs nationale Ökobilanz voranbringen. Ziel ist es, die Verpflichtungen des Landes im Rahmen der UN-Agenda für nachhaltige Entwicklung 2030 und des Pariser Abkommens zu erfüllen.

Singapurs „Green City“ boomt. Die neuesten Bauten bestehen aus recycelten Materialien und Ökotechnologien. Mit Blättern bedeckte Gebäude wie das Oasis Hotel Downtown zeigen das Engagement der Stadt für eine grünere Zukunft.

ESSEN IM DUNKELN

NOX beschäftigt sehbehindertes oder blindes Servicepersonal, um ein einzigartiges Essenserlebnis zu bieten. Beim Abendessen speist man mit Augenbinden im Dunkeln. Danach schreibt man seine Eindrücke nieder, bevor die Speisekarte gezeigt wird.

NACHHALTIGKEIT AUF VIER SÄULEN

Singapur wurde als nachhaltiges Reiseziel auf der Grundlage der Destination Criteria des Global Sustainable Tourism Council zertifiziert, die die Leistung in vier Säulen bewerten: nachhaltiges Management, sozioökonomische Nachhaltigkeit, kulturelle Nachhaltigkeit und ökologische Nachhaltigkeit.

Auf Slowfood-Kurs

Die Kochkurse der Hausköchin Mummy Soh im One Kind House sind legendär. In ihrem Farm-to-Table-Konzept erfährt man alles über urbane Landwirtschaft und erntet Bio-Produkte, bevor man richtig gut kochen lernt.

Auf Ökotrip mit Green Grab

Mit der Grab-App können umweltbewusste Fahrgäste „saubere" Taxis buchen und ihren CO_2-Fußabdruck verringern. Bei jeder Fahrt gehen 10 Cent an das Green Programme zum Schutz der Wälder und für mehr Solarenergie.

Essen für einen guten Zweck

Das Breakthrough Cafe – das ziemlich leckere Dim Sum serviert – bietet ehemaligen Junkies eine Beschäftigung, die es ihnen ermöglicht, sich weiterzuentwickeln und einen Neuanfang zu machen.

Massagen im Zeichen der Inklusion

Belebende Fußreflexzonenmassage oder Ganzkörpermassage gefällig? Hinter der gewöhnlichen Ladenfassade von My Foot Reflexology in der Mall Great World City verbergen sich herzerwärmende Knethände: Hier arbeiten Sehbehinderte, die einen geschickten und einwandfreien Service bieten.

Mit dem Islandwide Cycling Network soll das Radwegenetz in Singapur bis 2030 auf 1300 km ausgeweitet werden.

Bis 2026 sollen auf Palau Ubin 9000 Mangroven entstehen, die bis zu 30 Mio. Kilogramm CO_2 speichern werden.

SINGAPURS NACHHALTIGKEIT AUF DER SPUR

Die interaktive Sustainable Singapore Gallery an der Marina Barrage bietet Einblicke in die nachhaltigen Entwicklungspläne der Stadt und präsentiert Klimaziele, die mit dem Pariser Abkommen übereinstimmen, Begrünungsinitiativen und die Vision für ein autofreies Singapur.

INFOS IM INTERNET

nparks.gov.sg
Internetportal der Nationalparkverwaltung von Singapur.

greenplan.gov.sg
Website, die Singapurs Green Plan gewidmet ist und die Nachhaltigkeitsziele für 2030 darlegt.

bca.gov.sg
BCA Green Mark 2021, ein international anerkanntes Zertifizierungssystem für umweltfreundliches Bauen.

Singapur ist eine konservative Gesellschaft. Erst 2022 wurde das umstrittene Gesetz 377A aus der britischen Kolonialzeit aufgehoben, das Sex zwischen zwei Männern verbot. Trotz der zunehmenden Gendergleichberechtigung gibt es immer noch keine Antidiskriminierungsgesetze zum Schutz der LGBTIQ+-Community bzw. deren Anerkennung.

Bar-Hopping

Das Gros der LGBTIQ+-Bars in Singapur befindet sich in Chinatown – hier in der Neil Rd. findet man die LGBTIQ+-Pioniere Tantric und Backstage Bar. Für rauschende Partys sollte man **Hypertainment** (hyper.com.sg) im Auge behalten, wo einige der besten Veranstaltungen in Asien stattfinden.

GUT & QUEER VERNETZT

Prout ist ein sicherer virtueller Raum für die LGBTIQ+-Community in Singapur, in dem man sich mit anderen austauschen, sich über queere Events informieren, auf Quellen zugreifen und Unterstützung erhalten kann. Auf dem Telegram-Kanal findet sich Aktuelles und es kann auch ein Event-Newsletter abonniert werden.

RUHIG SCHLAFEN

Es gibt keine speziellen LGBTIQ+-Unterkünfte in Singapur, aber da der Tourismussektor des Landes sehr international ausgerichtet ist, sind die meisten Hotels LGBTIQ+-freundlich. Einige gehobene Hostels bieten auch Privatzimmer oder Pods an.

INKLUSIV-TOUR

Lass dich von Isaac Tng durch das inklusive Singapur führen. Auf der Tour, die mit historischen und persönlichen Geschichten gespickt ist, erfährt man mehr über die Unterdrückung der LGBTIQ+-Community, aber auch über die Rechte, die sie errungen hat. Die Tour endet mit einem perfekten Pink-Sling-Cocktail (Termine auf pridecommunity.co).

Pride im Trend

Wer ein supersüßes Souvenir aus Singapur erstehen möchte, sollte bei Heckin' Unicorn vorbeischauen. Unter dem lokalen Label gibt es fast alles: trendige Rucksäcke bis hin zu verrückten Socken, hauptsächlich aber die einzigartigen LGBTIQ+-Anstecknadeln (auch online erhältlich bei heckinunicorn.com). Wer nach dem perfekten Design sucht, kann auch an einem Quiz teilnehmen.

THINK PINK & GO PRIDE

Das **PinkDot Festival** findet jedes Jahr im Juni statt und fällt mit dem weltweiten Pride Month zusammen. Es ist ein Fest, das LGBTIQ+-Menschen aus Singapur enger mit ihrer Familie und Freunde verbinden soll. Es können nur Singapuraner (und solche mit ständigem Wohnsitz in Singapur) teilnehmen, aber das Pink-Fest bietet im Vorfeld Veranstaltungen für verschiedene Zielgruppen an. Rosarot sind auch die Personalausweise Singapurs und die Farben der Nationalflagge sind Rot und Weiß (gemischt ergibt das Rosa).

Kurz & knapp

ÖFFNUNGSZEITEN

Ganzjährig unverändert; die Hawker-Zentren schließen, wenn das Essen alle ist.

Banken Mo–Fr 8.30–16.30 Uhr, Sa 9.30–12 Uhr

Restaurants 12–14.30 Uhr und 18–23 Uhr

Große Garküchen, Food-Courts und Cafés 7–22 Uhr

Bars 15–1 Uhr

Clubs 22–3 oder 6 Uhr früh

Einkaufszentren 10–22 Uhr

Kaugummi

Die Einfuhr, der Verkauf und die Herstellung von Kaugummi sind verboten. Medizinischer Kaugummi ist zulässig.

Rauchen

Das Rauchen ist in Singapur generell verboten, auch im Freien außer an ausgewiesenen Raucherplätzen. E-Zigaretten und Vapes sind illegal.

Toiletten

An kostenlosen öffentlichen WCs mangelt es nicht; meist sind es Sitztoiletten. In Hawker-Zentren kann eine Gebühr erhoben werden.

GUT ZU WISSEN

Zeitzone
GMT/UTC+8

Ländervorwahl
+65

Notrufnummer
995

Einwohnerzahl
5.600.000

FEIERTAGE

Die meisten Malls, Läden, Attraktionen, Museen und Restaurants bleiben an Feiertagen geöffnet, mit Ausnahme des zweitägigen Chinesischen Neujahrsfests, an dem fast alle Geschäfte zu sind. Das Istana, die offizielle Residenz und der Amtssitz des Präsidenten von Singapur, öffnet seine Außenanlagen an zahlreichen Feiertagen im Jahr – siehe istana.gov.sg.

Neujahr
1. Januar

Chinesisches Neujahr
Zwei Tage im Jan./Feb.

Karfreitag
März/April

Hari Raya Puasa (Eid al-Fitr)
März/April

Tag der Arbeit
1. Mai

Vesakhfest
Mai

Hari Raya Haji
Mai/Juni

Nationalfeiertag
9. August

Deepavali
Okt./Nov.

1. Weihnachtsfeiertag
25. Dezember

Elektrizität 230V/50Hz

PAN PACIFIC
BAKERY
XiXi's Lash Studio
Eyelash
Nail
Wax
21A

SINGAPUR

STORYBOOK

Mit vier Reportagen tief in den Alltag von Singapur eintauchen

Haji Lane, Kampong Glam (S. 81)

DIE GESCHICHTE VON SINGAPUR IN 15 ORTEN

Singapore. Singapura. Temasek. Pulau Ujong. Von frühesten historischen Aufzeichnungen im 3. Jh. bis heute war die Löwenstadt immer strahlender Mittelpunkt einer inspirierenden Geschichte: eine florierende Hafenstadt mit vielgestaltigen Volksgruppen, die dank ihrer günstigen Lage Spuren auf der Weltkarte hinterlassen hat. Von Jaclynn Seah

OBWOHL WENIGE HISTORISCHE Belege die Frühzeit Singapurs dokumentieren, geben die Namen der Insel Hinweise auf ihre Vergangenheit. Der früheste stammt aus einer chinesischen Aufzeichnung des 3. Jhs., in der die Insel Pulau Ujong („Insel am Ende der Halbinsel") genannt wird. Auf späteren Seekarten waren Kurse auf Temasek verzeichnet, eine „Stadt am Meer" mitten im blühenden Königreich Srivijaya, das sich von Sumatra bis nach Malaya erstreckte.

An der Wende zum 14. Jh. erhielt Singapur eine neue Namensbestimmung. Eine Legende erzählt von einem Prinzen aus Srivijaya, Sang Nila Utama, der die Insel in der Ferne erblickte und sie nach dem majestätischen Löwen (*singah*) benannte, den er auf ihr zu sehen meinte. So kam die Löwenstadt (Singapura) zu ihrem Namen.

Wirtschaft und Bevölkerung Singapurs erfuhren nach 1819 einen Aufschwung, als die Briten einen wichtigen Handelsort etablierten, der zum Anziehungspunkt für die ersten Siedler – Chinesen, Bugis, Araber, Inder und Europäer – wurde; sie bildeten das Fundament der Bevölkerung.

Singapur trug während dreier leidvoller Jahre im Zweiten Weltkrieg unter japanischer Besatzung den Namen Syonan. In der Zeit nach dem britischen Rückzug in den 1960er-Jahren ging Singapur im größeren Staatsgebilde Malaysia auf. 1965 wurde es zu einem unabhängigen souveränen Staat.

1. Fullerton Hotel

HISTORISCHE STÄTTE AN DER MÜNDUNG

Das prachtvolle klassizistische Fullerton-Hotel diente schon als erstes Hauptpostamt Singapurs (1928), als Regierungssitz unter britischer Verwaltung und als Unterschlupf alliierter Soldaten im Zweiten Weltkrieg. Bedeutender ist sein Standort an einer Stätte namens Rocky Point, wo das älteste Artefakt des Landes, der Singapore Stone, freigelegt wurde. Der massive Sandsteinblock, von nicht entzifferten javanischen Kawi-Schriftzeichen bedeckt, geht auf das 10. Jh. zurück. 1843 wurde er gesprengt, um Platz für Fort Fullerton, den Vorgängerbau des heutigen Hotels, zu schaffen. Nur drei kleine Fragmente des Steins blieben erhalten – sie werden

RONNIE CHUA/SHUTTERSTOCK ©

im National Museum of Singapore gezeigt.

Mehr zum Hotel Fullerton siehe S. 194.

2. Labrador Park

DAS FELSENTOR NACH SINGAPUR

Frühe Seekarten von Singapur lassen vermuten, dass sich hier vor der Ankunft der Briten ein Hafen befand. Zwei felsige Marksteine, die an der Südspitze Singapurs aus dem Wasser ragen – einer namens Batu Berlayar („Lots Frau") an der Hauptinsel und ein weiterer vor Sentosa – waren Seezeichen, mit deren Hilfe Schiffe durch den Kanal navigieren konnten. Die Felsen, auch Long Ya Men („Drachenzahntor") genannt, wurden 1848 von einem britischen Landvermesser gesprengt, um den Kanal für größere Schiffe zu verbreitern. Eine Rekonstruktion des Batu Berlayar ist im Labrador Park am Berlayar Point zu sehen.

Mehr zum Labrador Park siehe S. 195.

3. Singapore River

WO DAS WIRTSCHAFTSLEBEN SINGAPURS BEGANN

Durch das erste Landgewinnungsprojekt unter britischer Verwaltung wurden die sumpfigen Flussufer an der Mündung des Singapore River begradigt; am Nordufer entstand der Regierungsdistrikt, am südlichen Ufer der Commercial Square. Mehr als 150 Jahre lang war der Fluss mit seinem Warenhandel die Lebensader für die wirtschaftliche Entwicklung Singapurs. Die Industrialisierung verschob das wirtschaftliche Leben an andere Orte. Heute ist der ehemals verschmutzte Fluss gereinigt, die einstigen Lagerhäuser am Boat Quay, Clarke Quay und Robertson Quay sind zu pulsierenden Mittelpunkten des Nachtlebens geworden, und zahlreiche, den Fluss kreuzende Bumboote dienen als Wassertaxis.

Mehr zu den Quays siehe S. 47.

4. Kampong Glam

MALAIISCHES VIERTEL UND HERRSCHAFTSSITZ

Eine Hinterlassenschaft der britischen Kolonialzeit ist der Jackson-Plan von 1822, in dem frühen Einwanderern je nach ihrer ethnischen Herkunft Siedlungsgebiete zugewiesen wurden. Die seefahrenden Bugis und Araber siedelten in Küstennähe am

Sultan Mosque, Kampong Glam (S. 75)

Rochor River, nahe beim Palast des damals herrschenden Sultans Hussein Shah. Vom Sultan in Auftrag gegeben, wurde der Istana Kampong Gelam in einem klassizistischen Stil von den Briten erbaut und besteht bis heute im Malay Heritage Centre fort, das die Geschichte der Malaien in Singapur bewahrt. 1824 war der Sultan auch für den Bau der majestätischen Sultan Mosque, verantwortlich.

Mehr zu Kampong Glam siehe S. 81.

5. Telok Ayer Street

RELIGIÖSE VIELFALT AN EINER EHEMALIGEN BUCHT

Telok Ayer bedeutet „Buchtgewässer“, ein seltsamer Name für eine im Landesinnern verlaufende Straße. Dieser Abschnitt der Chinatown lag ehemals an dem Ufer, das Einwanderer bei ihrer Ankunft in Singapur als Erstes betraten. Später verschob sich die Küstenlinie durch Landgewinnungsmaßnahmen weiter nach außen. Die einstige Küstennähe der Straße ist auch der Grund für die Verschiedenartigkeit der sakralen Bauwerke. Nach langen, entbehrungsreichen und oft lebensbedrohlichen Überfahrten war es den Neuankömmlingen ein Bedürfnis, ihren jeweiligen Göttern für eine sichere Ankunft in Singapur zu danken.

Mehr zur Telok Ayer Street siehe S. 70.

6. Sri Mariamman Temple

DER ÄLTESTE HINDUEMPEL SINGAPURS

Von seinem ursprünglich vorgesehenen Standort an der Telok Ayer Street wurde der schöne Tempel in südindischem Stil an seine derzeitige Adresse an der South Bridge Road verlegt, da es an frischem Wasser für hinduistische Rituale fehlte. Der Tempel wurde 1827 erbaut und der Göttin Mariamman geweiht, der Heilkraft zugeschrieben wurde. Über dem Hauptportal ragt ein prachtvoller farbiger *gopuram* (Pagodenturm) auf, der von detailreichen Figuren verschiedener hinduistischer Gottheiten bedeckt ist. Der Bau wurde von Naraina Pillai, einem Erstsiedler der indischen Gemeinde, finanziert; er kam im Gefolge der Briten nach Singapur und wurde der erste Bauunternehmer der Insel.

Mehr zum Sri Mariamman Temple siehe S. 65.

7. Tiong Bahru

DAS ERSTE WOHNUNGSBAUPROJEKT

Tiong Bahru ist das älteste öffentliche Wohnungsbauprojekt Singapurs; es entstand über einem einstigen Friedhofs- und Sumpfgelände, um Wohnungen zu schaffen und sanitäre Missstände in den alten Dörfern und Elendsvierteln zu beheben. Der erste Wohnblock (Block 55) wurde 1936 fertiggestellt, die einzigartige Architektur im Art-déco- und internationalen Stil kann bis heute bewundert werden. Viele Straßennamen erinnern an berühmte chinesische Händler und Förderer. Der Bezirk erfährt seit einigen Jahren eine Verjüngung, indem sich Restaurants und Läden unter die traditionellen Geschäftshäuser mischen. Seitdem ist es ein angesagtes Ausgehviertel.

Mehr zu Tiong Bahru siehe S. 67.

Telok Ayer Street (S. 70)

Tiong Bahru (S. 67)

8. Fort Canning

DIE EINSTIGE KOMMANDOZENTRALE

Malaiische Könige herrschten von der Höhe des 48 m hohen Bukit Larangan (Verbotener Berg) im 14. Jh., der im Zweiten Weltkrieg zu einer britischen Artilleriefestung wurde. In den unterirdischen Gängen des heutigen Battle-Box-Museums befand sich das Hauptquartier des Oberkommandos Fernost. Hier fiel die Entscheidung der Briten zur Kapitulation Singapurs vor der japanischen Invasion am 15. Februar 1942. Der bombensichere Bunker kann besichtigt werden. Über der Erde bewegen sich heute nur Picknick-Gäste und Besucher von Konzerten und anderer Veranstaltungen über die offenen Grünflächen.

Mehr zu Fort Canning siehe S. 50.

9. Kent Ridge Park

SCHLACHTFELD DES ZWEITEN WELTKRIEGS

Es ist kaum noch vorstellbar, dass sich auf dem freundlichen grünen Parkgelände entlang der Wanderroute Southern Ridges eine der letzten und erbittertsten Schlachten des Zweiten Weltkriegs an zwei Tagen des Jahres 1942 ereignete. Eine Gedächtnistafel nahe beim Parkplatz B markiert die historische Stätte, an der sich ein malaiisches Regiment von 1400 Männern einer zehnmal stärkeren japanischen Armee entgegenstellte. Näheres zur Geschichte dieses Regiments ist in dem kleinen Museum „Reflections at Bukit Chandu" zu erfahren.

Mehr zum Kent Ridge Park siehe S. 144.

10. Der Padang

FELD DER TRÄUME

Die Rasenfläche vor der National Gallery of Singapore ist eine Stätte der jüngeren Stadtgeschichte. Der Padang war Schauplatz bedeutsamer Ereignisse, von der Siegesparade heimkehrender britischer Streitkräfte am Ende des Zweiten Weltkriegs 1945 bis hin zur National Day Parade im Jahr 1966 zur Feier des ersten Jahrestages der Unabhängigkeit des Landes. Der Rasenplatz ist eine der ältesten öffentlichen Freizeitflächen Singapurs und seit den frühesten Tagen britischer Herrschaft Austragungsort für Cricket- und Rugby-Spiele.

Mehr zum Padang siehe S. 44.

11. Arts House

DER ÄLTESTE BESTEHENDE KOLONIALBAU

Im Civic District und früheren Regierungsviertel Singapurs stehen viele konservierte Bauten, doch das als Arts House bekannte Bauwerk ist der älteste noch erhaltene Kolonialbau Singapurs. Ursprünglich in einem neu-palladianischen Stil erbaut, wurde der Regierungssitz mehrmals und am deutlichsten in einem klassizistischen Stil umgebaut. Seit der Unabhängigkeit

Singapurs fanden hier Parlamentssitzungen statt. Nach der Jahrtausendwende, als das Parlament seinen Sitz an einen anderen Ort verlegte, wurde der Plenarsaal erhalten und das Bauwerk 2004 als Kunsthalle wiedereröffnet.

Mehr zum Arts House siehe S. 44.

12. Kampong Lorong Buangkok

DAS LETZTE DORF AUF DER HAUPTINSEL

Mitten unter den Wohntürmen und Wolkenkratzern des heutigen Singapur hat sich ein Dorf (*kampong*) erhalten, das sich in einem nordöstlichen Winkel der Stadt verborgen hält. Ehemals lebten 40 chinesische und malaiische Familien hier, heute sind es nur noch halb so viele. Die bescheidene Kommune hat jeder Modernisierung widerstanden, mit ihren Zinkdächern, Holzwänden, ihrem üppigen Pflanzenwuchs und umherwanderndem Geflügel bietet sie Gästen eine Gelegenheit, sich eine Vorstellung vom früheren Singapur zu machen.

Mehr zu Kampong Lorong Buangkok siehe S. 122.

13. Singapore Botanic Gardens

TROPENGARTEN MIT WELTERBESTATUS

Der Botanische Garten ist der älteste Garten der Insel. Der Begründer des modernen Singapur, Sir Stamford Raffles, spielte bereits mit der Idee eines Gartens zur Erforschung der tropischen Botanik. Der heutige Standort in Tanglin wurde von der örtlichen agri- und hortikulturellen Gesellschaft 1859 angelegt; seit der Unabhängigkeit beförderte der Botanische Garten ein Baumpflanzprogramm, durch das die Vision einer „Gartenstadt" Singapur verwirklicht wurde. Heute umfasst er eine Fläche von 82 ha und birgt den National Orchid Garden. Seit 2015 ist er eine Unesco-Welterbestätte.

Mehr zu den Singapore Botanic Gardens siehe S. 134.

14. Changi Airport

EIN TOR VON WELTRANG

Der erste internationale Flughafen Singapurs entstand 1959 in Paya Lebar, begann jedoch nach nur 20 Jahren, seine Grenzen zu sprengen. Der Flughafen wurde aus dem Wohngebiet an die Ostküste verlegt und der heutige Changi Airport auf neugewonnenem Land gebaut. Er öffnete seine Pforten 1981. Derzeit gibt es vier Terminals, zwei Rollbahnen und den Jewel-Einkaufskomplex mit dem größten Indoor-Wasserfall der Welt; ein fünfter Terminal und eine dritte Rollbahn sollen in naher Zukunft entstehen.

Mehr zum Changi Airport siehe S. 107.

Links: Jewel, Changi Aiport (S. 107)

15. Marina Bay

SKYLINE EINES MODERNEN SINGAPUR

Erst seit den 2000er-Jahren hat die Skyline Singapurs an der Marina Bay ihre Form gefunden. In den 30 Jahren zuvor war das Gebiet, nachdem ein Landgewinnungsprojekt die einstige Küstenlinie Singapurs erweitert hatte, als Brachland sich selbst überlassen. Bei einem Spaziergang um die Bucht ergeben sich Ausblicke auf die Wahrzeichen: die drei Türme von Marina Bay Sands, die Konturen der Helix Bridge, die zu den spitzen Zwillingskuppeln der Esplanade hinüberführt, und die Statue des Merlion mit seinem Löwenhaupt und Fischleib.

Mehr zur Marina Bay siehe S. 42.

Singapore Botanic Gardens (S. 134)

VON LINKS NACH RECHTS: SING STUDIO/SHUTTERSTOCK ©, MAREK POPLAWSKI/SHUTTERSTOCK ©

TRIFF DIE SINGAPURER

Singapur ist eine delikate Mischung kultureller Ingredienzen, ihr einzigartiger Ausdruck ist das umgangssprachliche Singlish. NELLIE HUANG beschreibt, wie es ist, aus Singapur zu sein.

DIE ETHNISCHE VIELFALT Singapurs ist eine Verschmelzung vieler Einflüsse. Seit Sir Stamford Raffles 1819 einen freien Handelshafen auf der Insel begründete, gehen Migrationswellen über den Little Red Dot hinweg, von den ersten chinesischen Arbeitern bis hin zu Migranten der modernen Arbeitswelt. Vier offizielle Sprachen werden in diesem Land gesprochen, wo sich chinesische Dim-Sum-Restaurants zu malaiischen Satay-Straßenständen gesellen und Moscheen in der Nachbarschaft hinduistischer und taoistischer Tempel stehen.

Etwa 75 % der sechs Mio. Einwohner sind chinesischer Herkunft, Nachfahren von Arbeitsmigranten, die seit 1821 aus China kamen. Malaien, die Ureinwohner der Insel, bilden 13,5 % der singapurischen Bevölkerung. Die meisten Malaien sind praktizierende Sunniten, erkennbar am Kopftuch (*tudung*) und dem langärmeligen, über einem Sarong getragenen Überkleid (*baju kurung*) der malaiisch-singapurischen Frauen. Mit einem Anteil von 9 % bilden die Inder eine kleine Bevölkerungsgruppe, deren reiche Kultur und Tradition in den Straßen von Little India umso sichtbarer ist.

Seit der Unabhängigkeit förderte der Gründungsvater des modernen Singapur, Premierminister Lee Kuan Yew, Gleichheit und ethnische Harmonie durch zahlreiche politische Maßnahmen in der Bildung, dem Wohnungsbau, im öffentlichen Dienst und mit der Verteilung des wirtschaftlichen Wohlstands. Englisch wurde zum vorherrschenden Verständigungsmittel in Singapur, obwohl die Einwohner auch die Sprache ihrer ethnischen Herkunft als Muttersprache erwarben.

Obwohl Singapur in der Weltrangliste des English Proficiency Index den zweiten Platz einnimmt, sprechen Singapurer mit Vorliebe ihre eigene Variante des Englischen. Singlish ist eine farbenreiche heimische Mundart, die mit Lehnwörtern aus dem Hokkien, Tamil und Malaiischen durchsetzt ist – eine Folge der mehrsprachigen Geschichte der Insel. Eine Unterhaltung zwischen zwei Singapurern könnte in etwa so klingen: „Eh, this Sunday you free anot? No ah? Why like that? Don't be so boring lah!"

Der Partikel „lah" wird oft mit Nachdruck an das Ende eines Satzes angehängt, z. B. in „No good lah". Eine gedehnte Betonung wird auf die erste Silbe einer Wendung gelegt, sodass z. B. aus dem standardsprachlichen „government" ein „gaah-men" wird. Gilt es auch häufig als gebrochenes Englisch mit einem singenden Tonfall, ist Singlish für die Singapurer zu einem kulturellen Kennzeichen geworden. Die meisten beherrschen das Englische in Wort und Schrift absolut korrekt; Singlish ist einfach eine Sprache, mit der wir uns identifizieren. Wer ein paar gebräuchliche Ausdrücke des Singlish ins Gespräch einstreut, z. B. *shiok* (sehr gut), *tabao* (Essen zum Mitnehmen) oder *chope* (einen Tisch reservieren), gewinnt sofort die Sympathie der Singapurer.

Der Zukunft entgegen

Als Singapur 1965 unabhängig wurde, war es ein relativ armes Land mit niedriger Alphabetisierungsrate. Durch die Einführung einer umfassenden Bildung, niedriger Steuern und einer liberalen Migrationspolitik wuchs der Wohlstand des Inselstaats: Sein BIP pro Kopf liegt heute bei rund 91100 US$.

WER SIND DIE SINGAPURER?

Ich bin in Singapur geboren und wie die Mehrheit der Singapurer chinesischer Abstammung. Meine Vorfahren kamen vor fast hundert Jahren vom chinesischen Festland hierher, als Singapur unter britischer Verwaltung zum Freihafen wurde. Einwanderer strömten auch aus dem nahen Indien, Indonesien und Malaysia auf der Suche nach Wohlstand ins Land. Heute ist Singapur noch immer ein Mosaik, dessen Vielfalt in den vergangenen Jahrzehnten durch Einwanderungswellen noch größer geworden ist. Fast die Hälfte der heutigen Einwohner Singapurs sind keine Singapurer. Eine große Zahl von ihnen sind schlecht entlohnte Bauarbeiter und Hausangestellte aus China und Südasien, doch ebenso viele sind hochqualifizierte Arbeitskräfte im Finanzwesen, in der Wissenschaft und im IT-Bereich. Diese Politik der Offenheit ist einer der Gründe für das rasante Wachstum Singapurs.

Abb. im Uhrzeigersinn von oben links: beim Damespiel, Chinatown (S. 59), Mann beim Flechten einer Blumengirlande, Little India (S. 72), Frau in einem Hawker Center (s. 14), singapurische Frau

SINGAPURS MAUERN ERZÄHLEN GESCHICHTEN

Mehr als nur Material für Instagram – die Wandbilder Singapurs erzählen von seiner Geschichte und Kultur. Von Jaclynn Seah

IN EINER GASSE abseits der Temple Street von Chinatown knipst ein Mädchen, statt am Tisch Platz zu nehmen, ein spaßiges Foto vom Abendessen in einer altmodischen Küche. Drüben in der Haji Lane macht eine Gruppe ein Bild von einer buntfarbigen Mauer, die an ein Batiktuch erinnert. Street-Art bringt neuen Schwung in die ethnischen Gemeinden und Wohnbezirke Singapurs, doch ein genauerer Blick enthüllt die Geschichten, die sie erzählen.

Das herkömmliche Bild Singapurs in seiner glitzernden Makellosigkeit ist nicht leicht mit Fassadenkunst in Verbindung zu bringen. Lange Zeit galten Graffiti als Vandalismus, ihre Urheber wurden zu hohen Geld- und Gefängnisstrafen und oft sogar zu öffentlichen Prügelstrafen verurteilt. In neuerer Zeit spielt der Tourismus eine zunehmend wichtige Rolle beim weltweiten Aufleben der Street-Art. Unter den Singapurern gibt es eine wachsende Wahrnehmung, wie Straßenkunst öffentliche Räume verwandeln und für ein Viertel identitätsstiftend wirken kann. Straßenkünstler gewinnen nationale Auszeichnungen und Stipendien und werden mit öffentlichen und privaten Aufträgen bedacht.

Die Street-Art Singapurs spiegelt die Kultur der Stadt wider. Für alle Mauergemälde ist die Erlaubnis der Eigentümer nötig. Zufallswerke sind eher unwahrscheinlich, da ungenehmigte Signaturen schwere Strafen zur Folge haben. Und obwohl die Künst-

Abb. im Uhrzeigersinn von oben links: Shipbuilding (Didier Jaba Mathieu), Cantonese Opera (Yip Yew Chong), A Ride through Race Course Road (Jaxton Su)

ler frei im Ausdruck ihrer Gedanken sind, herrscht die unausgesprochene Regel, dass jegliche Kritik an der Regierung und alle Verstöße gegen ethnische Empfindlichkeiten mit Sanktionen belegt werden.

Die Geschichte von Kampong Glam

Die Gassen des vom malaiischen und arabischen Erbe geprägten Viertels Kampong Glam stehen im Fokus der Fassadenkunst. Die Mauern hinter dem Aliwal Arts Centre und The Black Book werden von den Künstlergruppen RSCLS und ZNC geleitet. Sie zählen zu den wenigen Orten Singapurs, wo regelmäßig neue Werke zu sehen sind. Kampong Glam lag früher am Meer – die Beach Road am Südrand des Viertels verlief am namengebenden Strand. Das Mauerbild an der Seite der Cuturi Gallery (65 Aliwal Street) von Didier Jaba Mathieu thematisiert das Schiffsbaugewerbe, das im 19. Jh. dank des Seefahrervolks der Bugis florierte. An der 12 Baghdad Street reißt eine Figur die Fassade von einem Gemäuer, um farbige Edelsteine dahinter zu enthüllen. *Bejeweled: An Homage to Kampung Intan* wurde vom singapurischen Künstler TraseOne gemalt. Das Werk nimmt Bezug auf die historische Rolle der Straße als Zentrum des Edelsteinhandels.

Erinnerungen an Chinatown

Die populärste Street-Art in Chinatown sind Mauerbilder von Yip Yew Chong, eines Künstlers, dessen Bilder Erinnerungen an seine Kindheit im Singapur der 70er- und 80er-Jahre darstellen. In seinen Wandbildern kommen leere Stühle und Lücken vor, die Betrachter einladen, sich selbst in die Szenen zu versetzen. Eines seiner fesselndsten Werke, an der Kreuzung von Temple Street und South Bridge Road, ist ein lebensgroßes Mauerbild einer kantonesischen Opernbühne. Das einstmals weitverbreitete Spektakel der Straßenoper hat im Zeitalter von Kino und Online-Streaming keinen Platz mehr. Im Chinatown Complex hält ein Werk von Biddy Low (auch *Nightflower Arts* genannt) eine Epoche fest, in der die Hawker Singapurs als „fliegende Händler" mit ihren Speisen über die Straßen eilten. Das Wandbild ist in der ersten Etage nahe der Rolltreppen zu sehen.

Die Farben von Little India

Die Bilder, Düfte und Klänge von Little India nehmen Besucher seit jeher gefangen. 2015 wirkten die Little India Shopkeepers Association und das benachbarte LASALLE College of the Arts zusammen, um eine neue Dimension hinzuzufügen. Durch ARTWALK wurden die engen Straßen zu Leinwänden für Gemälde, die heimische Geschichten mitteilen. Ein anschauliches Werk ist an einem Shophouse an der Belilios Lane zu finden. Das Bild *Traditional Trades of Little India* des heimischen Künstlers Psyfool stellt einige der Berufe dar, für die die indische Gemeinde bekannt war, vom Papageienastrologen bis zum *dhoby* (Wäschereiangestellten). Die Adresse 48 Race Course Road ist Standort von *A Ride Through Race Course Road*, einem 20 m langen Wandbild von Jaxton Su. Es entstand in Zusammenarbeit mit der örtlichen Gemeinde und Studierenden und stellt ein Pferd mit Jockey beim Galoppieren durch einen traditionellen Straßenmarkt voller Obstkörbe und Girlanden dar.

Bilder von Joo Chiat & Katong

Im Osten sind die Viertel Katong und Joo Chiat relativ neu in der Straßenkunstszene. 2019 rief der Singapore Tourism Board den Katong Joo Chiat Art Circuit ins Leben, 2022 wurde ARTWALK ausgehend von Little India hierher erweitert. In der 321 Joo Chiat Road verweisen die Farben und Motive von *The Phoenix* von Boon auf die Peranakan-Kultur des Viertels, deren Wurzeln auf die Verbindung einheimischer Malaiinnen mit Straits-Chinesen zurückgehen. Die Muster des Bildes sind häufig auf Geschirr der Peranakan zu sehen; obwohl sie Ähnlichkeit mit chinesischer Kunst haben, spiegeln die weiblichen Symbole, wie Phönixe und Bauernrosen, die matriarchalische Peranakan-Gesellschaft wider. Ein weniger offenkundiger Bezug zur Geschichte ist im Wandbild einer großen Schildkröte an der Adresse 150 East Coast Road zu sehen. Vom Künstlerduo Ink und Clog stammt *Turtle Cape* (eine Übersetzung des Namens Tanjong Katong). Wie die Beach Road verlief auch die East Coast Road an der Küste, an der Schildkröten zum Nisten ans Land kamen.

BEGEGNUNGEN DER ANDEREN ART

Außerhalb der historischen ethnischen Stadtviertel gibt es andere Enklaven, die ihren Teil zur Vielfalt Singapurs beitragen.
Von Jaclynn Seah

VON SEINEN FRÜHESTEN Tagen als Hafenstadt in bevorzugter Position an vielbereisten Handelsrouten bis hin zu seiner derzeitigen Gestalt als ökonomisches Kraftwerk war Singapur immer ein Konglomerat der Vielfalt. Das Land wurde von Einwanderern geprägt. Diese Nichtansässigen, die aus Nachbarregionen und allen Winkeln der Erde stammen, machen noch heute ein Drittel der etwa 5,6 Mio. Einwohner aus.

Ethnische Herkunft ist eine Triebfeder der singapurischen Politik, die eine multiethnische Harmonie propagiert. So wurde die Bevölkerung genau in vier offizielle Gruppen, umgangssprachlich CMIO genannt, unterteilt. Seit der Kolonialzeit setzen sich die drei Hauptgruppen aus Chinesen (C), Malaien (M) und Indern (I) zusammen; alle übrigen, werden unter „O“ wie „Others“ zusammengefasst.

Lucky Plaza (S. 94)

Viele von ihnen sind gut in die herrschende Kultur integriert, doch überrascht es nicht, dass manche dieser „Anderen“ eigene Gemeinden gebildet und sich Räume geschaffen haben, in denen sie ein Stück ihrer Heimat lebendig halten, während sie in Singapur arbeiten oder studieren.

Lucky Plaza: Treffpunkt der Pinoy

Die Orchard Road Singapurs ist von glitzernden Shopping-Malls gesäumt, umso leichter ist die leise alternde Mall Lucky Plaza, bedrängt von Tangs Plaza und Paragon, zu übersehen. Wer aber das Innere betritt, kann sich nach Manila versetzt fühlen: Viele Gewerbe von Filipinos (Pinoy) sind hier ansässig, von Minimärkten, Bankschaltern und Billigläden bis hin zu Friseursalons.

MANCHE DIESER „ANDEREN“ (OTHERS) HABEN EIGENE GEMEINDEN GEBILDET UND SICH RÄUME GESCHAFFEN, IN DENEN SIE EIN STÜCK IHRER HEIMAT LEBENDIG HALTEN, WÄHREND SIE IN SINGAPUR ARBEITEN ODER STUDIEREN.

Nach Angaben der philippinischen Botschaft leben etwa 200 000 Filipinos in Singapur, rund 60 % von ihnen in professionellen Berufen, die übrigen 40 % als Hausangestellte. In der Lucky Plaza ist es vor allem an Sonntagen voll, wenn die Letzteren ihren freien Tag haben.

Lucky Plaza ist die beste Quelle für authentisches philippinisches Essen; Kabayan ist eines der ältesten philippinischen Restaurants in der Mall; hier werden preiswertes *Adobo* (mariniertes Fleisch mit Sojasauce und Essig) und andere Pinoy-Klassiker serviert. Das *inasal* mit mariniertem, gegrilltem Hühnerfleisch ist, neben dem Halo-Halo (Früchte mit gefrorener, zerstoßener Milch) des Hauses, die beste Wahl im Inasal-Restaurant.

TK KURIKAWA/SHUTTERSTOCK ©

Peninsula Plaza: Myanmar in einer Mall

Sie wird auch Little Burma genannt: Peninsula Plaza ist ein Treffpunkt der rund 200 000 Birmanen, die in Singapur leben, arbeiten und studieren. Zentral an der Coleman Street, nahe der MRT-Station City Hall, gelegen, ging die Peninsula Plaza aus einer kleinen Einkaufspassage hervor, die für ihre Elektrogeschäfte berühmt war. Manche davon machten anderen Gewerben Platz, die sich der birmanischen Kundschaft zuwandten, wie Reise- und Visa-Agenturen oder Boutiquen für traditionelle birmanische longyi (Wickelröcke, die von Frauen und Männern getragen werden). Es gibt sogar eine birmanischsprachige Bibliothek.

Wer der Duftfährte ins Untergeschoss folgt, findet mehrere Restaurants mit birmanischer Küche. Ein Salat mit fermentierten Teeblättern oder eine *mohinga* (Fischsuppe mit Nudeln) sind im Restaurant Inle Myanmar eine gute Wahl. Neugierige können etwas Interessantes aus der Auslage des Yanant Thit wählen, wo vielleicht nicht viele englische Worte gesprochen, die Teller aber mit großzügigen Portionen gefüllt werden.

City Plaza: Mittelpunkt der indonesischen Gemeinde

Während der Woche wirkt die City Plaza nahe der MRT-Haltestelle Paya Lebar ziemlich unscheinbar. Überstrahlt von der modernisierten PLQ-Mall, wird sie meist nur von Kunden auf der Suche nach Modeschnäppchen aufgesucht. An Wochenenden findet sich hier jedoch ein großer Teil der indonesischen Einwohner Singapurs zusammen, die Besorgungen erledigen oder im Freien rund um die Mall zusammenkommen.

Auf den unteren Ebenen finden sich zahlreiche Super- und Minimärkte mit hochgetürmten Cracker-Päckchen und anderen indonesischen Waren, in Boutiquen gibt es preiswerte Mode und schlichte Kleidung für muslimische Frauen zu kaufen, alles in einem Durcheinander von Bankschaltern, Mobiltelefon- und Krimskramsläden.

Indonesisches Essen ist in Singapur nicht schwer zu finden, doch ist die Auswahl in der City Plaza im Allgemeinen preisgünstiger. Waroeng Bakso by Hamburguesa ist nur an Wochenenden geöffnet, jedoch berühmt für hervorragende *Bakso* (Rindfleischbällchen) nach indonesischer Art. Wer den Gästescharen ins Dapur Penyet folgt, kann köstliches *Ayam Penyet* (mit Hackfleisch) probieren.

REGISTER

Karten **000**

Karten **000**

T

U

„Als ich meiner Tochter zum ersten Mal in die nächtliche Lichter-Show in den Gardens by the Bay mitnahm, hatte sie glänzende Augen. Es war pure Magie."

NELLIE HUANG

„Im Betondschungel von Singapur lebt eine artenreiche Tierwelt. Ich war erstaunt, als mir bei einem nächtlichen Parkspaziergang Riesengleiter und Schuppentiere begegneten."

JACLYNN SEAH

LINKS: SANCHAI LOONGROONG/SHUTTERSTOCK ©, RIGHT: ROSLAN RAHMAN/SHUTTERSTOCK ©

ÜBER DIESES BUCH

Lonely Planet Global Limited
Digital Depot, Roe Lane (off Thomas Street)
Digital Hub
Dublin 8
D08 TCV4
Ireland

Verlag der deutschen Ausgabe:
MAIRDUMONT
Marco-Polo-Str. 1
73760 Ostfildern
www.lonelyplanet.de, www.mairdumont.com, lonelyplanet-online@mairdumont.com

Singapur
5. deutsche Auflage August 2024 übersetzt von *Singapore City 13th edition*, März 2024, Lonely Planet Global Limited

Deutsche Ausgabe © Lonely Planet Global Limited, August 2024
Fotos © wie angegeben 2024

Printed in Poland

Redaktion und technischer Support: CLP Carlo Lauer & Partner, Valley

Übersetzer: Beatrix Gehlhoff, Marion Gieseke, Dr. Thomas Pago, Christiane Radünz, Beatrix Thunich, Karin Weidlich, Renate Weinberger

MIX
Papier | Fördert gute Waldnutzung
FSC® C018236

Dieses Buch wurde auf FSC® zertifiziertem Papier gedruckt. FSC® ist ein internationales Zertifizierungssystem für nachhaltigere Waldwirtschaft. Das Holz für diese Papier kommt aus Wäldern, die verantwortungsvoller bewirtschaftet werden.